Die eingesperrte Evangelistin

EDITION PIETISMUSTEXTE (EPT)

Die „Edition Pietismustexte" wird im Auftrag der Historischen Kommission zur Erforschung des Pietismus herausgegeben von Markus Matthias, Ruth Albrecht, Wolfgang Breul, Thomas Hahn-Bruckart, Joachim Jacob, Hans-Jürgen Schrader, Xenia von Tippelskirch und Christof Windhorst.

Band 18

Die eingesperrte Evangelistin

Adeline Gräfin Schimmelmann
zwischen Erweckung und Psychiatrie

Ausgewählt und herausgegeben
von Ruth Albrecht und Martin Rosenkranz

EVANGELISCHE VERLAGSANSTALT
Leipzig

Redaktor des Bandes: Thomas Hahn-Bruckart

Die Deutsche Nationalbibliothek verzeichnet diese Publikation in der Deutschen Nationalbibliographie; detaillierte bibliographische Daten sind im Internet über http://dnb.dnb.de abrufbar.

© 2025 by Evangelische Verlagsanstalt GmbH · Blumenstr. 76 · 04155 Leipzig

Printed in Germany

Der Verlag behält sich die Verwertung des urheberrechtlich geschützten Inhalts dieses Werkes für Zwecke des Text- und Data-Minings nach § 44 b UrhG ausdrücklich vor. Jegliche unbefugte Nutzung ist hiermit ausgeschlossen.

Das Buch wurde auf alterungsbeständigem Papier gedruckt.

Bei Fragen zur Produktsicherheit wenden Sie sich bitte an info@eva-leipzig.de.

Cover: Friedrich Lux, Halle/Saale
Coverbild: Fotografie von Peter Newland, Königliche Bibliothek Kopenhagen, Billedsamling 194 315
Satz: Steffi Glauche, Leipzig
Druck und Binden: BELTZ Grafische Betriebe GmbH, Bad Langensalza

ISBN 978-3-374-07781-6 // eISBN (PDF) 978-3-374-07782-3
www.eva-leipzig.de

Inhalt

1. Reportage eines Weggefährten, 1892 7

2. Adeline Schimmelmann,
   Tagebuch und Gedichte, 1896 39

3. Stimmen zeitgenössischer Schriftstellerinnen,
   1894 bis 1909 89

4. Ausgewählte Zeitungsdokumente,
   1872 bis 1914 115

Editorische Notiz 229

Nachwort 232

Literatur 264

Register 271

1. Reportage eines Weggefährten, 1892

Otto Funcke: Ein Daheim in der Fremde, in: Neue Christoterpe.
Ein Jahrbuch 13, 1892, S. 183–207

1. An Bord des Dampfers „Rügen".

Es war an einem herrlichen Sommertage, am Mittag des 7. August 1890, als ich auf der Rhede von Saßnitz[1] an den trefflichen Dampfer „Rügen" angebootet wurde.[2] Mein Ziel war Göhren. Fragt der Leser: wo liegt denn Göhren? so würde mein poetischer Freund R.[3] wohl antworten: „Auf der Insel der Seligen," und damit meint er die Insel Rügen. In der That, wenn es auch keine „Insel der Seligen" ist, so ist Rügen doch ein wonnesames Eiland, wenigstens die Ostküste, die den Namen Jasmund trägt. Hier fällt das Ufer steil und trotzig hunderte von Fuß tief hinab in das blaue Meer, welches, insonderheit Morgens und Abends, in solch' herrlichen Farben prangt, daß man auch in den weltberühmten Golfen von Neapel und Genua kaum etwas Schöneres

---

1   Mit dem aufkommenden Tourismus entwickelte sich Sassnitz von einem Fischerdorf zu einem der beliebten Ferienziele des Bürgertums. Seit der Zeit um 1890 war Sassnitz durch die Erweiterung des Hafens und den Eisenbahnanschluss leichter erreichbar. Zur frühen Entwicklung von Sassnitz als eines der ersten Reiseziele an der Rügener Ostküste s. *Zschauer*: Seebäder, S. 19–32. Mit Rhede oder auch Reede wird ein Ankerplatz vor dem Hafen bezeichnet.
2   Seit 1884 bestand eine Dampferroute von Sassnitz nach Göhren. Das An- und Ausbooten, also der Transfer mit kleinen Booten zwischen Schiff und Land, war bis zur Anlage von Seebrücken zu Beginn des 20. Jahrhunderts üblich, s. *Zschauer*: Seebäder, S. 41f.
3   Eventuell ist damit der Berliner Hofprediger Rudolf Kögel (1829–1896) gemeint. Funcke und Kögel begegneten sich 1867 bei einer internationalen Konferenz der Evangelischen Allianz in Amsterdam und entwickelten im Laufe der Jahre viele Gemeinsamkeiten, s. *Funcke*: Fußspuren, S. 219, 305. Die enge Verbindung zwischen beiden unterstreicht auch *Hasselbacher*: Funcke, S. 15.

sehen kann.⁴ Senkrecht steigen die schneeweißen Kreidefelsen aus der Meerfluth empor, und zwar oft in den wildesten, wundersamsten Gestaltungen. Denn kleine und doch mächtige Wässerlein, die im Innern der Insel entspringen, haben sich den Weg zum Ozean erzwungen und das Riesengestein allgemach durchbohrt und durchbrochen. Sie haben sich denn gewaltige Schluchten gebildet, die in romantischer Schönheit miteinander wetteifern. Hoch auf den weißen Felsen aber, durch die Schluchten hindurch bis an den fluthenden Meeresstrand stehen die herrlichsten Buchenwälder, die man in Deutschland finden kann. Muß es da nicht herrlich sein? Ja, nichts geht über Rügen!

Als ich noch Student war, haben meine pommerschen Freunde immer mit Begeisterung von Rügen geredet und mir den Mund wässerig gemacht. So sangen sie ein Lied, davon ich nur noch folgende Worte weiß und die für unsere Insel sehr charakteristisch sind:

Weiße Möven fliegen
In der blauen Höh',
Weiße Segel wiegen
Sich auf blauer See.
Blaue Wälder krönen
Weißer Dünen Sand.
Vaterland, mein Sehnen
Ist dir zugewandt.⁵

---

4   Mit diesem Anklang an die seit dem Ende des 18. Jahrhunderts zum Topos gewordene Würdigung der Schönheit Rügens stellt Funcke seine literarische Bildung unter Beweis, s. *Hans-Christian Bresgott*: Ostseeküste – Ostseebad. Von der Entdeckung des Nordens zur Entstehung der deutschen Ostseebäder im 19. Jahrhundert, München 2017, S. 107–139.
5   Funcke bezieht sich auf das 1851 entstandene fünfstrophige sog. Pommernlied, das Adolf Pompe (1831–1889) gedichtet hatte.

So sangen sie und erweckten mein reiselustiges Herz gar mächtig.

Damals schon wäre ich, ach so gern, nach Norden gefahren. Aber es fehlte allerlei und vornehmlich an dem, was man thörichterweise „das Beste" nennt, obwohl es zum Reisen jedenfalls sehr nöthig ist.

Erst dreißig Jahre nach meiner Studienzeit hat mir Gott zum ersten Mal die Freude beschert, daß ich mit meinem lieben Weibe[6] die Reise machen konnte.[7] Und die schöne Insel mit den schönen, freundlichen, liebenswürdigen Menschen hat es uns so angethan, daß wir beschlossen, anno 1890 mit Kind und Kegel hier unsere Ferien zuzubringen, wie denn auch geschehen ist.

Obgleich wir so schon ein nettes Häuflein waren (denn die Zahl meiner Kinder heißt sieben),[8] so haben sich uns doch noch allerlei treffliche Leute angeschlossen, so liebe, gute und sangesreiche Menschen, wie man sie selten zusammen findet. Aber davon, und wie wir unserer holden Kaiserin[9] (die dazumahl mit ihren

---

6 Nach dem Tod seiner ersten beiden Ehefrauen heiratete Funcke in Bremen Gebecka Meier (1842–1929), s. *Funcke*: Fußspuren, S. 284f. Sie war die Tochter des Bremer Bürgermeisters Dr. Diederich Meier (1787–1857), ebd., S. 273.

7 Im Januar 1890 war Funcke zu einer Visite bei der Kaiserin in Sassnitz eingeladen worden, s. *Funcke*: Fußspuren, S. 253.

8 Aus Funckes dritter Ehe gingen zwei Söhne und fünf Töchter hervor. Zwei der Töchter wurden Diakonissen, s. *Funcke*: Fußspuren, S. 286.

9 Auguste Viktoria Prinzessin von Schleswig-Holstein-Sonderburg-Augustenburg (1858–1921) heiratete 1881 den preußischen Prinzen Wilhelm (1859–1941), der 1888 als Wilhelm II. die Kaiserwürde übernahm. Die langjährige Hofdame Auguste Viktorias, Mathilde Gräfin von Keller (1853–1945), berichtet in ihren Aufzeichnungen über den Sommer 1890 lediglich von einem Besuch in Heiligendamm bei der mecklenburgischen Großherzogin Alexandrine (1803–1892), s. *Mathilde Gräfin von Keller*: Vierzig Jahre im Dienst der Kaiserin. Ein Kulturbild aus den Jahren 1881–1921, Leizig 1935, S. 133f.

fünf Prinzen[10] auch in Saßnitz weilte),[11] manchmal auf dem Wasser ein Ständchen gebracht haben, rede ich ein andermal; es hat auch mit meiner heutigen Fahrt nichts zu thun; denn ich war am 7. August allein und wollte auch allein sein. [...][12]

Als bei uns „alle Man an Bord" waren, dampfte der „Rügen" weiter nach Göhren. Dieser liebliche Badeort liegt auf Mönchsgut,[13] einer schmalen Halbinsel, die sich, zum Theil waldbedeckt, weit in's Meer nach Osten hinein erstreckt. In Folge dessen kann man sowohl an der Nord= wie an der Südseite landen. Heute wurde die Südseite gewählt, da es an dem Nordufer, des heftigen Wellengangs wegen, unmöglich war. Wir dampften also in weitem Bogen um die Spitze der Halbinsel herum. Als wir uns nun dem südlichen Ufer nahten, bot sich ein wundervoller Anblick. Das ganz Mönchsgut mit seinen seltsamen Kuppen und malerischen Bauernhäusern breitete sich im Sonnenglanz vor uns aus. Auf der Rhede aber lag eine Fischerflotte von wenigstens neunzig größeren und kleineren Fahrzeugen. Die gewaltigen Netze hingen zum Trocknen wie Trauerflore

---

10 Wilhelm (1882–1951), Eitel Friedrich (1883–1942), Adalbert (1884–1948), August Wilhelm (1887–1949) und Oskar (1888–1958). Auf diese fünf folgten noch Joachim (1890–1920) und die Prinzessin Viktorie Luise (1892–1980).

11 Die Kaiserin und ihre Entourage bewohnten drei Villen, u.a. die Villa Jenny, die ca. 1880 erbaut worden war, s. Stadtarchiv Sassnitz, Auszug Landesurkundliche Sammlung, Nr. 109.

12 Drei Abschnitte, S. 185–187, die Schimmelmann in ihrer Ausgabe in den Streiflichtern nicht mitabdruckte, werden hier ebenfalls ausgelassen, da Funcke darin über seine öffentliche Bekanntheit als Schriftsteller räsonniert und Beobachtungen über die Reisenden mitteilt. Ferner beschreibt der Verfasser einen kurzen Halt des Schiffes in Binz.

13 Zum Mönchgut s. *Ruth Bahls* u.a.: Mönchgut – eine Landschaftsstudie. Natur- und kulturgeschichtliche Überblicke und Wanderungen, Göhren u. Greifswald 1990. Die Halbinsel im Südosten Rügens befand sich bis zu ihrer Auflösung im Jahr 1535 im Besitz der Zisterzienserabtei Eldena bei Greifswald.

von der höchsten Spitze des Mastes bis auf das Deck herunter. Auf dem Deck aber saßen die Fischer, plaudernd und Netze flickend, schwatzend, rauchend, kochend, zusammen; oder sie lagen auch schlafend auf dem Rücken. Sie waren von einem großen Heringsfang heimgekehrt.

Als ich ausgebootet wurde, fragte ich den Steuermann, wo denn das Seemannsheim[14] der Gräfin Schimmelmann liege? Das an und für sich sehr kühle Gesicht des Schiffers verklärte sich, als ich nach der Dame fragte. „Ei, sehen Sie, da auf der Düne, da wohnt sie. Und sie erwartet Jemand; denn sie grüßt mit der Flagge." Ich war sehr froh; denn der Erwartete das war ich selbst, und ich sah also, daß mein Telegramm rechtzeitig angekommen, und daß die Dame zu Hause sei. – Mein Bootsmann fuhr fort: „Die Gräfin war vor einer Stunde am Strande und sagte: heute Abend wird ein fremder Pastor wahrscheinlich Bibelstunde halten, und dazu sollten wir Alle kommen." Da erkannte ich mit Schmerz, daß ich eine Enttäuschung bereiten würde; denn ich mußte an dem Abend wieder in Saßnitz sein.

Sobald ich das Boot verlassen hatte, schritt ich nach Osten und erkletterte bald den steilen, überaus einsam gelegenen Sandhügel, wo die grüßende Flagge wehte. Und unter dem Flaggenbaum, wo sich eine wonnesame Aussicht auf das Mönchsgut bietet, ferner auf die Halbinseln von Zikker und Thiessow,[15] vor allen Dingen aber auf das Meer und die große Fischerflotte am

---

14 Unter diesem Namen wurde die Einrichtung bekannt, obwohl es sich um ein Heim für Ostseefischer handelte und nicht für Seeleute. Eine Skizze der Gebäude ist abgebildet in Schimmelmanns autobiographischen Aufzeichnungen, Streiflichter, S. 29.
15 Die Halbinsel Kleinzicker und der Ort Thiessow gehören zum Mönchgut und teilten dessen Geschichte. In diesen kleineren Orten spielte der aufkommende Reiseverkehr nur eine untergeordnete Rolle.

Strand –, erwartete mich die Gräfin, eine hohe, edle Gestalt, eine Jungfrau von ca. 35 Jahren,[16] schneeweiß gekleidet,[17] das Haupt beschützt durch einen breitränderigen, aber sehr einfachen Strohhut.[18] Unsere Begrüßung war überaus herzlich; denn wir kannten uns schon und wußten, daß wir in einem Schifflein zu einem und demselben Hafen segeln. – Aber hier muß ich ein wenig ausholen; denn ich bin an dem eigentlichen Gegenstand meiner Erzählung angekommen.

2. Aus dem kaiserlichen Palast auf die einsame Düne.

Es war im Februar des Jahres 1886, als ich in dem Architektenhause zu Berlin,[19] bei Gelegenheit eines sogenannten Theeabends,[20] eine Ansprache hielt. Sie war

---

16 Adelaide Luise Karoline Gräfin von Schimmelmann (1854–1913), bekannt unter der Namensform Adeline. Die Gräfin blieb unverheiratet, zu ihrer Biographie s. S. 246–254.

17 Das Porträt in Schimmelmanns Veröffentlichung Smaating zeigt sie in einem weißen Kleid. Die Aufnahme ist in das Jahr 1891 datiert und wurde allem Anschein nach vor den Hütten des Fischerheims aufgenommen.

18 Die meisten Aufnahmen zeigen Schimmelmann in schwarzer Kleidung, vermutlich um damit ihre Abkehr vom höfischen Lebensstil zu unterstreichen. Der Mode ihrer Zeit gemäß trug sie allerdings oft Hüte; auch Strohhüte sind auf einigen Aufnahmen zu sehen, etwa auf einer Postkarte mit dem Fischerheim in Göhren und Schimmelmann vor einer Anlegestelle mit Hut und Sonnenschirm. Die Aufnahme stammt von John Horneburg (1860–1951), der in Göhren ein Photofachgeschäft betrieb, s. www.gedenkbuch-stralsund.de/project/john-horneburg (1.2.2024). Die Porträtaufnahme von 1891 in Schimmelmanns Werk Smaating zeigt sie in weißer Kleidung mit einem weißen Kapotthut. Zu den weiteren Hüten der Gräfin s. auch *Wettstein*: Lebensbild, S. 46 f.; *Albrecht* u. a.: Schimmelmann, S. 196.

19 Diese Begegnung erwähnt Schimmelmann kurz in ihren Aufzeichnungen, Streiflichter, S. 15. Das Berliner Architektenhaus in der Wilhelmstraße 92/93 war 1875 für den im Jahr 1824 gegründeten renommierten Berliner Architektenverein erbaut worden. Neben den vereinsinternen Veranstaltungen fanden hier, in zentraler Lage, zahlreiche Ereignisse wie Ausstellungen, Lesungen oder auch religiöse Versammlungen statt. Meh-

nur sehr „mäßig", formlos und unvorsichtig; jedenfalls hat sie mir in Folge einiger mißverständlicher und mißverstandener Äußerungen viel Verdruß und Ärger eingetragen.[21] Es ist aber ein Himmelsglück, daß unser Gott auch Häcksel und Stroh in Gold verwandeln kann. Und das that er auch diesmal; man höre nur! Meine Absicht an jenem Abend war, zu zeigen, daß und wie jeder lebendige Christ berufen sei, an seinem Platz Menschenfischerei zu treiben[22] und dem Herrn Seelen zu gewinnen. Vor allen Dingen geißelte ich auch den geadelten Müßiggang vieler Frauen und Jungfrauen der „höheren" Stände. Gerade diese waren im Architektenhause zahlreich vertreten, und es ist immer mein Grundsatz gewesen, für oder gegen diejenigen zu reden, die gegenwärtig sind.

Gerade vor mir saß damals eine etwa dreißigjährige Dame von vornehmer Haltung, die meine besondere Aufmerksamkeit erregte. Ich sah, wie es in ihrem Gesichte hin und her wetterleuchtete. Als ich geredet hatte, stellte sie sich mir vor als Gräfin Schimmelmann, Hofdame der Kaiserin Augusta,[23] die ja seitdem auch längst heimgegangen ist. Sie erzählte mir unter

---

rere Säle befanden sich in dem Gebäude, der größte bot Platz für 400 Personen, s. Berlin und seine Bauten Bd. III, S. 273–275.
20 Teeabende gehörten im 19. Jahrhundert zu den neuen Veranstaltungsformen der Erweckten und dienten sowohl der Mission als auch der Geselligkeit. Teilweise wurden sie genutzt, um Spenden einzuwerben. Der Berliner Hofprediger Emil Frommel (1828–1896) berichtet in seinen humorvollen Erinnerungen von einer „Vereinsdame, die ihn für einen Theeabend gewinnen will", *Frommel*: Frommels Lebensbild, S. 283.
21 Vgl. hierzu *Funcke*: Fußspuren, S. 255, 267.
22 Vgl. Mt 4,19.
23 Augusta Prinzessin von Sachsen-Weimar-Eisenach (1811–1890) hatte 1829 den preußischen Prinzen Wilhelm (1797–1888) geheiratet und wurde 1871 zur ersten Kaiserin des Deutschen Reiches. Zu ihrem Hofstaat s. das Verzeichnis in Berlin-Brandenburgische Akademie der Wissenschaften: Praktiken der Moderne, www.actaborussia.bbaw.de (1.3.2024).

großer Bewegung ihres Herzens, daß sie, fast noch ein Kind, kaum 18 Jahre alt, an den Hof gebracht sei, daß sie aber als Hofdame Freiheit habe, zu kommen und zu gehen.[24]

Ihr Vater[25] habe Güter in Dänemark und in Holstein[26] und wünsche nicht, daß sie sich binde. Jetzt sei sie bereits dreizehn Jahre am Hofe. Aber all der Glanz und all das Wohlleben hätten die große Leere und Öde ihres Herzens nicht stillen können. Heute Abend vollends sei es ihr klar geworden, wie nichtssagend und zwecklos ihr Dasein bisher gewesen sei, und daß sie etwas Energisches thun müsse, was ihren Mitmenschen wahrhaft zu Gute komme.

Ich freute mich ja nun natürlich, daß meine derben und einfachen Worte so gut gewirkt hatten, gab aber nicht viel darauf. Ehrlich gestanden, hielt ich die ganze Bewegung für schönes bengalisches Feuer, das in der Hofluft bald verlöschen und nichts zurücklassen werde. In der Regel kommt bei Denen nichts Dauerndes heraus, die so schnell enthusiasmirt sind. Von Hofdamen hielt ich erst recht nicht viel, – thörichterweise, wie ich jetzt aus mehrfacher Erfahrung sage.

Aber ich hatte und habe angeborenes, vielleicht auch anerzogenes Mißtrauen gegen Alles, was in der Welt glänzt und hoch steht, und man kann, wenn man ehrlich sein will, nicht behaupten, daß die Bibel darüber aus ist, dieses Mißtrauen zu überwinden.

---

24 Vgl. *Schimmelmann*: Streiflichter, S. 7–15.
25 Ernst Graf Schimmelmann (1820–1885); seine Eltern waren Joseph Friedrich Carl Graf Schimmelmann (1787–1838) und Fanny Sophie Gräfin Blücher-Altona (1797–1835).
26 Zu den Besitzungen gehörten neben den holsteinischen Schlössern Ahrensburg und Wandsbek u.a. das Gut Lindenborg in Jütland sowie Häuser in Kopenhagen und Hellebæk im Norden von Helsingør, s. *Degn*: Dreieickshandel, S. 524–527.

Doch zurück in's Architektenhaus! Kaum hatte ich einige passende oder unpassende Worte erwiedert, so kam mein Freund Emil Frommel (den zweifelsohne die Leser alle kennen und lieb haben)[27] und wollte mich holen. Ich flüsterte ihm zu, daß ich ja doch mit der Gräfin im Gespräch sei. Er aber packte mich unter dem Arm und sagte: „Gräfin hin, Gräfin her; du armer Kerl mußt jetzt etwas essen, sonst fällst du um." – So zog er mich mit sich fort an das Büffet. Ich aber vergaß bald der Gräfin, ihrer Worte und ihrer Rührung; denn der Menschen, die ich in Berlin gesehen, und die schöne Worte geredet haben, waren sehr viele.

Mehr als vier Jahre vergingen; es war am 4. August 1890, als ich zu Saßnitz in der schönen Villa Belvedere[28] mit meiner Familie am Mittagstisch saß. Da brachte das Mädchen eine Visitenkarte herein und sagte: „die Dame wartet auf dem Flur." Die Dame aber war genannte Gräfin Schimmelmann. Ich fand, daß sie sich innerhalb der vier Jahre sehr günstig verändert hatte. Sie sah überaus glücklich und befriedigt aus, dabei gesund und frisch. Als wir Auge in Auge allein waren, erzählte sie mir nun, daß sie seit jenem Abend im Architektenhause nicht aufgehört habe, Gott um eine heilsame, wenn auch noch so niedrige Arbeit in seinem

---

27 Emil Frommel wurde 1872 zum Militäroberpfarrer und Hofprediger in Berlin ernannt, s. *Frommel*: Frommels Lebensbild, S. 83. Zur Freundschaft Frommels mit Funcke s. *Funcke*: Fußspuren, S. 147–153. Auch *Hasselbacher*: Funcke, S. 12, geht auf die Gemeinsamkeiten beider ein. Die Theologen kamen durch ihre literarischen Interessen miteinander in Kontakt. Die Hofprediger Frommel, Kögel und Wilhelm Baur (1826–1897) gaben die Christoterpe heraus, s. S. 229, 237.

28 Die um 1890 errichtete Villa gehörte der alten Sassnitzer Familie Rogge. An diesem Standort an der Bergstraße 18 befindet sich heute ein Neubau mit Namen Villa Margarete. Für diese Informationen danken wir Herrn Dr. Frank Biederstaedt vom Stadtarchiv Sassnitz, Schreiben vom 3.9.2024.

Weinberg[29] zu bitten. Und der Herr habe sie erhört. Durch einen verirrten Koffer sei sie vor vier Jahren nach Göhren[30] geführt worden und dann dort für einige Wochen geblieben, obgleich sie ursprünglich in Thiessow[31] ihre Sommerfrische hätte nehmen wollen. Damals wäre sie tief betrübt gewesen über den Tod ihres Vaters[32] und dazu körperlich sehr leidend. So hätte sie in dem stillen Göhren Genesung für Leib und Seele gesucht. Sie hätte auch gefunden, was sie gesucht habe; aber nicht in erster Linie durch Seeluft und Waldesstille, sondern durch Arbeit, – durch herrliche, mühselige, viel verspottete Arbeit unter den Hunderten, ja Tausenden von Fischern, die hier verkehren. Sie lud mich ein, zu sehen, wie und wo der Herr sie gebrauche.

Ich war tief bewegt über das Gehörte, und doch konnte ich mich einigen Mißtrauens nicht erwehren. So beschloß ich denn an Ort und Stelle die Dinge zu sehen und zu untersuchen. Und darum fuhr ich am 7. August, wie gemeldet, nach Göhren.

Was ich sah, war über alle Erwartung schön. Doch wir wollen nicht so lange unter der Flaggenstange stehen, sondern in die dahinter liegende „Villa"[33] der Gräfin gehen und sie da bei einer Tasse Thee von ihrer Arbeit erzählen lassen.

---

29 Vgl. Mt 20,1–16.
30 Zur Entwicklung Göhrens vom Fischer- und Bauerndorf zum Seebad s. *Zschauer*: Seebäder, S. 73–83.
31 Dieser Ort gewann für das Mönchgut Bedeutung durch seine Lotsenstation, bewahrte aber lange seinen dörflichen Charakter.
32 Auch in ihrer Autobiographie schildert sie den Tod ihres Vaters als großen Einschnitt, s. *Schimmelmann*: Streiflichter, S. 6, 65. Insgesamt hebt sie seine Bedeutung für ihre religiöse Entwicklung hervor, S. 5f.
33 Funcke spielt hier mit den Gegensätzen zwischen den Villen der Bäderarchitektur, die das Bild der aufblühenden Seebäder beherrschten, und der einfachen Behausung der Gräfin. In einer Fußnote, die sie ihren eigenen Ausgaben von Funckes Text beifügte, annotierte Schimmelmann, dass es sich eher um einen „Pavillon" handelte, s. Streiflichter, S. 20.

Also die „Villa"! Ja, wenn man sie so nennen will, kann man sie ja so nennen; aber sie ist eigentlich mehr einem einfachen bescheidenen Sommerhause ähnlich. Und doch enthält sie vier Räume, von denen jeder einzelne natürlich erst recht liliput=artig ist. Der größte Raum ist das Wohnzimmer. Man merkt den Geschmack und Kunstsinn der vornehmen Dame an Allem, nicht nur an einigen kleinen, selbstgemalten Bildern,[34] sondern auch daran, wie jedes einzelne Ding gestellt und geordnet ist. Aber wenn man bedenkt, daß die Dame, die hier wohnt und hier noch gar massenhaft Besuch empfängt –, wenn man bedenkt, daß sie von Kindesbeinen her an großartige und glänzende Verhältnisse gewöhnt war und zuletzt gar immer wie eine Prinzessin des kaiserlichen Hauses gelebt hatte –, so muß man sagen, daß sie, um nach Welt=Art zu reden, so tief wie möglich herabgesunken ist.[35] Die kleine Küche, in der Alles blitzblank ist, entspricht dem „Salon"; die Schlafstube ist aber eigentlich nur einer Kajüte 2. Klasse zu vergleichen. Etwas größer ist der vierte Raum der „Villa". Er enthält zwei Kinderbetten und eine Hängematte, und es hausen hier drei arme Jungen von 5 bis 9 Jahren, die einst total verrohten Söhne trunkfälliger pommerscher Fischer. Jetzt sind die drei Bärlein fein gezähmt, und ich glaube, jedes

---

34 Für eine Fertigkeit im Zeichnen sprechen auch die Abbildungen, die der ersten Ausgabe der Autobiographie beigegeben sind, s. *Schimmelmann*: Streiflichter, S. 29, 79, 101. Mit großer Wahrscheinlichkeit stammen diese von der Gräfin selber. Vgl. auch *Albrecht* u. a.: Schimmelmann, S. 19, 192.
35 An dieser Stelle weist Schimmelmann in ihrer Ausgabe in einem Kommentar auf ihre Zwangseinweisung in die Psychiatrie hin, Streiflichter, S. 21.

von ihnen ginge in jedem Augenblick ohne Besinnen für die Gräfin in Feuer oder Wasser.[36]

Das ist also die „Villa" und ihre Bewohner! Und jetzt sitzen wir mit der Gräfin beim Thee, den sie selbst bereitet, und der heute dem Gaste zu Ehren ziemlich kräftig ist. Die Zuckerdose ist freilich so wie in einer Puppenstube, und mancher Bremer Theetrinker würde die sämmtlichen kleinen Stückchen, die darin waren, auf einmal in seine Tasse schütten. Aber meine Gräfin, die jetzt alles für Andere braucht und für sich nichts mehr hat, saß da glücklich wie eine Königin und erzählte mir von ihren vielen Hunderten von „Kindern", den Fischern, von denen auch jeweilen einer hereintrat, um dies und das zu fragen. Jeder Einzelne wurde mit Namen genannt. Frage und Antwort waren immer plattdeutsch, und selbst ein Fritz Reuter[37] würde seine Freude gehabt haben an dem tadellosen Platt der Gräfin auf dem Göhrener Sandhügel. Sie hatte es als Kind in Holstein auf dem Gute ihres Vaters gelernt[38] und lobenswerther Weise nie vergessen. Jetzt kam es ihr sehr zu statten; denn die Fischer verstehen das Hochdeutsch nur schlecht, und jedenfalls geht ihnen das Plattdeutsch mehr zu Herzen. – Ich lasse nun die Gräfin selbst reden.

---

36 In den Streiflichtern, S. 45, gibt es ein eigenes Kapitel unter der Überschrift „Otto und Willy". Schimmelmann gibt hier an, dass sie die beiden Jungen adoptiert habe. Eine formelle Adoption ist allerdings nicht nachweisbar. Das weitere Schicksal der beiden lässt sich nur teilweise rekonstruieren, vieles ist unklar, vgl. *Albrecht* u. a.: Schimmelmann, S. 139–143. Über den dritten von Funcke erwähnten Jungen ist nichts bekannt.

37 Der aus Mecklenburg stammende Fritz Reuter (1810–1874) gilt als einer der wichtigsten plattdeutschen Schriftsteller. Funcke selber schätzte dessen Bücher, s. *Funcke*: Fußspuren, S. 238.

38 Im Vorwort zu den Streiflichtern schildert der Herausgeber anschaulich die Plattdeutsch-Kenntnisse der Gräfin, s. Streiflichter, S. VIf. In Schleswig-Holstein, und damit auch in Ahrensburg, war das Plattdeutsche während des 19. Jahrhunderts die Umgangssprache der ländlichen Bevölkerung. Auf der Greifswalder Oie hielt Schimmelmann nach ihren Angaben Bibelstunden auf Platt für die Fischer, Streiflichter, S. 36.

3. Wie eine Gräfin Bären zähmt.[39]

An der pommerschen Küste giebt es Tausende von Menschen, die durch ihren Charakter und ihre Natur, durch ihre Neigungen und Fähigkeiten auf das Meer angewiesen sind. Das heißt aber in erster Linie auf den Fischfang, obgleich auch unsere Kriegs- und Handelsmarine hier zahlreiche und treffliche Rekruten findet.

Da aber die Fischerei an der Küste und in den Binnenwassern verpachtet wird,[40] so müssen die allermeisten mit ihren Fahrzeugen die offene See aufsuchen. Ihre Arbeit ist mühsam, gefährlich, entbehrungsreich und wenig lohnend. Aber sie lieben nur diese Arbeit. Da nun im Winter nur ausnahmsweise gefischt werden kann, so müssen sie von Februar bis November so viel fleißiger sein. In dieser Zeit kommen sie selten, und auch dann nur auf wenige Stunden, nach Hause. Sie leben ganz auf ihren Booten. Diese sind sehr dürftig. Nur der kleinere Theil (Tugger und Ceser) hat eine winzige Kajüte, in der auch das nöthigste Kochgeschirr und einige Vorräthe Platz finden. Die meisten Boote aber sind ganz und gar offen.[41] Ihre Bewohner müssen auf Deck schlafen und sind Tag und Nacht

---

39 Schimmelmann gibt dazu an, dass die Fischer über die Bezeichnung als Bären verletzt gewesen seien. Es habe sich aber herausgestellt, dass Funckes Bericht für ihre Arbeit insgesamt nützlich gewesen sei, Streiflichter, S. 34.
40 Zur Heringsfischerei an der pommerschen Küste s. *Jung*: Rügen, S. 59f.
41 Zum Fischfang in Küstennähe wurden viele unterschiedliche Boote eingesetzt, die meist aus Eichenholz gefertigt waren. Bei der Tuckfischerei wurde ein Netz von zwei Booten geschleppt; als Zeese wird ein seit ca. 1890 gebräuchlicher Bootstyp bezeichnet, der ebenfalls zum Schleppen von Netzen diente, s. *Helmut Olszak*: Hölzerne Fischereiboote der südlichen Ostseeküste. Vermessene Relikte und rekonstruierte Zeitzeugen, Schönwalde-Glien 2014, S. 273. Zur Abbildung von Zeesboten s. ebd., 77, 126; *Jung*: Rügen, S. 141.

jedem Wetter ausgesetzt. Ihre Vorräthe haben sie in einer „Kiepe".[42] Dieselben bestehen aus Brot, Schmalz und – früher wenigstens – aus Schnaps, dessen reichlicher Genuß sie für alle Entbehrungen entschädigen sollte, sie thatsächlich aber ganz entsetzlich verrohte und ruinirte.

In früherer Zeit gestatteten ihnen die Küstenbewohner wohl, in den Scheunen zu schlafen, verabreichten ihnen auch gegen ein billiges Entgelt Kartoffeln und andere Nahrungsmittel.[43] Seitdem aber ein Badeort neben dem andern entstand,[44] weigerte man sich, mit den bärbeißigen „Fremden" in irgend einen Verkehr zu treten. Es blieben also blos die Schnapskneipen, wo sie sehr ausgebeutet und immer mehr zu einem brutalen Wesen gebracht wurden. So waren denn die „Horden" der fremden Fischer ebenso gehaßt wie gefürchtet. Diese ihrerseits nahmen oft mit Gewalt, was ihnen gütlich verweigert wurde, gruben die Kartoffeln aus, schlugen das Holz in den Wäldern, drangen drohend und fordernd bei den Schulzen und Bauern ein. Kein Wunder, daß man ihnen schließlich sogar den Trunk Wassers verweigerte und Alles that, sie von der Küste zu verscheuchen, z.B. dadurch, daß man ihnen verbot, an den geeigneten Stellen zu landen.

So standen die Sachen, als ich vor Jahren nach Göhren kam[45] und, tiefbetrübt über den Tod meines Vaters,

---

42 Dieser für Norddeutschland typische Begriff bezeichnet einen Tragekorb, der zumeist aus Weiden geflochten war.
43 1870 öffnete in Göhren das erste Gasthaus speziell für die Fischer, bis diese dann durch die Touristen verdrängt wurden, s. *Zschauer*: Seebäder, S. 73.
44 Zum entstehenden Tourismus an den Ostseeküsten Mecklenburgs und Pommerns s. *Zschauer*: Seebäder, S. 9–26, bes. 24f.
45 Bis zur Mitte der 1880er Jahre standen in Göhren neben schlichten Privatquartieren drei Hotels für Feriengäste zur Verfügung, s. *Zschauer*: Seebäder, S. 75.

oft den damals noch ganz einsamen Südstrand der Insel[46] besuchte. Hier und auf der kleinen Insel, welche „Greifswalder Oie"[47] heißt, war und ist der Hauptankerplatz der Fischer. Da sah ich eines Sonntagsmorgens, wie ein Trupp dieser Leute, nach rührenden Versuchen, sich durch Bürsten der Jacken und Stiefel ein sonntäglicheres Ansehen zu geben, von Hotel zu Hotel, von Haus zu Haus zog, bescheiden um Lebensmittel bittend, für die sie auch gern bezahlen wollten. Aber überall wurden sie abgewiesen und kamen hungernd zurück. Das konnte ich nicht ansehen und ließ durch meine Köchin[48] einen großen Kessel voll Kartoffeln und Fleisch kochen, dessen Inhalt bald verzehrt wurde. Ja, ich mußte auch mein eigenes Esssen zu den hungernden Leuten an den Strand wandern lassen. – Ich, der ich bisher von Hunger und Kummer nur aus Büchern gehört hatte, wurde durch diese Erfahrung tief ergriffen.

Nach meiner Abreise konnte ich den Gedanken nicht loswerden, wie den armen und verkommenen Leuten zu helfen sei. So entstand im Laufe des Winters, als ich in meiner Heimat Dänemark weilte, der Plan zur Gründung eines Seemanns- oder Fischerheims. Ich hatte die rührende Dankbarkeit der Leute erkannt; ich bemerkte, daß das gerade einen so tiefen Eindruck

---

46 An diesem Strand erwarb die Gräfin ein Grundstück zum Bau des Fischerheims. Auf einem Lageplan Göhrens von 1908/09 ist das „Seemannsheim" eingezeichnet, s. *Zschauer*: Seebäder, S. 80.
47 Die ca. 50 ha große Insel gehörte seit Beginn des 17. Jahrhunderts der Stadt Greifswald und hatte um 1865 etwa 40 Einwohner. 1855 wurde ein Leuchtturm gebaut, in den 1870er Jahren entstand ein kleiner Hafen, s. *Axel Dietrich*: Die Greifswalder Oie – das Helgoland der Ostsee. Geschichte einer Insel, Peenemünde 1993.
48 Dieser Sachverhalt spricht dafür, dass die Gräfin in Göhren in einem der privaten Logierhäuser untergekommen war. Der Bauboom in Göhren setzte erst ab 1885 ein. 1898 wurden über 90% der Einkünfte durch den Fremdenverkehr gewonnen, s. *Zschauer*: Seebäder, S. 76–79.

auf sie machte, daß eine Dame „von hohem Stande"
sich mütterlich[49] um sie kümmerte; ich bemerkte, daß
ich, gerade, weil ich ein Weib bin, einen so großen Einfluß auf diese rohen Leute haben konnte. In meinen
5 Kreisen zweifelte man allerdings ernstlich an der Gesundheit meines Verstandes, als ich anfing, meinen
Plan auszuführen. Andere fanden, daß ich in eine
höchst unweibliche Emanzipation[50] hineinfalle. Wieder
andre meinten, mein Unternehmen sei eine Art von
10 Selbstmord; ich würde in solcher Umgebung verrohen
oder doch erstarren.

Dennoch nahm ich die Sache frisch und getrost in
Angriff. Der Zorn der Schenkwirthe war natürlich sehr
groß. Auch die Bauern und die übrigen Küstenbewoh-
15 ner, welche die Fischer lieber vertreiben wollten, be-
reiteten mir alle möglichen Schwierigkeiten. Hätte der
gütige Oberpräsident,[51] und vor allen Dingen, hätte

---

49 Der Topos der Mütterlichkeit spielte ebenfalls eine wichtige Rolle in der
bürgerlichen Frauenbewegung des 19. Jahrhunderts, s. *Kliewer*: Geistesfrucht, S. 19–102; vgl. auch *Elisabeth Badinter*: Die Mutterliebe. Geschichte eines Gefühls vom 17. Jahrhundert bis heute, München ⁵1992.
In der Autobiographie von Ada von Krusenstjerna, geb. Barclay de Tolly
(1854–1942), die sich in einem ähnlichen frömmigkeitsgeschichtlichen
Milieu bewegte wie Schimmelmann, wird ebenfalls die Kategorie Mutter
hervorgehoben, s. *Krusenstjerna*: Lebenserinnerungen, S. 170, 238. In
den Diakonissengemeinschaften des 19. Jahrhunderts wurden Oberinnen
vielfach als Mutter bezeichnet. Zu einem regelrechten Eigennamen entwickelte sich diese Benennung bei Eva von Tiele-Winckler (1866–1930),
die weit über den von ihr gegründeten Friedenshort hinaus als Mutter
Eva galt, s. etwa *Paul Toaspern*: Ancilla Domini. Mutter Eva, ein Leben
der Hingabe an Jesus Christus, Berlin 1968; vgl. *Tiele-Winckler*: Denksteine, S. 23.
50 Schimmelmann grenzte sich von allen Bestrebungen der Frauenbewegung ab, obwohl sie durchaus von deren Erfolgen profitierte. Kaiserin
Augusta reklamierte sie als Gegnerin emanzipativer Tendenzen, setzte
dabei aber Emanzipation in verkürzender Weise mit unweiblichem lau-
tem Auftreten gleich, s. *Schimmelmann*: Streiflichter, S. 11.
51 Oberpräsident der Provinz Pommern mit Sitz in Stettin war von 1883
bis 1891 Ulrich von Behr-Negendank (1826–1902). Der Familiensitz befand sich in Semlow, südlich von Ribnitz-Damgarten. Über besondere

der edle Regierungspräsident v. Armin[52] nicht seine schützende Hand über mir gehalten, so wäre mein Unternehmen bald gescheitert. So wurde z.B. die eine Schenke auf der Greifswalder Oie, die ich, nachdem die andere in Folge meiner Thätigkeit bankerott geworden, erworben hatte, – ich sage diese Schenke wurde in der Nacht, ehe ich sie übernehmen wollte, angezündet und in Asche gelegt. Auch sonst sind Haß und Verleumdung so thätig, daß ich zuweilen sogar aus den Gasthäusern an der Küste unter allerlei Schimpfreden ausgewiesen wurde.

Aber das Werk des Herrn geht fort,[53] und der Segen ist unbeschreiblich. Unsere Räume hier in Göhren sollen Sie gleich selbst sehen. Auf der Greifswalder Oie habe ich in einem einfachen Lokal, das wir eigenhändig aus Lehm erbauten, einen jungen Kandidaten[54] und einen Koch angestellt, die nach Leib und Seele für die Leute sorgen. Natürlich muß ich selbst oft dahin segeln, wobei mich leider immer die Seekrankheit arg plagt. Aber was hilfts? Ich muß aus Noth eine rechte Wasserratte sein, da ich auch die Familien der Fischer in den Stranddörfern besuche und mit Rath und That unterstütze. In verschiedenen Dörfern an der Küste habe ich Lesezimmer errichtet, die am Sonnabend- und Sonntagabend geheizt und erleuchtet werden. Hier halten

---

Kontakte zwischen Schimmelmann und dem Oberpräsidenten ist nichts bekannt. Er engagierte sich für kirchliche Angelegenheiten im Rahmen seines Patronats, scheint aber keine engeren Kontakte zu Vertretern der Erweckungsbewegungen gepflegt zu haben.

52 Carl von Arnim (1831–1905) nahm von 1888 bis 1899 das Amt des Regierungspräsidenten im Regierungsbezirk Stralsund wahr. Auch in Bezug auf seine Person ist nicht bekannt, ob es persönliche Kontakte zu Gräfin Schimmelmann gab.
53 Vgl. 1Kor 15,58.
54 Als Kandidaten der Theologie wurden in der Regel junge Männer bezeichnet, die ein Theologiestudium absolviert, aber noch keine Pfarrstelle erlangt hatten. Um wen es sich hier handelte, ist nicht ersichtlich.

sich die Leute gern auf, lesend, schreibend, Domino und andere Spiele spielend u. s. w. Ich lasse ihnen auch vorlesen, oder lese ihnen selber vor, Geistliches und Weltliches. – Eine einfache Morgen- und Abendandacht fehlt natürlich hier in unserm Seemannsheim auch nicht. – Während der langen Winterabende gebe ich den Leuten Stühle, Tische und dergl. zu schnitzen. Die Zeichnungen dazu entwerfe ich selbst. In zwei Dörfern verdienten meine armen Fischer allein damit 14 bis 1500 Mark.

Aber die Arbeit wächst mir über den Kopf. Meine Gesundheit pflege ich während der paar Wintermonate in meiner Heimat am dänischen Sund.[55] Aber doch, es ist zu viel für mich allein; ich muß Hilfe haben, wenn es weiter gehen soll. Sie ahnen nicht, mit war für Anliegen die Leute mir von früh bis spät kommen.

Auch finanziell bin ich der Sache nicht mehr gewachsen. Meine Mittel versiegen. Das Werk erfordert jährlich 5 bis 6000 Mark Zuschuß; die kann ich nicht leisten, wenn ich nicht in kurzer Frist mein kleines Vermögen ganz aufzehren soll.[56] Dennoch bin ich überzeugt, daß der, dem alles Silber und Gold gehört, mir Hilfe schaffen wird.[57] Es giebt so viel Geld in der Welt; warum sollte Gott der Herr nicht auch für meine Sache etwas flüssig machen? Kaiser Wilhelm I. hat mir seiner Zeit 500, die alte Kaiserin Augusta 300 Mark ge-

---

55 Das Haus in Hellebæk blieb ein Rückzugsort, bis sie es verkaufte, um sich mit ihrem Adoptivsohn und dessen Familie in der Rhön anzusiedeln, s. *Schimmelmann*: Streiflichter, S. 7; *Albrecht* u. a.: Schimmelmann, S. 354–368.
56 Nach dem Tod ihres Vaters hatte Adeline Schimmelmann einen Betrag als Erbe erhalten, s. dazu auch unten die Zeitungsberichte. Zudem erhielt sie Apanagen, da sie als Stiftsdame im dänischen Stift Vallø eingetragen war, s. *Albrecht* u. a.: Schimmelmann, S. 48–51. Allem Anschein nach geriet sie aber lebenslang immer wieder in finanzielle Schwierigkeiten.
57 Vgl. Hag 2,8.

schenkt.[58] Auch ist in Stralsund für diese Sache einmal ein Bazar mit gutem Erfolg veranstaltet worden.[59] Aber das sind doch nur Tropfen auf einen heißen Stein. Die Sache erfordert große Mittel, da mir hier auf der Insel Alles entgegenwirkt –: die Wirthe, weil sie die Fischer für sich ausbeuten, die andern Strandbewohner, weil sie dieselben Leute ganz weg haben wollen.

Und doch ist die Wirkung meiner unscheinbaren Arbeit wunderbar. Saufen und Rohheiten verschwinden in den Kreisen der Fischer je länger je mehr. Viele junge Leute haben einen neuen Weg eingeschlagen und, was noch größer ist, auch manche Alten haben ihr Leben gebessert. Der Hunger nach geistiger und geistlicher Speise ist bei Vielen sehr groß. – In den Familien der Fischer blüht hier und da ein neues Leben auf: die Männer bringen den Erlös ihrer Arbeit jetzt den beglückten Frauen, und Friede und Freude kehrt da ein, wo früher Streit und Zank herrschte. Die Dankesthränen der Fischerfrauen, die mir sagten, daß ihre Männer jetzt ganz verwandelt sind, seit sie „zur Gräfin" gingen, sind nicht zu zählen.

Hier in Göhren verkehren oft an einem Tage Hunderte von Menschen im Fischerheim, ohne daß Jemand etwas von diesen früher so gefürchteten Leuten spürt. Und was mich betrifft, so habe ich noch nicht eine rohe Scene gesehen, und noch nie ein anderes Mittel, als meinen Blick oder ein leises Wort gebraucht, um etwa aufsteigende Rohheit zu dämpfen. Die Leute nen-

---

58 Schimmelmann wies gerne auf Unterstützungen hin, die sie von der kaiserlichen Familie erhielt, s. *Albrecht u. Rosenkranz*: Repräsentantin des Adels, S. 278f. Die australische Zeitung The Queenslander aus Brisbane vom 21.3.1896, S. 559, beschrieb unter Berufung auf englische Quellen die Inneneinrichtung von Schimmelmanns Segelyacht. Dabei wurden die Geschenke von Augusta und Wilhelm I. hervorgehoben. In einem der Räume befand sich ein Porträt Augustas.
59 Hierüber ist nichts weiter bekannt.

nen mich: „uns' Mudder",[60] obgleich manche fast doppelt so alt sind wie ich. Und dieser Titel ist mein höchstes Ehrenzeichen. Möchte ich ihn nur immer mehr wirklich verdienen! – Aber nun bitte, kommen Sie mit mir und schauen Sie in unsere Werkstatt hinein!

4. In der Werkstatt.

Als wir aufbrachen, erschienen die kleinen flachshaarigen und blauäugigen Buben, welche „uns' Mudder" dem in Fäulnis übergegangenen Familienleben entnommen hatte. Sie waren schon ganz nett gezähmt und schmiegten sich voll Zärtlichkeit an die hohe Gestalt der Gräfin, als ob sie ihre leibliche Mutter gewesen wäre.[61] Verständigerweise waren die Jungens, wenn auch reinlich und nett, so doch wie Kinder armer Fischer gekleidet. Kopfbedeckung und Fußbekleidung glänzten durch ihre Abwesenheit. Wie treue Hunde liefen sie immer um die Gräfin herum.

Zuerst kamen wir zu einem Ausguck gleich neben der „Villa". Da schaut man weit in's Meer hinein, und hier stand ein ganzer Haufe von Fischern und machte seine Beobachtungen über Wind und Wetter, über ankommende und abgehende und in der Ferne dahinziehende Schiffe. Die Gräfin zeigte mir dann einen Brun-

---

[60] Auf diese Benennung legte Schimmelmann großen Wert, wie ihre wiederholten Hinweise zeigen, Streiflichter, S. 99.

[61] In späteren Jahren bemühte sie sich – allerdings ohne Erfolg – darum, eines der unehelich geborenen Kinder ihres Bruders Christian Graf Schimmelmann (1856–1908) zu adoptieren. Diese Informationen verdanken wir Herrn Dietrich Hagelstein (1937–2020), Schreiben vom 12.5.2018. Vgl. auch den Zeitungsbericht „Das Rätsel um Tante Adeline", Schleswiger Nachrichten, 19.3.2011, www.shz.de/lokales (1.3.2024).

nen,[62] den sie hatte graben lassen. „Sie ahnen nicht", sagte sie, „welch' ein Labsal das Wasser für die Leute ist, die zum großen Theil während ihrer Fahrten das zum Glück nicht allzu salzhaltige Ostseewasser trinken müssen." – Nahe bei dem Brunnen steht ein Schuppen, dessen Boden mit Stroh bedeckt ist; Anderes kann die Gräfin den Leuten als Nachtquartier nicht bieten. Aber die Fischer finden dieses Lager dennoch königlich, wenn sie wochenlang nur auf dem harten Deck geschlafen haben. – Jetzt kommt der Hauptraum, das eigentliche Fischerheim. Es ist ein sehr einfaches aber anständiges hohes Zimmer, das etwa für fünfzig Personen Platz bietet. Im Hintergrunde waltete neben großen Kesseln die Köchin, eine ältere aber rüstige Frau mit reizendem, charaktervollem Gesicht und in der kleidsamen Tracht der Mönchsguterinnen.[63]

Etwa dreißig Fischer im Alter von 20 bis 60 Jahren saßen auf den Bänken und an den Tischen; die einen lesend, andere Domino spielend, andere schmausend, rauchend, trinkend. Es war rührend zu sehen, wie ehrfurchtsvoll und dankbar die rauhen Seebären zu der hohen weißen Dame aufblickten. Man liest wohl in alten Mären, wie edle holde Jungfrauen durch ihre weiche Hand und durch den freundlichen Blick ihrer Augen wilde Bestien in sanfte Lämmer verwandelt haben. Ich mußte daran denken, als ich sah, wie diese einst so gefürchteten rohen Fischer sich jetzt so zartfühlend und anständig, ja fast andächtig benahmen.

---

62 Dieser Brunnen ist auf den Zeichnungen abgebildet, die in den autobiographischen Aufzeichnungen Schimmelmanns abgedruckt sind, s. Streiflichter, S. 29.
63 Das Heimatmuseum in Göhren besitzt eine Postkarte, die Schimmelmann in dieser Tracht zeigt. Vgl. auch das Cover der Broschüre: *Albrecht* u. a.: Die Gräfin und die Fischer; *Zschauer*: Seebäder, S. 39, mit einer Postkarte aus dem Jahr 1905.

Ich war der Überzeugung, daß die Gräfin von diesen Leuten irgend ein Opfer fordern konnte, und daß jeder von ihnen es mit Freuden bringen würde.

Auch mich, den Fremdling, empfingen sie herzlich; denn sie hatten schon von mir gehört. In anmuthiger Weise stellte mich die Gräfin vor. Das Plattdeutsch floß warm und weich von ihren Lippen; es war überall in ihrem Verhalten gegenüber den Seeleuten nichts „Gnädiges", nichts „Herablassendes", sondern eine natürliche ungeschminkte Herzlichkeit.

Ich unterhielt mich mit den Leuten, die erst etwas spröde waren, aber bald zutraulich wurden, und versprach ihnen, schöne Bücher zu senden,[64] was natürlich auch geschehen ist. Unvermerkt und ungezwungen ging ich zu einer kleinen Ansprache über und redete in Zügen aus dem Leben davon, wie die Gottseligkeit zu allen Dingen nütze ist und nicht nur die Verheißung des zukünftigen, sondern auch des diesseitigen Lebens hat.

Ich überzeugte mich auch, daß die kleine Bibliothek im Seemannsheim mit sehr gesundem Geschmack zusammengestellt war; daß auch die Traktate, welche die Gräfin vertheilt, und den Leuten auf ihre einsamen Fahrten mitgiebt, gut ausgewählt sind. – Lachen mußte ich über die riesigen Kaffeetassen; sie fassen ein halbes Liter, und das kostet mit Milch – drei Pfennig! Probirt habe ich das braune Getränk aus guten Gründen nicht; ich sah aber, daß es den Seeleuten herrlich mundete. Und das ist die Hauptsache.

Die Gräfin zeigte mir auch die irdenen Schüsseln, worin die Leute Mittags ihr Essen – Erbsen oder Bohnen mit Kartoffeln und etwa ¼ Pfund Speck zu 18 bis

---

[64] Funcke war Autor zahlreicher Werke, die in erzählerischer Manier christliche Inhalte vermittelten.

20 Pfennig – bekommen. Ich würde jedenfalls eine Woche lang an solcher Schüssel zu essen haben. Die treuen Pommern aber leeren sie oft zweimal in einem Sitz. – Bringen die Seeleute ihre selbstgefangenen Fische mit, so werden ihnen dieselben gekocht und für einige Pfennig die Kartoffeln dazu geliefert.

Überall hatte ich den Eindruck, daß die einstige Hofdame ebenso praktisch die Seebären zu versorgen versteht, wie sie dieselben mit linder Hand regiert. Bei großer Hitze reicht sie den Leuten Bier mit Wasser und Zucker, oder Citronensäure mit denselben Zuthaten. Branntwein wird unter keiner Bedingung verabfolgt.

Wie groß der Besuch des Hauses ist, kann man aus folgenden Ziffern ermessen: An einem Tage wurden fünf Eimer Citronensäure mit Wasser und Zucker, ein Achtel Bier und über hundert Portionen Kaffee ausgegeben. In 3½ Monat wurden 5622 Portionen warmes Essen gefordert und geliefert.

Natürlich ist je nach Wind und Welle der Besuch des Hauses sehr schwankend. Aber daß das Seemannsheim, obgleich es nur einige Hütten auf einem Sandhügel enthält, dennoch das ist, was der Heiland eine „Stadt auf dem Berge"[65] nennt, das dürfte Jedem, der Augen hat, einleuchten.

O, wie viel Unheil bringen, theils mit, theils ohne ihre Schuld, die Badegäste und Sommerfrischler gemeinlich an die Orte, die von ihnen überflutet werden! Gewinnsucht – und noch einmal Gewinnsucht, Genußsucht, Luxus, Verlogenheit, Unsittlichkeit jeder Art, kehren fast unwiderstehlich da ein, wo der Strom der Fremden sich hinwälzt, die viel Geld auszugeben haben. Man kann oft sehen, wie eine einfaltsvolle und

---

65 Vgl. Mt 5,14.

fromme Bevölkerung in 2–3 Jahrzehnten dadurch vollständig verdorben wird! – Hier hatte ich nun einmal das herzerquickende Schauspiel, daß durch einen Badegast auch Heil und Frieden in eine Gegend gebracht werden kann. Ich meinerseits freute mich, daß ich nicht abgelehnt hatte, andern Tages beim Missionsfest[66] in der Saßnitzer „Waldkirche"[67] zu reden und so auch ein heilsames Element zu bringen. Ich faßte auch sonst allerlei gute Vorsätze. So hoffe ich auch, daß die Leser desgleichen thun und sich darauf vertrotzen, daß sie fortan nie wieder ihre Sommerfrische verlassen wollen, ohne einigen Landeskindern wohlgethan und sie womöglich auf dem Wege zum Himmel weitergebracht zu haben. Die Gräfin sei uns ein Beispiel. Sie hat jedenfalls in Kraft himmlischer Liebe den verachteten und einsamen Fischern ein Heim bereitet, fern von ihrer eigentlichen Heimat. Sie hat aber dadurch

---

66 Missionsfeste verbreiteten sich mit den Erweckungsbewegungen des 19. Jahrhunderts. In der Regel hielten hierbei Missionare oder bekannte Prediger Ansprachen, begleitet von Posaunenchören und Chören. Typisch für solche Missionsfeste war, dass sie wie Evangelisationsveranstaltungen eher in nichtkirchlichen Räumen stattfanden. Die Tradition lässt sich auf angloamerikanische Vorbilder des 18. Jahrhunderts zurückführen, s. *Leigh Eric Schmidt*: Holy Fairs. Scotland and the Making of American Revivalism, Grand Rapids, Mich. ²2001.
67 Seit 1867 fanden in Saßnitz Gottesdienste unter freiem Himmel am Fahrenberg im Waldgebiet der Stubnitz statt. Bis zu 350 Personen fanden dort Platz. Der Name Waldkirche blieb an der 1883 errichteten St. Johannis-Kirche haften, s. www.kirche-mv.de zu Sassnitz (1.3.2024). Bereits einige Generationen früher hatte Ludwig G. Kosegarten (1758–1818) auf Rügen seine berühmten Uferpredigten gehalten. Kosegarten war Pastor in Altenkirchen nördlich von Sassnitz; 1806 wurde im Fischerdorf Vitt, einem der traditionellen Fischumschlagplätze mit Heringsmärkten, eine Kapelle errichtet, damit die Fischer Kosegartens Predigten auch bei schlechtem Wetter besuchen konnten, s. *Eberhard Rohse*: Regionalität, Poetizität, Theologie der Natur. Uferpredigten auf Rügen im Werk Ludwig Gotthard Kosegartens, in: Pommern in der Frühen Neuzeit. Literatur und Kultur in Stadt und Region, hg. von Wilhelm Kühlmann und Horst Langer, Tübingen 1994, S. 449–500; *Jung*: Rügen, S. 78f., 133–135.

auch selbst eine Heimat gewonnen, die noch besser ist, als das ursprüngliche Vaterhaus.

5. Was man sich dabei denken soll?[68]

Wie ein Traum waren die Stunden dahingeflogen; die Dampfpfeife des „Rügen" hatte mich schon mehr als einmal gerufen. Die Gräfin geleitete mich an den Strand. Auf dem Wege traten wir in einige saubere Fischerhäuser. Hier sagte sie einer Alten und Schwachen ein herzliches Wort, dort war es ein Pathenkind, das sie herzte. Mir fiel die Elastizität, Leichtigkeit und Frische auf, womit die einstige verwöhnte Hofdame durch den tiefen Sand schritt, der in Göhren sehr sandig ist. Als ich eine darauf bezügliche Bemerkung machte, sagte sie lächelnd: „Ja, ich lebe erst, seit ich für Andere lebe. Ich bin auch leiblich viel gesünder, als früher, seit ich von früh bis spät in Arbeit stecke und nicht mehr so viel an meine Gesundheit denken kann."

Wer das hört, der merke darauf![69] Die ganze Schilderung, die ich gegeben habe, ist eine herzbewegliche Predigt. Darum will ich auch weiter keine Predigt mehr halten. Aber wie viel in der Welt zu thun ist, das sieht man hier wieder. Man darf nur erst ein Auge haben, ein Christusauge, für den tausendfachen Jammer des Lebens; dann kann man nicht mehr lange fragen: „Herr, was willst du, das ich thun soll?"[70] – Und wie viele Menschen, zumal wie viele weibliche Wesen der sogenannten „höheren Stände", vergeuden ihre Zeit

---

68 Schimmelmann gab diesem Abschnitt in ihrer Ausgabe den Titel: „Unsere Verantwortlichkeit", Streiflichter, S. 30–34.
69 Vgl. Mt 11,15; 13,9; Mk 4,23; 7,16; Lk 8,8; 14,35.
70 Vgl. Apg 9,6.

mit Nichtigkeiten, werden mattherzig und mattleibig, und könnten doch, wie das Bild der Gräfin zeigt, so glücklich sein und so glücklich machen! Glücklichsein im Glücklichmachen! – Sollte nicht die eine und die andere Leserin denken: Ich will mit meiner Kraft der Gräfin helfen! Für diesen Fall gebe ich sogleich die Adresse; sie lautet kurz und gut: „Gräfin Schimmelmann Göhren auf Rügen."

Aber ich bitte, man hüte sich vor Überstürzungen! Ich bitte, daß sich doch Niemand melde, der nur eine fromme Spielerei treiben will. Vielleicht ist aber diese Sorge überflüssig; vermuthlich werden nicht Viele sich melden. Und Viele kann sie in ihren beiden Werkstätten bei Göhren und auf der Greifswalder Oie auch nicht brauchen. Aber Geld muß sie haben. Und Viele, die dieses lesen, können Geld schicken und damit – ich sage nicht: der Gräfin, sondern unserm Herrn Christus helfen. Denn sein ist die Sache, ob auch, wie allemal, wenn Menschen sein Werk treiben, allerlei dabei menschelt. Also um Christi willen helft, liebe Leser! Die Fischer aus 23 pommerschen und rügenschen Dörfern, die in Göhren und auf der Oie versorgt werden, sind wahrlich auch unter Denen, davon der Heiland sagt: „Was ihr gethan habt einem meiner geringsten Brüder, das habt ihr mir (eurem Heiland, mir, dem Könige aller Könige, mir, dem ewigen Richter!) gethan."[71]

Der Tag neigte sich zum Niedergang, als der „Rügen" die Anker lichtete. Noch sah ich, wie die weiße Gestalt mit elastischem Schritt den Hügel erstieg: noch ein Flaggengruß – dann dampften wir um die Ostecke des Eilands. Die Sonne überströmte den Ocean mit purpurner Gluth. Die Möwen badeten ihre weißen Brüste in den schaumbekränzten blauen Wellen; ganze Her-

---

71 Vgl. Mt 25,40.

den wilder Enten schienen sich in die untergehende Sonne zu stürzen. – Überall zeigten sich die Fischerboote mit ihren weißen Segeln; sie sahen wie verklärt aus. Und in der That, was in den Bereich der Liebe Christi gezogen ist, das ist auch in der Sphäre der Verklärung.

Ich stand wieder auf meiner Brücke. Land und Meer lagen unter mir in berauschender Herrlichkeit. Aber noch eine schönere Welt erhob sich vor meinem geistigen Auge, – die Welt, wo die Liebe Christi Alles erfüllet, Alles durchdringt. Tiefes Heimweh nach dieser Welt kam in mein Herz; meine Augen füllten sich mit Thränen der Sehnsucht. Und warum ich jetzt, gerade jetzt so lebhaft daran dachte, brauche ich nicht erst zu melden. Ich mußte mir aber auch wieder sagen, daß die Menschen es sind, die erlösten Menschen, wodurch Gott im Himmel die salzigen Wasser dieser Erde süß machen will. Die von Gott erlösten Menschen sind es, die dem großen Gott im Himmel einen guten Namen machen sollen. Und ich hatte wieder gesehen, wieviel ein einzelner Mensch dazu thun kann, wenn er sich nur selbst opfern und auch Verachtung, Hohn und Schmach der Unverständigen und Boshaften verachten will. Ja, das gehört freilich beides dazu. Und gerade daran fehlt es so oft bei uns, und darum schaffen wir so wenig.

Ich mußte mich sehr schämen, wenn ich an die Gräfin dachte, und hoffentlich schämt sich noch Mancher, der dies liest, mit der Scham, die eine Morgenröthe ist, woraus ein Sonnenaufgang geboren wird und manche schöne neue Schöpfung. Die Welt glaubt nun einmal nur an das Christenthum, wenn sie die guten Werke der Christusjünger sieht und ihre Liebe erfährt.

Als ich noch sinnend stand und in die wogende Fluth träumte, redete mich einer der Bootsleute an und weckte mich aus meinen Träumen. „Sie waren wohl

bei der Gräfin, Herr Pastor? Ich sah, wie sie mit Ihnen zu den Ruderbooten hinunterstieg – ?" „Freilich," entgegnete ich, „und nun sagen Sie mir einmal ehrlich: was halten Sie von der Sache?" „Herr Pastor", antwor-
5 tete der treuherzige Schiffer, „wenn man auf das hört, was allerlei Leute darüber sprechen, dann sollte man meinen, die Gräfin wäre verrückt. Wenn man aber weiß, wie es früher bei den Fischern gewesen, und wie es nun geworden ist, dann muß man sich mächtig da-
10 rüber wundern, was so ein einziger Mensch Alles fertig bringt." – Das war ein schlichtes, aber durchschlagendes und unparteiisches Urtheil. Es enthielt ein hohes Lob. Ja, die Gefahr ist groß, daß man bei solchem Erfolg stolz wird. Vor diesem Stolz kann auch der Haß
15 und Spott der Welt nicht schützen, ebensowenig die größten Entbehrungen, die man freiwillig trägt. Ich weiß sehr wohl, daß die Eitelkeit sich nicht nur in köstlichem Gewande, sondern auch in den „Löchern unseres Mantels" offenbaren kann. Ich weiß, daß es
20 massenhafte Menschen gegeben hat, die Alles in der Welt verlassen und als Einsiedler mit den Thieren in der Wüste von Wurzeln gelebt haben,[72] und – nicht trotzdem, sondern gerade deswegen – so stolz waren, wie nur jemals Pharisäer[73] es gewesen sind. So mußte
25 ich auch Gott bitten und bitte ihn täglich, daß er die liebe Gräfin vor Überhebung bewahren und in der heiligen Einfalt[74] erhalte. Leicht ist das nicht.

---

[72] Als der bekannteste Einsiedler, dessen Leben modellhaft wurde, gilt Antonius († 356), der in der ägyptischen Wüste lebte.
[73] Vgl. Mt, 23,1–36.
[74] Der in der Bibel vorkommende Begriff der Einfalt wurde in einigen Strömungen des Pietismus aufgegriffen, s. *Joachim Jakob*: Einfalt. Zu einigen ästhetischen und rhetorischen Implikationen eines pietistischen Leitbegriffs, in: Interdisziplinäre Pietismusforschungen, S. 341–351. Funcke sah sich durchaus in der Tradition des frühen Pietismus, s. *Funcke*: Fußspuren, S. 140.

Ich höre Leute sagen: „Ja, du machst es ihr gerade dadurch schwer, daß du so in die weite Welt hinein über sie schreibst und die Sache an die große Glocke bringst." – Nun, ich habe mir das auch wohl überlegt. Aber die Sache ist bereits an der großen Glocke, nämlich durch die, welche die Gräfin verleumden und verlästern und auf jede Weise bekämpfen. Und das sind nicht nur Schnapshändler und offenbare Schurken, sondern zum Theil auch sehr ansehnliche Leute. Soll da nicht, – zumal auch materielle Hilfe dringend nötig ist, – auch einmal eine Stimme laut werden dürfen, welche sich des Unterdrückten und Stummen annimmt, wie die Schrift mahnt: „Thue deinen Mund auf für die Stummen."[75] – Ich habe ein gutes Gewissen dabei, und ich hätte ein schlechtes, wenn ich schweigen würde.

Aber freilich, das bleibt bei diesem und bei jedem Christenwerk, das Erfolg hat: „Wachet und betet, daß ihr nicht in Anfechtung des Hochmuths fallet."[76]

Es dunkelte, als die Anker unseres Dampfers Angesichts des lieblichen Saßnitz in's Meer rasselten. Schon vorher hatte mich herrlicher Gesang gegrüßt, der leise über die Wellen schwebte und näher und näher gekommen war. Es waren meine Familienglieder und Freunde, die mich in einem Segelboot abholten. Aber wie wonniglich auch ferner noch die Lieder klangen, geistliche und weltliche, von dem: „Es steht ein Baum im Odenwald"[77] an bis hin zu dem gewaltigen: „Ich bete an die Macht der Liebe,"[78] – dennoch, an diesem

---

75 Spr 31,8.
76 Mt 26,41.
77 Den Text des im 19. Jahrhundert populären Volksliedes verfasste Auguste Pattberg (1769–1850), die Melodie stammt von Johann Friedrich Reichardt (1752–1814).
78 Das Lied, dessen Text von Gerhard Tersteegen (1697–1769) stammt, wurde mit der Vertonung von Dmitri S. Bortnjanski (1751–1825) berühmt.

Abend flog mein Herz zurück zu der verlassenen und
doch nicht verlassenen Gräfin, die auf der einsamen
Meereshöhe zwischen den rauhen Fischern saß, in ihre
Freuden und Schmerzen einging und mit linder Gewalt
ihre Herzen aufwärts richtete zum ewigen Vaterland,
zur Heimat des seligen Friedens.

6. Hochnothwendige Nachschrift.[79]

Vorstehende Blätter wurden schon im November 1890
geschrieben. Ich wollte ihnen, da sie einmal waren
wie sie waren, ihre ursprüngliche Gestalt nicht nehmen.
Und doch hat sich auf diesem Gebiet Manches verändert. Andre und praktischere Leute als ich haben auch
die Arbeit der Gräfin Sch. kennen gelernt. Und diese
praktischeren Leute sind mit Recht der Meinung, daß
mit bloßen Geldspenden zu Händen der Gräfin nichts
oder wenig geholfen ist. Sie sind mit Recht der Meinung, daß ein so großes Werk eine einzelne Person
zermalmen muß. So hat sich denn auf Anregung des
Herrn von Carstenn-Lichterfelde[80] (Berlin, Wichmannstraße 12c) ein Komitee von 20 Herren, die den ver-

---

79 Diesen Abschnitt druckte Schimmelmann weder in der englischen Ausgabe der Streiflichter von 1896, noch in der deutschen von 1898 ab. Sie übernahm lediglich den allerletzten Absatz mit dem Bibelzitat, Streiflichter, S. 34.
80 Johann Anton Wilhelm von Carstenn-Lichterfelde (1822–1896) erhielt Ansehen und Vermögen durch große Bauprojekte. 1857 erwarb er von Ernst Graf von Schimmelmann, dem Vater Adelines, Teile des Gebietes, das zum Schlossbezirk von Wandsbek gehörte und veräußerte diese für den Bau von Villen, s. *Michael Pommerening*: Wandsbek. Ein historischer Rundgang, Hamburg ²2010, S. 47, 65f. Seit 1865 betätigte er sich in Berlin in analoger Weise. Ob er bei dem Komitee für die Seemannsheime in Abstimmung mit der Familie Schimmelmann handelte, ist nicht bekannt.

schiedenen Berufskreisen angehören, gebildet, um die Arbeit unter den pommerschen Fischern in die Hand zu nehmen.[81] Auch ich gehöre zu dem genannten Kreis und bin gleich Herrn v. Carstenn hungrig auf viel Geld im Interesse der Sache.

Daß die Gräfin Sch. die Seele der Sache bleibt, versteht sich von selbst. Aber sie muß nach allen Seiten hin Stütze und Hilfe haben. Die Zeitungen haben letzthin den Aufruf des genannten Komite gebracht.[82] Durch eine alljährliche Gabe von 20 Mark wird man Mitglied der Gesellschaft. Durch Zahlung von 500 Mark wird die lebenslängliche Mitgliedschaft erworben. Es ist zu befürchten, daß viele Leser der Christoterpe jenen Aufruf kaum einer gründlichen Prüfung

---

81 In ihrer Ausgabe von Funckes Text erläuterte Schimmelmann 1898, dass sie nichts zu tun habe mit einem Verein Seemannsheim und warnte vor diesem, Streiflichter, S. 31. Sie spricht von einem „sogenannten Seemannsheim", das dieser Verein auf der Oie übernommen habe. *Jörg Tamm*: Ostseeinsel Greifswalder Oie. Greifswalds kleine Insel mit Leuchtturm gezeigt an historischen Ansichts- und Postkarten, Friedland 2007, S. 62–70, druckt Aufnahmen des Restaurants Seemansheim ab. Es handelt sich um ein regionales bäuerliches Gebäude mit Strohdach und großer Scheune für eine landwirtschaftliche Nutzung. Die Gebäude wurden vorher von der Familie Vahl bewirtschaftet, ebd., 62. Hierbei handelt es sich um die spätere, vom Berliner Verein bewirtschaftete Einrichtung. Schimmelmann beschreibt einen einfachen Schuppen aus Lehm als Zentrum ihrer Versorgung der Fischer; ihrer Arbeit auf der Oie widmet sie in den Streiflichtern ein ganzes Kapitel, s. S. 34–43; vgl. *Schimmelmann*: Af mit Missionsliv, S. 39–52. Im Fremdenbuch der Oie findet sich im Mai 1889 der erste Eintrag eines Besuchs von Schimmelmann. Auszüge aus dieser Quelle sind abgedruckt bei *Hans Joachim Luttermann*: Greifswalder Oie. Ein Leuchtfeuer und seine Insel. Informationsschrift zur Geschichte des Leuchtturms Greifswalder Oie (1855–2005), Hamburg und Rostock 2005, S. 36f. Luttermann zitiert aus dem Abdruck, der 1902 in der Greifswalder Zeitung von C. K. Darius veröffentlicht wurde. Dieser geht auch auf den Konflikt zwischen der Gräfin und dem von Graf Bernstorff geleiteten Verein ein, stimmt ihren Vorwürfen jedoch nicht zu.

82 Um welche Zeitungen es sich handelt, konnte nicht ermittelt werden. Ein Bericht über die Gründung des Vereins ist abgedruckt in einer der hier dokumentierten Zeitungsnotizen vom September 1891, s. S. 119.

unterworfen haben. Nun, denen möchte ich jetzt die Angelegenheit zu einer Gewissenssache machen, möchte im Namen Jesu Christi bitten: „Entzieht dieser herrlichen Sache eure Kräfte und eure Mittel nicht,
5 falls ihr in der Lage seid, helfen zu können." – Die Pläne des besagten Komitees gehen jetzt darauf, den ganzen Fischerstand an der Ostküste auch ökonomisch zu heben. Dies wird nicht schwer sein. Es bedarf nur eines eigenen kleinen reichlich mit Eis versehenen
10 Dampfers, der den Fischerflotten folgt, ihren Fang sofort abnimmt, um ihn, im Interesse der Fischer, an der Küste zu verwerthen. Es ist ferner geplant, die Abfälle bei der Seefischerei (z. B. Lebern und Eingeweide der Fische), die bis jetzt dem Meere wieder über-
15 geben wurden, nützlich zu verwerthen. Und so liegen noch andere Pläne in der Luft. Herr v. Carstenn-Lichterfelde in Berlin wird denen, die ein thatsächliches und thatkräftiges Interesse für diese Sache haben, gern die betreffenden Pläne unterbreiten.[83]
20 Es handelt sich jetzt nur darum, dem schrecklichen deutschen Talent, über Alles zu philosophiren, zu nörgeln, zu kritikastern statt ordentlich zuzugreifen, – den Laufpaß zu geben und mit Hand anzulegen, damit an Pommerns schöner Küste dem Teufel das Spiel ver-
25 dorben werde. Darüber würden sich dann nicht nur die blauäugigen Fischer an der Ostsee freuen, sondern auch die Engel im Himmel.[84]

---

83 Zu diesen Ideen ließen sich bisher keine Belege finden.
84 Vgl. Lk 15,7. – Weitere Belege für irgendeinen Kontakt zwischen Funcke und Schimmelmann sind nicht bekannt. Es ist eher anzunehmen, dass es keine Verbindungen mehr gab, da die Gräfin 1898 ausdrücklich vor dem „falschen Verein" Seemannsheim warnte, der ihren Namen mißbrauche und unrechtmäßig Gelder einnehme, Streiflichter, S. 34, 46.

2. Adeline Schimmelmann,
Tagebuch und Gedichte, 1896

Aus dem Tagebuch der Gräfin Adeline Schimmelmann
(Hofdame weiland I. M.[1] der Kaiserin Augusta.)
Rostock[2] 1896

Duen[3] 1896
Es sind dies Bruchstücke eines Tagebuches, welches
ich heimlich und daher unregelmässig in meiner Gefangenschaft[4] führte, theilweise auf Läppchen Seidenpapier theilweise in einem Kalender, abwechselnd mit
Bleistift und Tinte in Dänisch[5] und Deutsch. Ich hielt
es sorgfältig unter meinem Zeuge an mir verborgen
und kurz vor meiner Befreiung gelang es mir, es in

---

1 Ihrer Majestät Kaiserin Augusta, s. S. 13, Anm. 23.
2 Die 1835 von Carl Hinstorff (1811–1882) begründete Druckerei wurde in den 1860er Jahren nach Rostock verlegt. Zum Erfolg des Verlags trugen in wesentlichem Maß die Werke Fritz Reuters bei, s. NDB 9, 1972, S. 192f. Vermutlich ebnete Schimmelmanns Freundschaft mit Großherzogin Marie den Weg für die Publikation in diesem Verlag, s. dazu S. 74. Dem Tagebuch ist ein Autorenporträt beigegeben, das mit der Autogrammkarte übereinstimmt, die auf dem Einband dieser Edition abgebildet ist. Hier findet sich der Namenszug „A Grf Schimmelmann" ohne den Zusatz eines religiösen Bekenntnisses.
3 Das hochseetaugliche Segelschiff Duen – zu deutsch Taube – erwarb Schimmelmann 1895 vom dänischen Prinzen Waldemar (1858–1935), dem jüngsten Sohn von König Christian IX., s. *Schimmelmann*: Streiflichter, S. 97f. Mit diesem Schiff unternahm sie von 1898 bis 1900 ihre Reise durch Kanada und die USA, s. *Albrecht u. Rosenkranz*: Repräsentantin des Adels. Die Segelyacht wurde 1871 vom dänischen Schiffbauer Eggert Christoffer Benzon (1825–1912) konstruiert und erhielt zunächst den Namen Tumleren, s. *Asger Nøolund* Christensen: Skibsbygmesteren E. C. Benzon og hans skibe, Kopenhagen 2005, S. 114–117.
4 Gemeint ist ihr Zwangsaufenthalt in der Psychiatrie.
5 In Schimmelmanns Kindheit hielt sich die Familie oft in Dänemark auf, insbesondere auf Schloss Lindenborg bei Aalborg in Nordjütland, s. *Schimmelmann*: Streiflichter, S. 101. Ihre ersten Veröffentlichungen erfolgten auf Dänisch 1894 und 1895, s. S. 255–257.

Hände zu geben, die es ausserhalb der Mauern dieses Grabes für Lebendige brachten. Im späteren Verlauf der Sache wurden diese Aufzeichnungen zu wichtigen Documenten und daher von Freunden in dänischen, englischen und deutschen Übersetzungen abgedruckt,[6] durch welche allerdings Styl und Klarheit stellenweise etwas beeinträchtigt wurde. Ich habe nicht Zeit, dies zu corrigiren und gebe es daher so wie es ist, nachdem ich nur die grössten Fehler berichtigt habe.[7]

A.S.[8]

März 1894. Mein Gott, mein Gott, Du bist mein Zeuge; Du weisst, dass der Geist, den man irr und krank schilt, Dein eigner Geist ist, den Du mir auf meine Bitte mehr und mehr verleihst. Du thust meinen Mund auf, dass ich Deinen Ruhm verkündige.[9] – Aber die der Geist Gottes nicht treibt, sind auch nicht Deine Kinder;[10] sie hören, wissen und verstehen nichts.[11] Wären wir von der Welt, so hätte die Welt das ihrige lieb; weil wir aber nicht von der Welt sind, verfolgt sie uns.[12] Mussten früher deine Zeugen ins Gefängniss,[13] so thut man sie jetzt in Irrenhäuser. Nur gemeingefährliche Irre darf man so fangen und einsperren, wie man es mir gethan. Ist es schon so nahe der Mitternacht,[14] dass Deine Liebe

---

6 Aus den unten abgedruckten Zeitungsberichten geht hervor, dass in Kopenhagen im Herbst 1894 Abschriften ihres Tagebuches kursierten.
7 Allerdings griff Schimmelmann durchaus in den Text ein und kommentierte Sachverhalte aus einer späteren Sichtweise. Dazu gehören auch die von ihr hinzugefügten Fussnoten, die hier mitabgedruckt werden.
8 Adeline Schimmelmann.
9 Vgl. Ps 51,15.
10 Vgl. Röm 8,14.
11 Vgl. Jes 6,10.
12 Vgl. Joh 16,14.
13 Schimmelmann spielt damit auf die Geschichte der christlichen Märtyrer an, die wegen ihres Zeugnisses für Christus verfolgt wurden.
14 Vgl. Mt 25,6. Mitternacht gilt als Symbol für das Ende der Welt und die Wiederkunft Christi.

zu üben und von Deinen Wundern zu zeugen, als gemeingefährlich gilt? Denn Du kennst meinen Wandel, Herr, und weisst, dass er in Deinem Licht geführt ist.[15] Herr, um Deines Namens willen gieb es nicht zu, dass mein zeugender Mund im Irrenhaus geschlossen wird. – Lass auch dies, und all mein unsägliches Leid und meine Thränen zur Verherrlichung Deines Namens dienen.[16] Dein Eigenthum bleib ich mit Leib und Seele.[17] Hilf mir, Herr Jesus.

Aus Gräfin Adeline Schimmelmann's Tagebuch, geschrieben während noch in Hellebæk,[18] mit dem 1. Januar 1894 anfangend.[19]

Zu meinem Erstaunen schrieb mein Bruder W.[20] mir, was er nie gethan. Ich kannte seine Handschrift nicht. Er entschuldigte sich, dass er sich geäussert habe, ich müsste unter Kuratel, als er von meinem Testament[21] erfahren, – er habe es nicht gemeint. Nun schlägt er Versöhnung und eine Reise vor …

Jan.: 6ten. Nach Copenhagen; zum ersten Mal im Leben bei den Geschwistern[22] übernachtet.

---

15 Vgl. 1Joh 1,7.
16 Vgl. 1Petr 4,16.
17 Vgl. Eph 1,14.
18 Die adlige Schimmelmann-Familie besaß ein Herrenhaus im Rokokostil, Hellebækgaard, das 1747 repräsentiv umgestaltet wurde, s. https://helsingorleksikon.dk (1.4.2024). Im 19. Jahrhundert war dieses schlossartige Gebäude nicht dauerhaft von der Familie bewohnt, die Besitzverhältnisse ließen sich aufgrund der uns vorliegenden Quellen nicht eindeutig klären. So ist nicht klar, wann genau Adeline Schimmelmann das Haus verließ und ab wann Werner Schimmelmann dort lebte.
19 Diese Notizen verarbeitete Schimmelmann auch in ihren autobiographischen Aufzeichnungen, s. *Schimmelmann*: Streiflichter, S. 65–92.
20 Werner Graf Schimmelmann (1865–1941) war der jüngste Bruder Adelines. Er wurde dänischer Hofjägermeister und verstarb in Hellebæk auf dem Familiensitz.
21 Über den Inhalt und die Umstände der Abfassung des Testaments ist nichts weiter bekannt.
22 Wie sich aus dem Weiteren ergibt, sind damit anscheinend zwei der Geschwister gemeint, die zu diesem Zeitpunkt in Kopenhagen wohnten.

8ten. War von den Geschwistern plötzlich zu einer Versöhnungsreise eingeladen, nachdem sie Jahre und Jahre mich nicht kennen wollten, und nur nothgedrungen im letzten Jahre I.[23] und W. meine Visite kühl ab und zu angenommen.

11ten. Hexenschuss nach der Reise; blieb in N.,[24] während die Brüder in Ahrensburg[25] waren.

12ten. 60 Mark = 50 Kr. erhalten von Böcher.[26] [*Mein Banquier.*][27]

14ten. Ich weiss nicht einmal wie viel Kinder die Geschwister haben, und mochte nicht fragen. Selbst nach Ahrensburg, zum ersten Mal, nachdem mir nach Papas Tod[28] so grausam die Thüre gewiesen wurde.[29] Nur zwei Tage war ich zu Mamas Begräbniss[30] dort, wo man die Leichenrede halten liess, als ob ich Mamas Kummer und verlorenes Kind sei.[31]

---

23 Elisa Schimmelmann (1862–1948) wurde in der Familie Isa genannt. 1897 heiratete sie Ferdinand Friedrich Prinz von Schoenaich-Carolath (1858–1941) und lebte mit ihm in Berlin.
24 Es ist unklar, um welchen Ort es sich handelt.
25 1884 hatte Carl Schimmelmann (1848–1922), der älteste Bruder Adelines, die Aufgaben als Lehnsherr von Schloss und Gutsbezirk übernommen. Von ihren Brüdern lebten zu diesem Zeitpunkt außer Carl noch Christian und Werner.
26 In der Zeitung Politiken vom 12.10.1894 sind weitere Informationen zu seiner Person enthalten: L. C. Bøcher fungierte in Kopenhagen als Anwalt und Rechtspfleger. Für die Familie Schimmelmann verwaltete er einen Teil der Finanzen, s. S. 156.
27 Diese Angaben, die im Folgenden jeweils im eckigen Klammern im fortlaufenden Text wiedergegeben werden, fügte Schimmelmann ihrem Text als Fußnoten bei.
28 Ernst Graf Schimmelmann, s. S. 14, Anm. 25.
29 Worauf Schimmelmann hier anspielt, ließ sich nicht klären.
30 Adelaide Gräfin Schimmelmann, geb. von Lützerode (1823–1890), verstarb am 2.11.1890 in Hellebæk. Bestattet wurde sie im Familiengrab in Ahrensburg. Näheres über die von Adeline Schimmelmann erwähnten Begleitumstände der Beerdigung ist nicht bekannt. Zum Zeitpunkt des Todes war der Hofdamendienst Adeline Schimmelmanns in Berlin bereits beendet, und sie befand sich in einer Phase der Neuorientierung.
31 Das Verhältnis zu ihrer Mutter beschreibt Schimmelmann als gespannt, s. Streiflichter, S. 1, 3, 65.

Wie war ich froh; alle freundlich und nett. Ich konnte von Herzen vergeben, und alte Liebe wachte ein wenig auf. Mit Gutem überwindet man Böses.[32]

Tante E.[33] und B.[34] warnten mich vor W. Er sei kein reiner, edler Charakter, sondern das Gegentheil. Ich nahm ihn sehr in Schutz. I. war eklich mit mir. Die Kinder sind niedlich in Ahrensburg,[35] aber ich sehnte mich nach Otto und Willy. [*Zwei kleine Zwillingsknaben, die ich adoptirt habe.*][36]

Ein wirrer Brief von Paul. [*Ein junger Mann, den ich seit seinen Knabenjahren bei mir hatte und zu allerhand Diensten in meiner Mission verwendete. Seiner vielversprechenden Fähigkeiten und grossen Treue wegen war er zum späteren Missionsgehülfen ausersehen, als ihn eine Krankheit (Influenza?) ereilte, die lange Zeit eine Art epileptischer Anfälle hinterliess, die ihn zeitweilig ganz besinnungslos machten. Er wurde von vielen Aerzten als unheilbar erklärt und war es menschlich gesprochen wohl auch; doch hatte ich immer die Hoffnung, die mich auch nicht getäuscht hatte, dass Gott in diesem Falle unsere Gebete für seine Genesung wunderbar erhören würde. Warum gerade dieser junge Mensch vor allen anderen mit so unglaublichen Verleumdungen von meinen Feinden später verfolgt wurde, ist nur dadurch zu erklären, dass sie wohl sein Zeugniss gegen sie fürchteten, welches er immerhin klar genug*

---

32 Vgl. Röm 12,21.
33 Bei E. könnte es sich um Elise Starke-Promnitz (geb. 1836) handeln, die 1857 Carl Gustav Christian Graf Schimmelmann (1830–1901), einen Bruder von Ernst Schimmelmann, geheiratet hatte und mit diesem auf Gut Hagen in Tangstedt in der Nähe von Ahrensburg lebte.
34 Die Identität dieser Person konnte nicht geklärt werden.
35 Carl und seine Ehefrau Elisabeth Catharina Skeel (1861–1928), die 1884 geheiratet hatten, hatten insgesamt sieben Kinder; der jüngste Sohn Theodor kam allerdings erst 1896 zur Welt.
36 Vgl. S. 17.

war, später gerichtlich abgeben zu können, wie der Thatbestand beweist.][37] Ich muss schnell zurück.

21ten. Zu Hause. War hohe Zeit, dass ich kam. Die armen Kleinen ganz verängstigt. Ich darf sie nicht wieder allein lassen.

22ten. In der täglichen, häuslichen Arbeit; sie fällt etwas schwer nach den Tagen im alten gewohnten Luxus, aber das Monatsgeld reicht. Rigmor[38] kann ziemlich allein kochen, wenn sie nur aufstehen und kein Ferkelchen sein wollte. Otto und Willy werden meines Herzens Freude.

24ten. Den bösen Karl[39] auf einige Tage zugeschickt erhalten. Er soll auf ein Schiff, ist sehr roh, aber noch zu retten.

25ten. Hatte grosse Freude daran, Schulfräulein Nachmittags zu dictiren. So manches in der Bibel wird mir klarer; denn ein arbeitsames stilles Leben ist doch besser als das schreckliche Nichtsthun in Luxus. Nein, nicht um die Welt tauschte ich. Mit Jesu und für andere leben, ist das Geheimniss des Glückes. – Karl ist oft sehr scheusslich und doch rührend in seiner Selbsterkenntniss. Gott gebe mir Engelsgeduld, ihm aufzuhelfen.

28ten. Briefe von Seeleuten mit Dank, dass ich im Sommer mit ihnen gesprochen. Der Same geht auf, und das ist Himmelsfreude.[40] – Viel Geduld nöthig,

---

37 Diese lange Erläuterung dient eher der Verschleierung als einer Klärung der Lebensgeschichte Pauls. Die erhaltenen Quellen geben in der Tat etliche Rätsel auf. Paul blieb bis ans Lebensende ein Begleiter Schimmelmanns, teilweise ihr engster Mitarbeiter, phasenweise jedoch auch von ihr öffentlich bekämpft. Vgl. *Albrecht* u.a.: Schimmelmann, S. 143–150, 354–390.
38 Vermutlich das dänische Dienstmädchen, über das nichts weiter bekannt ist.
39 Über diesen Jungen ist nichts weiter bekannt, er kommt in weiteren Aufzeichnungen der Gräfin nicht vor.
40 Vgl. Lk 15,7.

um meine kleine Gesellschaft in Ordnung zu halten, aber Otto und Willy sind artig.

31ten. Abrechnung stimmt.

Febr.: 1ten. Erhalten 200 Kr. Wirthschaftsgeld durch Böcher.

2ten. P. wird oft sehr wunderlich; wenn nur die Kleinen nicht darunter leiden, soll er aber in keine Anstalt; das ist zu schrecklich.

3ten. Jetzt geht das Haus regelmässig, und bis auf die Kofferstube ist alles in Ordnung. Nur P.'s zunehmende Wunderlichkeit stört oft den Gang. Der dumme Karl sieht das nicht für Krankheit an und versucht nachzumachen, was ihm aber weder gelingt noch zugelassen wird. Morgens muss ich früh 7 Uhr anfangen Rigmor zu wecken. Eine Stunde braucht sie zum Aufstehen und Anziehen; daher Frühstück immer erst 9,30. Zehn bis eins, Schulfräulein bei den Kleinen; ich Wirthschaft oder ausfahren. 2,30 Uhr Essen; 3,30 Uhr Schulfräulein zum Dictiren bis 6. Von 6–7 Uhr meine Kleinen bei mir. Otto ist oft sehr elend, aber sehr süss; 7–8 Abendessen und Beten mit Otti und Willy. 8 Uhr Rigmor, Karl und Paul bei mir zum Lesen und Sprechen, oder Dänisch und deutschen Unterricht. P. jetzt regelmässig eigen und nicht zu Bett zu bringen. Da ich immer [als] die Letzte in meinem Haus schlafen gehe, komme ich oft erst nach 12 zur Ruhe.

10ten. In Montobello[41] mit den Kleinen. P. fing an wunderlicher zu werden.

11ten. P. ganz wild: lief in den Wald. Karl hinterher, erst gegen Abend zurück.

---

41 In Helsingør, das etwa 8 km von Hellebæk entfernt liegt, gab es einen großen Park, der seit 1841 den Namen Montebello trug. Die westlich der Stadt gelegenen Ländereien, zu denen auch umfangreiche Waldgebiete gehörten, befanden sich seit Ende des 18. Jahrhunderts in Privatbesitz, s. https://helsingorleksikon.de (1.3.2024) unter dem Stichwort Helsingør.

12ten. P. wieder stundenlang mit dem Kopf an die Wand gestossen, ganz besinnungslos.

13ten. P. hält mich wieder für einen Schurken mit rothem Bart und jammert, dass seine Gräfin im Keller eingesperrt ist. – Ich bin dennoch völlig überzeugt, dass Gott den armen Jungen wieder gesund macht. – P. kannte bisher immer noch meine Hand und liess sich von derselben leiten, und wenn ich betete, ward er ruhig; nun ist das vorbei, ich habe aber auch nicht mehr so gläubig als sonst gebetet.

17ten. Die ganze Woche mit P. zu hüten gehabt. Er war wüthend auf die Kinder, die er nicht kannte; wurde gewaltthätig.

18ten. Müde liess es I. und W.[42] schreiben, und dass ich nächstens zur Stadt[43] käme; ich hatte lange Nichts von ihnen gehört.

19ten. Doctor H.[44] [*Ein Arzt meines Bruders, den ich nie als Hausarzt hatte. Er hatte ein Attest geschrieben, dass er Paul zeitweilig für unzurechnungsfähig hielte.*] ist dumm und ungezogen. Will von nichts anderem wissen, als dass P. von der Polizei in eine Anstalt gesteckt werden soll; das will ich nicht; er hat ja nicht einmal mit P. sprechen wollen. Ich will Doctor St.,[45] der weiss, wie P. krank ist, consultiren.

21ten. Abends Otti bei Gräfin B.[46] abgeliefert; mit Willy zur Stadt, bei I. und W. angefragt, ob ich die Nacht

---

42 Gemeint sind ihre Geschwister Werner und Elisa, genannt Isa.
43 Hellebæk liegt ca. 50 km von Kopenhagen entfernt.
44 In den von der Zeitung Politiken veröffentlichten Dokumenten zum Skandal um Adeline Schimmelmann kommt ein Dr. Høgsbro aus Hellebæk vor, der auf Seiten Werner Schimmelmanns in den Fall involviert war, s. Politiken 12.10.1894, S. 157.
45 Zu dieser Person liegen keine weiteren Informationen vor.
46 Gräfin Leila Blücher, geb. Taylor (1852–1944), war die Tochter des englischen Konsuls Bridges Taylor († 1896), der in Helsingør residierte. 1872 heiratete sie den Lehnsgrafen Conrad Leberecht Fergus Carl Blü-

bleiben könne,[47] und da ich Abschlag[48] bekam, sofort Nissens Hotel. (Missions-Hotel.)[49]

Fortsetzung des Tagebuches, im Hospital zu Kopenhagen, mit dem 22ten Februar anfangend, nach Notizen, die im Commune-Hospital[50] aufgezeichnet wurden.

22ten. Früh im Hotel nach der Andacht, gegen ein Lied protestirt, welches sagte, dass wenn wir Bruderliebe walten liessen, wir den Himmel auf Erden schaf-

---

cher-Altona (1832–1877), über den eine Verwandschaft mit den Grafen Schimmelmann bestand. Diese reicht zurück auf einen der Urgroßväter Adeline Schimmelmanns, Conrad Daniel Graf Blücher-Altona (1764–1845), der das Amt des Oberpräsidenten von Altona innehatte. Nach dem Tod von C. L. F. Blücher-Altona ging Leila Blücher eine zweite Ehe mit einem Verwandten namens Cecil Taylor ein. Ein Gemälde der russischen Künstlerin Großfürstin Olga Alexandrovna (1882–1962), die nach der Revolution u. a. in Dänemark lebte, zeigt Gräfin Blücher in ihrem Landhaus Kunsmunde. In Zeitungsberichten über die Psychiatrie-Einweisung Schimmelmanns wird Gräfin Blücher bzw. Mrs. Taylor des Öfteren zitiert, s. S. 147–153, 164f.

47 Werner und Isa Schimmelmann wohnten zu diesem Zeitpunkt in der eleganten Frederiksgade im Zentrum der Stadt in unmittelbarer Nähe zu Schloss Amalienborg, dem Sitz der dänischen Könige seit 1794.

48 Einen abschlägigen Bescheid, eine Absage.

49 In der Løngangsstræde 25–27 in Kopenhagen, unweit des Hauptbahnhofs, befand sich das erste Missionshotel Dänemarks, das 1888 eröffnet wurde. Gegründet wurde das Hotel von Andreas Christian Nissen (1840–1919) und befand sich bis zu seiner Schließung im Jahr 1983 im Besitz dieser Familie. Im Hotel wurde kein Alkohol ausgeschenkt, die Anliegen der Reichsgottesarbeit sollten durch eine günstige und vertrauenswürdige Unterkunft unterstützt werden. Die Nationaltidende, 12.2.1890, S. 1, kündigte z. B. für die die Tage vom 10.–14. Februar des Jahres eine Reihe von Missionsabenden an, bei denen auch Nissen als Missionar der Indre Mission sprechen werde. Zu Nissens Biographie s. *Werner Christiansen*: Andreas Christian Nissen fra Lydersholm, in: Sønderjysk Månedsskrift, Hadersleben 1974, S. 212–217. Zur dänischen Indre Mission, die Ähnlichkeiten mit der deutschen Inneren Mission aufweist, sich aber auch deutlich davon unterscheidet, s. S. 177.

50 Die Gebäude des 1863 am Rand der damaligen Stadt eröffneten Kommunehospitals liegen im heutigen Kopenhagener Stadtteil Nørreport und bilden einen Teil der Universität. Die umfangreichen Gebäudekomplexe galten zur Zeit der Gründung als ausgesprochen modern, um Kranke auf unterschiedlichen Abteilungen zu versorgen.

fen würden; ich sagte, das wird der Teufel nie zulassen, er wird es durch sein Rasen hindern.[51]

Da trat W. mit einem Professor [*Dr. Pontoppidan ist nicht, wie mein Bruder angab, Director des Commune-*
5 *Hospitals, sondern nur Oberarzt für den Gang für Tobsüchtige und simulirende Verbrecher. Sechste Abtheilung für Nervenleidende.*][52] ein. Er hat mich noch nie besucht, und ich freute mich so sehr, als er mir Hülfe für P. anbot. Sagte, ich wollte diesen nur untersucht
10 haben, nicht ins Hospital, wo es nicht gut sein sollte. Wenn es sein müsste, auf eine Klinik. Auf die Bemerkung, dass dies theuer sei, sagte ich, für arme Kranke dürfte Nichts zu gut sein. Einige Worte wechselte ich mit dem Professor, dann ward ich gebeten, in dessen
15 Privatwohnung zu kommen zu näherer Ordre, da beide gleich nach Hellebæk wollten in der Droschke, die mit einem angeblichen Krankenwärter vor der Thür hielt. Ich nahm Willy und einen Koffer mit Papieren mit. Als ich in die „Wohnung" trat, schloss die Thür sich
20 hinter mir, und ich war in der öffentlichen Zellen-Irrenstation für gemeingefährliche Irre und irre Verbre-

---

51 Insbesondere Theodor Jellinghaus (1841–1913), der mit seinen theologischen Adaptionen der Heiligungstheologie in Deutschland eine große Wirkung ausübte, vertrat eine dualistische Sicht auf die Gegenwart. Dem Wirken des Teufels schrieb er großes Gewicht zu, s. *Ohlemacher*: Reich Gottes, S. 165–190, bes. 188f.; *Holthaus*: Heil, S. 146–162. Ob Schimmelmann sich direkt mit Jellinghaus beschäftigte, ist nicht nachzuweisen.

52 Der dänische Psychiater und Gerichtsmediziner Knut Pontoppidan (1853–1916) beschäftigte sich seit seiner Dissertation mit der Wirkung von Morphium: Den kroniske morfinisme, Kopenhagen 1883. Von ihm stammen etliche medizinische und psychiatrische Veröffentlichungen. Von 1888 bis 1897 leitete er die psychiatrische Abteilung des Kommunehospitals, zeitweise lehrte er zudem an der Universität Kopenhagen. Pontoppidan stammte aus einer für Dänemarks Geschichte wichtigen Familie, aus der seit dem 17. Jahrhundert viele Gelehrte, Literaten und Theologen hervorgingen, u.a. der Schriftsteller und Literaturnobelpreisträger Henrik Pontoppidan (1857–1943), sein Bruder, s. DBL, biografisk-leksikon.lex.dk (1.3.2024).

cher.⁵³ Ein junger Arzt erklärte mir, ich möchte mich in der Zelle ausziehen und hinlegen, und als ich mich weigerte, fasste er mich an der Hand und sagte, dann brauche er Gewalt. Da sagte ich ihm, mich allein zu lassen und that es gutwillig. Das Zeug ward mir weggenommen und ich bekam eine numerirte Sträflingsjacke⁵⁴ an; dann in das steinharte ekliche Bett; ausser diesem war nur ein Stuhl und ein Tischchen in der Zelle. Vergitterte Fensterläden [*Diese wurden zugeschlossen und liessen nur oben durch ein kleines Gitter Licht ein. NB. ist dieser Druckfehler, dass Fenster statt Fensterläden gesagt ist, die einzige Ungenauigkeit gewesen, die man in all meinen Aussagen hat auftreiben können, weswegen viel davon geredet und geschrieben ist – bis mein Rechtsanwalt bekannt machte, dass im Originale „Fensterläden" stehe.*]⁵⁵ wie im Keller, die Thür musste offen stehen, und auf dem Gang tobten und heulten Irrsinnige; ab und zu kam einer herein.

Ich habe nicht gewusst, dass ein Paar Augen so viel Wasser haben konnten, wie weinte ich. Eins stand mir fest: mir konnte nichts geschehen, was Gott nicht zuliess; und gleich beim Anblick der Zelle fiel ich auf die Kniee und konnte sagen: „Was mir auch widerfährt, Gott führt mich." Ich bat, dass auch dies zu einem mächtigen Zeugniss für Jesu werde. Abends war Dr. P. gekommen, erklärte mir einfach, ich sei aus Liebe von

---

53 Die beiden Flügel der 6. Station lagen am hinteren Rand des Kommunehospitals und bestanden jeweils aus zweistöckigen Gebäuden.
54 Kleidung, die mit Nummern versehen war, wird auch in den Streiflichtern erwähnt, s. S. 74.
55 Genaueres zu diesem Bericht ist nicht bekannt, weder zur Person des Rechtsanwalts noch zu schriftlichen oder mündlichen Äußerungen weiterer Personen über die Frage der Fenster. Ebenso wenig ist rekonstruierbar, um welchen Text es sich bei dem hier erwähnten Original handelt. Bei *Schimmelmann*: Streiflichter, S. 79, ist eine Zeichnung des langen Flures abgebildet mit den einzelnen Zimmern und der genauen Positionierung des spärlichen Mobiliars darin.

meiner Familie hergebracht, da ich wahnsinnig sei. P. sei ganz gesund, sagte er, spottend auf mich sehend, den anderen Aerzten, ich sei die Kranke.

Später kam ein junger Mann, der mich gänzlich untersuchte; dann 4 Studenten, die, als ich sagte, ich sei ganz gesund, mich auslachten und Witze machten. Nur einer schien mitleidig. Ich jammerte nach Willy und den Papieren, da es als Zeichen meines Irrsinns genannt wurde, dass ich von Drohbriefen gesprochen, und im Koffer waren 5–6. Auf alles erhielt ich die Antwort, das ginge mich nichts an, mein Bruder sei jetzt mein Vormund. [*Es sind schreckliche Details dort vorgekommen, dass ich sie noch nicht veröffentlichen will. Wenn es nicht nöthig thut, mögen sie verborgen bleiben. Mein Bruder war nicht mein Vormund, wenn er auch sich heraus nahm, als solcher zu agiren.*][56]

Ach, die Nacht, die Nacht! Mein Körper wird die Folgen wohl lebenslang behalten, denn auf dem harten Lager stellten Leiden, die vor Jahren kurirt waren, sich wieder ein.[57] Aufstehen durfte ich nicht, ich lag ab und zu auf den Knieen, doch ward beordert mich zu legen, wenn eine Wärterin es sah; ich flehte mich auf den Stuhl sitzen zu lassen, doch durfte ich es nicht. Noch hatte ich die Frage nicht gewagt, wo ich sei. In der Nacht kam eine hübsche Wärterin mit Engelsaugen voll Thränen und flüsterte mir zu, nicht zu verzweifeln, sondern auf Gott zu trauen. Die nächste Wärterin gab mir eine sehr fleckige, alte Wolldecke, die ich sonst nicht angerührt hätte, nun aber als Wohlthat unter meine schmerzenden Glieder legte.

---

56 Zum Vormund Schimmelmanns wurde ihr Onkel erklärt, s. S. 120.
57 Um welche Symptome bzw. welche Erkrankung es sich handelte, ist nicht bekannt. Schimmelmann sprach gelegentlich von einem Herzleiden, s. Streiflichter, S. 91.

Ich betete zeugen zu dürfen für Aerzte und Kranke, aber war doch selbst so unsäglich elend und verzweifelt. Die andern sagen, ich sei ruhig und stark gewesen. An dem Toben und Heulen der Kranken, um, neben, und unter mir, wurde mir beständig klar, wo ich war. Gegen Mittag erschien Dr. P. mit etwas hämischem Ausdruck in den kalten Glasaugen. Meine Geduld war erschöpft, und ich sagte ihm, wie er doch wagen dürfe mich so zu fangen, das könnte nicht ungestraft bleiben; wie lange ich auf der Marterbank liegen solle; da erklärte er, nach Dänischem Recht sei ein Verwandter berechtigt, einen zur Observation ins Irrenhaus zu thun. [*Es ist aber unwahr.*][58] Später erfuhr ich, dass das nur für gemeingefährliche Menschen sei, und mein Bruder und der Professor eine Pistole, (die ich seit 20 Jahren immer habe),[59] sammt einer Schachtel weissen Puders (für den Teint) als gemeingefährliches Gift und Waffen ausgegeben. Eine Deliristenstation für 6 Männer ward ausgeräumt, ich erhielt [eine] ein wenig bessere Matratze, und ward in das grosse helle Gemach gebracht. Fenster durften aber nie geöffnet werden; nur kleine Klappscheiben. Ein alter, schmutziger Lehnstuhl, ein hartes Sopha, ein Tisch und einige Holzstühle, ein Toilette,[60] zwei Nachttischchen waren das

---

58 Die Frage, ob Verwandte einen Angehörigen ohne dessen Zustimmung in die Psychiatrie einweisen dürften, spielt ebenfalls eine entscheinde Rolle in dem Fall von Peter Munthe Brun, auf den Schimmelmann in ihrem Tagebuch eingeht, s. S. 71f.
59 In ihren Streiflichtern berichtet Schimmelmann von einer Episode, in der sie einen Revolver als Abschreckung einsetzte, um sich vor dem Überfall durch ihr feindlich gesinnte Bewohner auf der Greifswalder Oie zu schützen, S. 42: „Ich hatte einen kleinen Revolver bei mir, den ich als Andenken aufbewahrte". An einer anderen Stelle, S. 90, ergänzt sie, dass sie zu Lebzeiten ihres Vaters „Jagdliebhaberin" gewesen sei und dass sie und ihre Schwester „gewohnt waren, Waffen zu tragen sowie zu benutzen".
60 Damit ist ein Waschtisch mit Utensilien wie Schüssel und Wasserkanne gemeint.

Meubelment. Eine freundliche muntere kleine Wärterin hielt es für ihre Pflicht mich zu erheitern; erst war das schwer, später kamen Stunden, wo ich es ihr dankte. [*Die sogenannte „Oberin" der Wärterinnen war*
5 *die Schwester einer von mir als unzuverlässig entlassenen Köchin, welche nun als „Dame" eine grosse Rolle in der Abtheilung spielte.*]

Das einzige, was mir von meinem rosa Atlasbett in Hellebæk oder Luxussachen gefolgt, war das kleine
10 Kopfkissen von Fräulein W.[61] Drei Studenten hielten Stubengang, lachend und sprechend, ohne zu beachten, was man sagte. Einer fasste mich beim Arm und schob mich bei Seite, um das rosa Kissen zu besehen, während er mit der Wärterin sprach. Nachts musste die
15 Thür immer offen stehen. Eine Wärterin sass aber davor; dennoch wurde ich zweimal dadurch geweckt, dass ein junger Arzt an mein Bett trat. Ich bat Gott und er gab es mir fest zu schlafen und dennoch sofort aufzuwachen, wenn Jemand noch so leise über die Schwelle
20 trat. Das blieb auch die ganze Zeit über so.

Die irren Säufer unter mir brüllten und tobten und nebenan die Frauen, und was für welche. In meiner Zelle folgte eine Selbstmörderin durch Gift. Abends sah ich sie noch. Morgens früh war der Gang mit solch
25 schrecklichem Geruch erfüllt. Ich frug nach der Frau und erhielt die Antwort, sie sei todt und bereits aufgeschnitten; es sei sehr interessant gewesen. Als ich entsetzt sagte, sie könne ja noch kaum kalt sein, erhielt ich die Antwort, ja Jeder, der hier stirbt, darf 6 Stunden
30 liegen, ehe er aufgeschnitten wird. Die Ärzte sind sehr gefühlvoll damit. Denken Sie nur, der eine von ihnen hat sich sogar geweigert, selbst seinen alten Onkel

---

61 Die Identität dieser Person konnte nicht geklärt werden; eventuell handelt es sich um dieselbe Person, die oben als „Schulfräulein" erwähnt wird.

aufzuschneiden; das ist doch hübsch.[62] Die nächste in der Zelle war ein Mädchen, welches Syphilis (ich weiss nicht, was das ist, aber es ist eine sündige Krankheit)[63] hatte, ein Baby hatte, und starb mit Stöhnen, das Kind musste auch sterben. Dann folgte ein Mädchen, das sich tollgesoffen hatte, die stürzte immer zu mir herein; dann ein Weib, wie ich noch nie eins gesehen, die Säuferdelirium hatte. Ich frug, ob denn solche Krankheiten wie die Weiber hätten, nicht anstecken könnten, und erhielt die mir unverständliche Antwort, „nein, denn wir bekommen sie erst, wenn die Krankheit veraltet und zu Kopf gestiegen ist." Neben mir in dem einzigen öden Privatzimmerchen wohnte eine bildschöne Schriftstellerin [*Amalie Skroun – ihr Buch „Professor Hieronymus" ist eine Schilderung ihrer Leiden dort.*] mit südlichen Augen und Temperament;[64] wegen Schlaflosigkeit und Zahnweh hatte sie eine Ruhezeit haben wollen. Erst war sie 5 Tage in eine Zelle gesperrt; sie trug das nicht geduldig, sondern sagte Dr. P. die Wahrheit. Wehe dem, der das that. Das arme Wesen ist geplagt worden; sie musste liegen; der Zahnarzt ward ihr verweigert und gegen ihren Willen ward sie

---

62 Allem Anschein nach gibt Schimmelmann hier Aussagen von Ärzten wieder, ohne diese als direkte Rede zu kennzeichnen.

63 Angesichts der Verbreitung dieser Erkrankung und angesichts der öffentlichen Debatten darüber ist es kaum vorstellbar, dass Schimmelmann keine Kenntnis über das Risiko der Übertragbarkeit von Syphilis durch sexuelle Kontakte hatte. Vermutlich ging es ihr darum, ihre Reinheit in Bezug auf sexuelle Praktiken zu unterstreichen. Syphilis spielte als Thema in Romanen von Frauen dieser Zeit eine wichtige Rolle, etwa auch bei der Schriftstellerin Amalie Skram, s. *Haefs*: Skram, S. 450f. Zu Skrams Bedeutung für Schimmelmann s. S. 153–155.

64 Es handelt sich um die norwegisch-dänische Schriftstellerin Amalie Skram (1846–1905), deren eigene literarische Verarbeitung dieses Aufenthalts unten auszugsweise abgedruckt ist, s. S. 102–108. Zum Zeitpunkt der Hinzufügung dieser Kommentare dürfte Schimmelmann gewusst haben, dass sie selber in dem Roman Skrams vorkommt. Warum sie diesen Umstand nicht erwähnt, ist unklar.

mit Opium überfüllt. [*Das Opium brachte sie dann zu Hallucinationen – aber nur unter der Einwirkung von Opium sah ich sie unklar – sonst nicht.*] Wie hat sie nach ihrem Mann gejammert; [*Dem Manne hatte Dr. P. glaubend gemacht, dass seine Frau nicht zu ihm zurückkehren, sondern nach St. Hans gebracht werden wolle.*] sie ward dann wider Willen nach St. Hans[65] geschleppt. Ich habe nie die geringste Spur von Irrsinn an ihr gesehen, nur nach dem Morphium hatte sie wahnende Träume,[66] aber sie war zuletzt ein Schatten ihrer selbst – wie ich es jetzt werde. – Später brachte man eine alte, etwas eigne, reiche Jungfer, deren Cousine sie unversehens auf einer Spazierfahrt eingefangen. Sie jammerte nach Geld und Schlüsseln, doch hatte eben diese Cousine Alles zu ordnen bekommen. Erst nur etwas wunderlich, ward das arme Wesen im Laufe von einer Woche zur Verzweiflung getrieben, und benutzte Gabeln und Taschentücher etc., um sich umzubringen. Sie nahm so ab, dass sie wohl bald stirbt. Gott gebe es. Ich verstehe es vollkommen, dass alle die noch ein wenig Verstand haben, und keine Christen sind, zu solchen Mitteln greifen. Es ist ja hoffnungsloseste Verzweiflung, mit der sie ununterbrochen allein gelassen werden. – Gott erbarme sich ihrer. [*Dies Gebet ist gehört – ich hatte es gerade für diese Kranke noch auf den Lippen, als ich weggeschleppt wurde. Später kam sie genesen zu mir, sie sagt, sie habe meine Augen in Gedanken immer über sich gesehen und dann sei ihr Klarheit gekommen. Ihr Arzt, der verreist gewesen, sei heimgekehrt und hat sie dort herausverlangt. So meine ich, löste sich der Knoten, erinnere ich es*

---

65 Das Krankenhaus St. Hans in Roskilde wurde 1816 eröffnet und bildete die erste psychiatrische Einrichtung Dänemarks.
66 Wahnhafte Träume.

recht.][67] Ja, der Teufel ist der Fürst dieser Welt,[68] und solche Anstalten sein Privat-Departement. Komm bald, Herr Jesus, komm![69]

Eine schöne, junge Frau, die erst leidlich wohl war, wollte sich schliesslich verhungern lassen; man erlaubte keinem ihrer Verwandten, zu ihr zu kommen, ich glaube wohl, weil sie sich so entsetzlich verändert hatte. Schliesslich hielt man sie an der Nase und goss ihr Essen ein. Ein paar Mal flüchtete sie in mein Zimmer, sass still und nett bei mir und fühlte sich wohl. Ich brachte sie schnell so weit, dass sie ihr Theebrett mit Essen zu mir brachte, und wir wollten zusammen essen. Es ward ihr aber entrissen, und von da an ward sie mit Gewalt weggerissen, wenn sie sich mir näherte. Dennoch hatte ich ein Wort von Jesu sagen können, und sah sie später einmal in ihrer Zelle knien und beten. Total besinnungslos ist sie dann in eine Anstalt gebracht. [*Nach einer Versammlung, die ich später hielt, meldete der Mann dieser Frau sich bei mir, und durch unsere gegenseitigen Mittheilungen erhellte sich die Schuld des Dr. P. auf schreckliche Weise; doch sind das Dinge, die ich nicht berechtigt bin, mitzutheilen. Die Frau ist für immer in die Nacht des Wahnsinns gestossen und des Mannes Leben gebrochen.*][70]

Eine prächtige alte Christin lag wochenlang und ich habe nie an ihr anderes als ein gebrochenes Bein ent-

---

67 Eine ähnliche Auffassung von der Macht des Gebets vertritt Schimmelmann auch an anderen Stellen. Insbesondere schreibt sie ihren eigenen Gebeten direkte Auswirkungen zu, s. Streiflichter, S. 5, 41f. Allerdings war diese Auffassung vor allem in Reihen der Heiligungsbewegung durchaus verbreitet, s. etwa Tiele-Winckler: *Denksteine*, S. 93–142; *Krusenstjerna*: Lebenserinnerungen, S. 181–183.
68 Vgl. Joh 12,31.
69 Vgl. Apk 22,20.
70 Um welche Versammlung es sich hier handelt, ist unklar. Nach ihren eigenen Angaben kehrte Schimmelmann im September 1894 nach Kopenhagen zurück, s. Streiflichter, S. 95.

deckt. Sie jammerte nach ihrem alten Mann, der auch täglich anfrug, aber nie zu ihr durfte. Wir beteten zusammen, und sie tröstete und stärkte mich. Ein freundliches, etwas irres Frauchen kam dazu, und das Wort vom Heiland that ihr auch wohl; sie kniete unaufgefordert hin und betete mit uns. Da trat der Professor unerwartet ein und ein böser Blick traf mich. Die Frau wurde auf die „ruhige" Abtheilung gebracht und durfte mich nicht mehr sprechen. Die Alte lag im Sterben, als ich Abschied nahm. Gegen ganz Tobsüchtige war man gut, und einige der Pflegerinnen thaten das Wenige, was sie konnten, es den armen Seelen zu erleichtern. Immerhin habe ich doch öfters Schläge fallen hören. Überhaupt ist, wer in ein solches Haus kommt, willenlose Sklavin der Ärzte; sie machen mit einem was sie wollen; und was nicht gutwillig geschieht, geschieht mit Gewalt. Ach, und welchen Händen hat man mich ausgeliefert! und das mein junger Bruder, dem ich trotz aller seiner Thorheiten und Kränkungen nie böse war. Ach, hätte er mich lieber, wie es in der Bibel steht, „dem Tode überantwortet".[71] Warum? warum? Um mein bischen Geld? denn leider Gottes, hab ich ihn zum Universalerben gemacht, wenn meine beiden, armen kleinen Jungens und der kranke P., der 400 Mark jährlich haben soll, aus dem Wege sind. Gott erbarme sich Eurer, meine zwei Kleinen; ihr seid ja das Liebste, was mein einsames Leben hat, und nun habe ich euch in Gefahr gebracht! Jesus! Jesus! nimm sie zu Dir, ehe sie verdorben werden. In Deinem Namen und für Dich hatte ich sie, und mit ihnen Dich ins Haus genommen.[72] Sie sind ja Dein und nicht mein. Mag es gehen wie es will, aber behalte Du sie un-

---

71 Vgl. Mt 10,21.
72 Vgl. Mt 25,35.

befleckt von der Welt.⁷³ [*Die teuflische Art und Weise, mit der die Kinder behandelt wurden, war mir damals Gottlob noch verborgen. A. S. 1896.*] Kein Ton von aussen, keine Botschaft, kein Brief; nur Päckchen mit groben, schlechten Taschentüchern oder Strümpfen etc. [*Ich hatte reichlich feine, reiche Wäsche bei mir, doch nahm man mir diese weg, ich erhielt sie auch nie wieder, obgleich der Koffer, in dem sie verpackt lag, im Gange der sechsten Abtheilung stand. Er enthielt auch meine Bibel, doch währte es wochenlang, bis ich diese erlangen konnte.*] mit den freundlichsten Grüßen von Bruder und Schwester. Einmal sah ich meine Schwester mit einer falschen, alten Gesellschaftsdame über den Hof gehen; ich schrie auf! Seit dem heisst es, dass ich Verfolgungswahn vor meiner Familie habe! Dass ich eine Pistole besitze; dass ich eine Nachtlampe brenne; dass man ein weisses Pulver fand, sammt dass ich vor kommenden Zeiten warne und sage, dass der Anarchismus⁷⁴ weiter verbreitet ist, als man hier und in Deutschland denkt, sowie dass es der Beginn des Antichristentums⁷⁵ ist, soll Verfolgungswahn sein. Doch

---

73 Vgl. Jak 1,27.
74 Schimmelmanns Äußerungen erwecken nicht den Eindruck, dass sie eine spezifische Form des Anarchismus vor Augen hatte, sie scheint vielmehr damit Bewegungen zu benennen, die den vorfindlichen Staat und die gesellschaftliche Ordnung kritisieren. In ihren Streiflichtern erwähnte sie „einige sozialdemokratische Leute", die ihre Arbeit bekämpften, S. 41; vgl. S. 42, wo sie vom wachsenden „Einfluß der Sozialisten" spricht bzw. vom „Ueberhandnehmen anarchistischer Bewegungen", S. 43. Eine konservative politische Einstellung, die Bestrebungen wie die Sozialdemokratie oder den Kommunismus als bedrohlich zu betrachten, war typisch für den Adel und die Kirchen, aber auch für die neueren religiösen Bewegungen, vgl. *Funcke*: Fußspuren, S. 24. Bismarck hatte 1878 mit den sog. Sozialistengesetzen ein Verbot von Arbeitervereinen, Parteien und Gewerkschaften durchgesetzt, sodass die Sozialdemokratie zum Hauptfeind des Kaiserreichs erklärt wurde. 1890 wurden diese Gesetze nicht verlängert.
75 Der Antichrist kommt in neutestamentlichen Schriften als Figur der Endzeit vor, s. 1Joh 2,18.22; 2Joh 1,7. In ihren Streiflichtern, S. 89 f.,

hat man die Anarchisten fallen lassen und jetzt bin ich wahnsinnig; weil ich Misstrauen gegen meine Geschwister und Vertrauen gegen unwürdige Menschen – meine armen Jungens wohl – zeige.

Mit allem was ich will, weist man mich an meinen „fürsorgenden liebenden", jüngsten Bruder! Ja, mein Gott! die Ungerechtigkeit nimmt Überhand![76] An diesen scheint sich eine Schaar weggschickter, stehlender Köchinnen, schändlicher Haushälterinnen[77] und christlicher Heuchler, die ich aus meinem Haus wies, gehängt zu haben.

Ein Korb mit Frisirmänteln, alten Stiefeln etc., unbrauchbaren Sachen, an denen (da sie von den tiefsten Ecken des Bodens und der Kammern aufgefischt sind) ich sehe, dass mein Haus von fremden Händen durchwühlt wird, kam an. Keine nöthige Wäsche. Zuletzt Hemden von Mama, die ich wegen Ansteckung ihrer Krebskrankheit nicht tragen will. Ich wasche mir mitunter im Waschbecken etwas aus, darf es aber nicht sehen lassen. Gott schenkte mir beständig grosse Ruhe, obgleich mit nagendem Schmerz im Herzen. Alle Pflegerinnen und die jungen Aerzte waren sich einig, dass der Professor nicht wagen dürfe, mich irgend wie anders als normal zu erklären. „Gräfin, wir haben eine öffentliche Meinung und eine Presse", sagte der eine mir. [*Derselbe fand Gelegenheit, mir zuzuraunen, als ich auf der Treppe war, um nach Oringe[78] gebracht zu*

---

gibt Schimmelmann an, dass Pontoppidan als einen weiteren Beweis ihres Wahnsinns ein Schriftstück angeführt habe, in dem sie Notizen über die Johannes-Apokalypse festgehalten habe. Darin habe sich sich insbesondere mit dem Antichristen befasst.

76 Vgl. Mt 24,12. Dieses Kapitel des Matthäus-Evangeliums beginnt mit einer Rede Jesu an seine Jünger, in der er die Zeichen für das herannahende Ende der Welt benennt.

77 Aus diesen Bemerkungen lassen sich Rückschlüsse auf den Haushalt Schimmelmanns in Hellebæk ziehen.

78 Die psychiatrische Klinik in Vordingborg trägt den Namen Oringe.

werden: „Gräfin, bleiben sie nur so ruhig und natürlich, wie sie es sind, dann hat man das Spiel verloren – sie kommen nun in die richtigen Hände." Damals glaubte ich ihm noch nicht, dass Oringe die richtigen Hände wären.]

Die ersten Wochen war ich ganz eingesperrt, dann durfte ich 1 Stunde in einem Hof, 60 Schritte lang, auf und ab laufen, dann, da die Wärterin es nicht aushielt vor langer Weile, um das Haus herum 2 Stunden. [*Diese Erleichterung, dass ich ausgehen durfte, errang eine Wärterin für mich, indem sie sagte, dass dieses ja jedem Zuchthaus-Gefangenen gestattet würde.*]

Keine Seele wird zu mir gelassen! Sie würden ja sonst auch sehen, dass ich nicht nur geistig gesund, sondern durch Gottes Gnade auch Ihm näher und mehr unter dem Einfluss von Gottes Gnade bin, denn je. – Der freigeistige Dr. P. blitzt vor Wuth, wenn ich sage, der endliche Sieg und die Krone ist doch mein![79] Der jüdische Reservearzt höhnte mich erst und meinte, „ich dachte ein Christ könnte nie traurig sein", als ich weinte, „dann sehen Sie nur wie Ihr Gott ungerecht und grausam ist".[80] Doch brachte meine Antwort ihm Respekt bei. –

„Es ist ein Mord in meinen Beinen", wenn Sie sagen „wo ist nun Dein Gott?"[81] Ich wollte gern Dr. P. für dumm halten; doch ist er ein Psycholog, insoweit als er versteht, Seelen teuflisch zu quälen. Bald log er, meine Kleinen seien gut bei Gräfin B. aufgehoben; wenn ich mich dann gefreut und Gott gedankt, sagte er, es sei nicht wahr. Ich musste dann Tage jammern, und warten, und flehen; dann sagte er, sie seien in

---

79 Vgl. 2Tim 4,8; Apk 2,10; 4,4.10.
80 Ob diese Darstellung Schimmelmanns auf eine antisemitische Einstellung hindeutet, muss offenbleiben.
81 Vgl. Ps 42,11.

Händen, wo ich sie nicht haben wollte; wenn ich dann geweint, hiess es wieder: es sei nicht wahr, sie seien bei Gräfin B., beim Pächter,[82] bei meinen Geschwistern etc. Ich frug zuletzt nicht mehr, um der Qual ein Ende zu machen. Alle seine anderen Opfer hat er auch in kurzer Zeit wahnsinnig gemacht. Dr. P. kannte aber nicht die Gottesmacht, die eine schwache Frau[83] in allem ruhig bewahren kann. Wie wüthend sagte er mir „Sie sind ja sehr stark"! Ja, Christi Kraft ist in den Schwachen mächtig,[84] und die brecht ihr nicht. Auch bat ich Gott, und er schenkte mir täglich Schlaf und Appetit, so dass man keine Gelegenheit finden konnte, meine Nerven mit Chloral und Morphin zu schwächen.[85] Wie haben manche gefleht, dies nicht so massenweise eingefüllt zu bekommen. Die ganze Nacht wurde aufgepasst, und wenn man mit offenen Augen gefunden ward, hiess es gleich schlaflos, und man war dem Chloral verfallen. Ich habe es nicht einmal bekommen, dank Gott. [*Gleich in der ersten Stunde meiner Einsperrung wollte man mir mit Gewalt Esslöffelweise Morphium einfüllen, ich setzte mich aber so energisch zur Wehr, dass ich es vereitelte.*][86]

---

82 Zu den Besitzungen der Schimmelmann-Familie in Hellebæk gehörten ein landwirtschaftlicher Betrieb, eine Hammermühle und Waldgebiete. Der Pächter des Gutes war von 1857 bis 1917 Wilhelm Moldenhawer. Der Begründer der adligen Schimmelmann-Dynastie hatte 1768 in Hellebæk eine bereits bestehende Gewehrfabrik sowie umfangreiche Ländereien erworben, s. https://helsingorleksikon.dk (1.3.2024); *Degn*: Dreieckshandel, S. 90f., 104–106.
83 Vgl. 2Kor 12,9.
84 2Kor 12,9.
85 Vgl. *Schimmelmann*: Streiflichter, S. 80. Opiate wie Morphium wurden um 1900 als Schmerzmittel eingesetzt, s. etwa den Bericht über die Behandlung der preußischen Kronprinzessin Viktoria, *Feuerstein-Praßer*: Augusta, S. 225. Chloral hingegen wurde als Schlafmittel verwendet, s. *Oscar Liebreich*: Das Chloral, ein neues Hypnoticum und Anästheticum, in: Berliner Klinische Wochenschrift 6, Nr. 31, 2.8.1869, S. 325–327.
86 Schimmelmann wehrte sich gegen Gerüchte, sie sei abhängig von Mor-

Ich durfte einen Brief absenden an einen Reichstagsmann,[87] [*Ich wusste nicht, dass dies in Folge eines bestimmten Verlangens dieses Abgeordneten war. Als dieser dann verlangte mich zu sprechen, sagte man erst ich tobe, und schaffte mich dann schnell nach Vordingborg.*] doch nur unter der Bedingung, dass ich die kleinen Jungens nicht nennen sollte, und nicht so schriebe, dass man sähe, dass man mir meine Korrespondenz wehrte. [*Spätere Ereignisse zeigten, dass die Knaben nicht hätten unter neuem Namen weggebracht werden können, und auch meine Verwandten nicht mit meinem Eigenthum so hätten schalten können, wenn ich diese Dinge erwähnt hätte. So musste ich mich der Gewalt fügen und hoffen, dass zwischen den Zeilen gelesen werde.*] Alle meine Briefe hielt Dr. P. zurück und sandte dann falsche Nachricht an die Adressen. Er wollte mich zwingen zu schreiben, ich läge krank und wolle Niemand sehen. Ich flehte ja um Besuch, so sagte ich „zum Lügen zwinge er mich nie"; er meinte, „das werden wir sehen."

Fortsetzung, im Irrenhaus zu Vordingborg geschrieben, mit dem 28sten März angefangen.
Plötzlich Mittheilung, dass die Observation in der Irrenanstalt zu Vordingborg[88] fortgesetzt werden müsse. [*Ich wusste nicht, dass der Professor mich schnell*

---

phium gewesen, s. Streiflichter, S. 86. In den Erweckungsbewegungen gab es unterschiedliche Haltungen zur Einnahme von Medikamenten wie Morphium oder Opium bzw. Chloral. Während einige diese grundsätzlich ablehnten, zeigten sich andere bereit, sie zur Schmerzlinderung einzunehmen, s. *Krusestjerna*: Lebenserinnerungen, S. 206.

87 Der dänische Reichstag setzte sich aus dem Landstinget als Oberkammer und dem Folketing als untere Kammer zusammen. Der Abgeordnete Jensen, ein Mitglied des Folketings, spielt in der Zeitungskampagne eine zentrale Rolle, s. S. 187–189.

88 Die Anstalt Oringe wurde als dritte Psychiatrie Dänemarks 1858 in der Hafenstadt Vordingborg im Süden Seelands eröffnet. Die Gebäude, die

dorthin sandte, um mich vor dem zweiten Besuch und Nachforschungen der Reichstagsmitglieder aus dem Wege zu haben.] Zuerst konnte ich über alles weg die Herrlichkeit und Krone der Ewigkeit sehen, die alles Leid nicht werth ist[89] – dann bin ich aber verzweifelnd zusammengebrochen, und habe alle gefleht, mich herausschlüpfen zu lassen oder Briefe zu besorgen. Vergeblich. Nach schlafloser Nacht mit zwei Wärterinnen und einem Porteur in einen Wagen gebracht, der bis auf den Perron fuhr. Dort steckte ich einem Polizisten 2 Briefe in die Hand trotz Protest der Wärterin – ob er sie besorgt? [*Nein, in des Doctors Namen sind diesem die Briefe wieder abgefordert worden.*] – Ach mein Gott, die Fahrt! Vorbei an sonnigem Wald und Feld, Hafen und Schiffen, und doch rettungslos gefangen im wohlverwahrten Coupee. Wie habe ich geweint, als ich die Segelschiffe auf blauem Meer sah. Oh! all meine Kinder! werdet Ihr das Zeugniss Eurer Mutter für Irrsinn halten? Nein! um Jesu Willen, nein. Martyrthum trägt Frucht.[90]

Vordingborg Irrenhaus. März 28. Zwei freundliche Zimmer, ein ordentliches Bett; wäre ich irre, so wäre der Aufenthalt gut. Die Nacht im dunkeln Zimmer eingeschlossen. Der Verstand nagend klar und wach. Mein Gott! mein Gott! Ich habe nicht gewusst, dass man so leiden kann, ohne zu sterben. Ich fühlte mich von Gott und Menschen verlassen, aber der Glaube blieb als Stern in dunkler Nacht. Ich musste natürlich gestern wieder liegen bis heute 12; (das ist Regel für Jeden, der neu ankommt). Mein Zeug ward wegge-

---

400 bis 500 Patienten aufnehmen konnten, waren von einem großen Park umgeben. Heute befindet sich auf dem Gelände das Museum für Psychiatriegeschichte, s. www.vordingborglokalarkiv.dk (1.3.2024).

89 Vgl. Röm 8,18.
90 Von dem frühchristlichen Theologen Tertullian († nach 220) stammt die Aussage, dass das Blut der Märtyrer der Same der Kirche sei.

nommen und numerirt. Ach wie matt und elend wird der Körper, ich bin nicht zu kennen. Nachmittags auf und gottlob in ein hübsches Gärtchen. Oh, die See und Fischerboote dicht dabei, und ich gefangen und als Irre betrachtet. Wie ich leide, Gott hilf!

30ten. Durfte schreiben an mein Fräulein.[91] Ob der Brief abgeht? Erhielt meine Bibel. Mein falscher Bruder hat mich als Irre (ich höre, dass Dr. P. mich einfach für geisteskrank erklärt) hier angemeldet und als Zeichen meines Wahnsinns Misstrauen gegen meine mich liebende Familie angegeben. Sie schicken Blumen und spielen die Liebenden. Gott gebe mir Geduld. Als Empörung auflodern wollte, fiel mir ein, dass Jesus beständig so von uns leidet; wir vergessen, verkennen und verrathen ihn, und wenn sein Herz über uns brechen möchte, sagen wir, wir lieben ihn und streuen Gebetsblumen aus. Herr! gieb mir Deine Geduld! Ausgeführt in den Wald, welche Freude! Für Irre ist der Aufenthalt gut und Behandlung freundlich, und man sieht eben hier die Geschichte, dass mein Bruder mich ganz gesund eingefangen hat, als Ideefix[92] an; mir scheint, ich bin unter die Rubrik harmloser, unheilbarer Ideefixen gerechnet. Zwei Mal des Tages kommen Aerzte und ich habe lange Gespräche mit ihnen, doch wohl ganz ohne Resultat. [*Man sagte mir zwar, ich müsse nun eine Zeit da bleiben, damit der Oberarzt, der die höchste Behörde in diesen Dingen für Dänemark ist, mir ein Attest geben könne, dass mir Nichts fehle; ich glaubte aber, es sei ein neuer Betrug und litt deswegen zuerst sehr, behandelte auch die Aerzte zuerst, als ob sie wie Dr. P. wären, und es währte geraume Zeit, bis wir uns ganz verstanden.*] Denn „ein

---

91 Vermutlich ist damit die oben erwähnte Lehrerin, Fräulein W., gemeint.
92 Verrückte Idee, Anzeichen für Wahn.

Graf S. und Dr. P. können doch keine solche Schurken sein. Sie meinen es so gut mit mir!" Oh! Jesus Deines Heiligen Geistes Geduld und Friede!

Meine Seele leidet so, dass ich fürchte, den Verstand zu verlieren. Doch Gott, mein Gott, das darf nicht sein, um Deines Namens willen.[93]

Eine arme, kleine Doctorsfrau, die meiner Ansicht nach, über missverstandene Skrupel schon lange irre ist und von mir als Christin gehört hatte, ging mit mir aus, und das erlösende Wort von Jesu Gnade fing an zu wirken. – Welche Wohlthat, von Ihm reden und zeugen zu dürfen, selbst hier – es hatte mich auf den ganzen Tag frisch gemacht. – Aber in der Nacht, die zu lang ist, lag ich stundenlang und weinte. Ich habe Gott gebeten, mir den völligen Frieden und die Ruhe des Heiligen Geistes zu geben, der höher ist als aller Verstand.[94]

Die leibliche Pflege ist ausgezeichnet und wäre ich wahnsinnig, möchte die Behandlung gut sein. Aber mein Gott, Du kennst die Seelenqualen, mit klarstem Geist als verrückt behandelt zu werden. Die Last wird täglich schwerer, der Thränen mehr und der Körper schwächer. Die ununterbrochene Stille und Einsamkeit der langen Tage und Nächte! Gott sei dank, schlafe ich doch viel. Ein nagender körperlicher Schmerz am Herzen und Herzklopfen nimmt zu. Man schickt mir Blumen und erlaubt mir in den Garten zu gehen. Die See mit den Fischerbooten ist mir Erquickung und heisser Schmerz zugleich. Man findet, dass ich zu viel in der Bibel lese und hält mich offenbar für religiös überspannt. Oh Jesus! noch näher zu Dir![95]

---

93 Vgl. Jak 5,22.
94 Vgl. Phil 4,7.
95 Von der englischen Schriftstellerin Sarah Flower Adams (1805–1848)

Schon die ersten Tage brachte das Aufsichtsfräulein, die Morgens und Abends ins Zimmer sieht, mir von ihrer Wäsche, da ich nachgerade in schmutzigen Lumpen ging. Es war eine grosse Erfrischung. Ueberhaupt ist man ganz anders hier aufgehoben wie im Hospital. Doch was hilft es, ich weine und weine. Gestern versuchte ich wegzugehen, kam auch bis an die Pforte, doch wurde ich eingeholt. Ich bin recht elend und muss zu Bett liegen aus körperlicher Mattigkeit, doch nicht einen Augenblick bin ich geistig krank oder auch nur nervös gewesen. Der Director sagt selbst, ich sei nicht nervös,[96] man hielte mich aber für geisteskrank wohl wegen etwas überspannter Ideen in Religion. [*Diese „überspannten religiösen Anschauungen" erweisen sich dann aber als einfach Grundlehre alles christlichen Glaubens.*] Jesus! lass mich nie ein Haarbreit von meinem Zeugniss weichen. –

---

stammt der Liedtext „Nearer, my god, to Thee". Der methodistische Prediger und Missionar Erhard Friedrich Wunderlich (1830–1895), der 1853 in die USA auswanderte, schuf die deutsche Übersetzung des 1841 entstandenen Liedes. Mit der ersten Zeile dieses Liedes endet die Biographie über Otto Stockmayer (1838–1917), dessen Auffassung über Heilung durch das Gebet Schimmelmann vermutlich kannte. In Schloss Hauptwil im schweizerischen Thurgau leitete er eine Heilungsstätte, s. *Roth*: Stockmayer, S. 259. Für Käthe Dorn spielten diese Zeilen eine wichtige Rolle an einem entscheidenden Moment ihres Lebens, in dem sie eine besondere Nähe zu Gott empfand, s. *Dorn*: Schriftstellerin, S. 13. Das Lied ist u. a. abgedruckt in: Reichs-Lieder. Deutsches Gemeinschafts-Liederbuch, Neumünster 1909, Nachdruck 1964, Nr. 444; *Ernst Gebhardt*: Frohe Botschaft in Liedern, Basel [93]1896, Nr. 80. Adeline Schimmelmann nahm den Text in das Liederheft auf, das sie bei ihren Evangelisationen verwendete, s. Lieder, S. 23, Nr. 42.

96 Zum einen wurde Nervosität als Krankheit insbesondere von Frauen verstanden; zum anderen galt sie auch insgesamt als Signum der negativ beurteilten Welt der Moderne. Elias Schrenk etwa beklagt „die große Nervosität unseres Geschlechtes: sie ist eine Folge der geschäftlichen Jagd, der Genußsucht und der Fleischessünden unserer Zeit", *Schrenk*: Briefe, S. 44. Zum wissenschaftlichen Diskurs s. *Joachim Radkau*: Das Zeitalter der Nervosität. Deutschland zwischen Bismarck und Hitler, Darmstadt 1998; *Urte Helduser*: Geschlechterprogramme. Konzepte der literarischen Moderne um 1900, Köln 2005, S. 294–297.

Endlich heute Briefe. Oh Gott, mein Bruder hat alles zerstört! Die Kinder sind bei einer Frau, der ich wegen Liederlichkeit Almosen versagte. Den kranken P. in die weite Welt gejagt, und den armen Karl, desgleichen Mädchen und Fräulein – auch den Schlüssel zu meinem Haus nahm W. mit. Warum konnte denn nicht mein Fräulein ihn behalten und bei meinen Jungens bleiben, oder die Kinder ihr übergeben werden, statt zu Leuten, die mich nicht einmal grüssen wollten, und wo sie nur schlechtes lernen können. Gott vergebe Dir W., ich kann es noch nicht. – Es war als wenn bei dem Uebermass von Schmerz Jesus die Hand auf mein Herz gelegt, jetzt ist es still und fühlt nichts mehr. Ich liege seit einigen Tagen wie verlassen und lebendig begraben. Vom Morgen bis Abend und Abend bis Morgen allein! Das kann nicht ewig so bleiben und der Sieg und die Krone sind mein.[97] Komm, Herr Jesus![98] Jede Thräne, jeder Seufzer soll aber Frucht tragen[99] für Gottes Reich und für andere Seelen, so gut wie jeder Tropfen Martyrblut. [*Ist bereits in Erfüllung gegangen. A. S. 1896.*] Gott weiss, dass die Thränen, die ich weine, heisser als Blut sind. – Der Oberarzt weigerte mir den Besuch meines Fräuleins und Gräfin B.'s, als ich sagte, diese könnten ja bezeugen, ob ich irre gewesen. Das nimmt mein Vertrauen weg. [*Mein Bruder hatte diese Damen, um einen Besuch und ihr Zeugniss zu verhindern, schamlos verleumdet bei dem Oberarzt, wie sich später herausstellte.*] – Beide schrieben und baten zu kommen. In welchen Händen bin ich? Gott sei mir gnädig.[100] – Gestern wurde ich zur Kirche hier im Haus geführt; man kommt sich ganz

---

97 Vgl. Apk 3,11.
98 Vgl. Apk 22,20.
99 Vgl. Joh 15,16.
100 Ps 51,3.

vor wie ein Sträfling. Es wurden schöne Lieder gesungen. – Jetzt weiss ich, in wessen Händen ich bin. – Der Oberarzt ist auch Freigeist, daher wird er mich natürlich für irrsinnig halten. [*Das war ein falscher Schluss, den ich zog, denn obgleich ein Freigeist, war er ein ehrlicher Mann, und sagte selbst, dass er auf den religiösen Gebieten dennoch Glauben und Irrsinn zu unterscheiden wisse.*] – Ich bin ganz in seiner Gewalt, und er wird mir die Ueberspanntheit wegkuriren wollen. Er sagt, man hätte ihn ersucht, mich zu kuriren, dass ich Sinnesruhe und Vertrauen zu den Menschen gewönne. Meine Sinnesruhe war noch nie gestört, ausser bei der Qual hier, und ich vertraue den Menschen nur zuviel. Freilich meinen falschen Geschwistern, Dr. P. und ihm nicht. – Ich sagte ihm, dass er nie Einfluss und Macht über meinen Geist bekommen solle. Ich stehe mit Aussagen und Ansichten zu fest auf dem Wahrheitsgrund. Aber der Körper bricht schnell zusammen. Gott, oh Gott! hilf mir![101]

Donnerstag 12ten April. Wie elend und matt bin ich; ich schleppe mich nur so hin und Weinen und Herzklopfen lösen sich ab; nur wenn ich bete, in der Bibel lese oder im Garten meinen Gedanken weit aus der Wirklichkeit hebe, leide ich nicht; wenn mir aber dann einfällt, wo ich bin, oder ich an meine verlassenen Kinder denke, könnte ich aufschreien. Sprüche Salomonis 24,10[102] – Du viste Svaghed paa Nødens Dag; din Kraft var ringe[103] – ja, aber doch. – Deine Kraft ist in den Schwachen mächtig.[104] – Ich konnte von ganzem Herzen für den Oberarzt beten, statt dass ich mit

---

101 Vgl. Ps 70,2.
102 „Der ist nicht stark, der in der Not nicht fest ist."
103 Das Zitat entspricht der Ausgabe der dänischen Lutherbibel, die von 1871 bis 1907 in Gebrauch war.
104 Vgl. 2Kor 12,9.

einem aufsteigenden Hass zu kämpfen hatte. Die Folge
war, dass er kam und wir ein langes religiöses Gespräch hatten. Er hält Jesus natürlich nur für einen
guten Menschen. Mich frug er, was eigentlich die „Zau-
bermacht", er könne es nicht anders nennen, sei, die
ich auf so viele Menschen geübt. Augenscheinlich hält
er es für Hypnotismus, dessen beschuldigen die Anarchisten mich schon lange. Wie froh war ich, sagen zu
können, es ist die Macht des lebendigen, persönlichen
Jesus, den ich kenne, und für den ich kraft des Heiligen
Geistes zeuge. – Wir kamen auf Irre zu sprechen, und
ich sagte ihm, dass vieles Teufelseinfluss sei, und durch
Gebet zu heilen. Da meinte er, ob ich zu der Bewegung
in Deutschland gehöre, die den Ärzten die Irren ent-
ziehen, und sie unter die Geistlichen bringen wollten.[105]
Ich hatte noch nicht davon gehört – war aber froh,
dass den Christen die Augen aufgehen und bekannte
mich freudig dazu. Das Ende des Gesprächs war dann
die Erklärung, dass mein Onkel, der sich zum Vormund
hatte machen lassen, mich hier festhalten würde, bis
ich selbst erkläre, dass ich Verfolgungswahn vor Anarchisten und meiner Familie gehabt, und dass mein
Bruder und Dr. P. nur aus Liebe gehandelt. [*Der Arzt
dürfte mich als Unmündige nicht ohne die Erlaubniss
des Vormundes abreisen lassen, auch habe dieser all
mein Geld und gebe nichts heraus.*] Nie, nie will ich in

---

[105] In den Reihen der Heiligungsbewegung entstanden einige Einrichtungen, die Erkrankte aufnahmen, aber keine medizinischen Behandlungen anboten, sondern ein intensives geistliches Leben mit Bibellesungen, Gebeten und gemeinsamem Singen, s. *Holthaus*: Heil, S. 333–394. Vgl. ferner *Minna Popken*: Im Kampf um die Welt des Lichtes. Lebenserinnerungen und Bekenntnisse, Berlin 1939; *Johann Christoph Blumhardt*. Krankheit und Heilung an Leib und Seele. Auszüge aus Briefen, Tagebüchern und Schriften, hg. von Dieter Ising, Leipzig 2014 (EPT 6). Insbesondere Blumhardt führte Erkrankungen auf das Wirken des Teufels zurück und sah sich selber im Kampf gegen Dämonen, die ausgetrieben werden müssten.

solche Lüge willigen. Gott, gieb der geängstigten Seele und dem abnehmenden Körper deine Kraft. Wahr und klar lass mich bleiben um Deiner Ehre willen, bis zuletzt, ich bin ja Dein eigen; halte mich wie es auch geht. Ich bat, mich in der Capelle einzuschliessen, damit ich zum Harmonium[106] mir Lieder singen dürfe: doch wurde das abgeschlagen. Ich soll Romane lesen.[107] Gegen Medicin habe ich mich gewehrt, bis ich jetzt frei davon bin.[108] Ich habe keine genommen, nur zweimal um zu zeigen, dass ich es nicht für Gift hielte; ich sagte, ich sei mit Leib und Seele Jesu Eigenthum,[109]

---

106 In Schimmelmanns Haus in Hellebæk befand sich ein Harmonium, s. *Schimmelmann*: Streiflichter, S. 93. Das Harmonium avancierte neben den Posaunen zu dem beliebtesten Instrument der Frömmigkeitsbewegungen des 19. Jahrhunderts, vgl. *Christel Köhle-Hezinger*: Das Harmonium. Oder frommes Schwelles, sanfte Bewegungen, in: Dies., Alltagskultur. Sakral – Profan. Ausgewählte Aufsätze, hg. von Anita Bagus und Kathrin Pöge-Adler, Münster 2011, S. 184–202; *Krusenstjerna*: Lebenserinnerungen, S. 175.

107 Während die Zunahme der Romanproduktion als Signum der Moderne gesehen werden kann, wurde in einigen Strömungen der Erneuerungsbewegungen neben allen kulturellen Erscheinungen auch die Lektüre von zeitgenössischen Werken, insbesondere Romanen, abgelehnt. Als junge Frau sah sich die später in Kreisen der Gemeinschaftsbewegung viel gelesene Käthe Dorn vor die Wahl zwischen „der weltlichen Romanliteratur" und „der christlichen Erzählung" gestellt. Fortan verfasste sie keine Novellen oder Romane mehr, sondern nur noch Erbauliches in erzählerischen Formaten, s. *Dorn*: Schriftstellerin, S. 9. Elias Schrenk beklagte die „elende Romanleserei" bei Männern und Frauen als Ursache für Ehebruch, zu hohen Alkoholkonsum und dem Überhandnehmen von Sünde, s. *Schrenk*: Briefe, S. 51. *Adelheid Bandau*: Zwölf Jahre als Diakonissin, Berlin ³1882, S. 228, wurde u.a. als Lehrerin an ein von den Kaiserswerther Schwestern geführtes Mädchenpensionat nach Florenz entsandt. Sie berichtet, dass die Schülerinnen „gern Romane" lasen, diese ihnen aber gelegentlich abgenommen wurden. Bandau kritisierte die Kaiserswerther Leitung insgesamt für ihre Weltfremdheit.

108 Diese Haltung entsprach der Position von Teilen der Gemeinschafts- und Heiligungsbewegung. So lehnte etwa Otto Stockmayer für sich selber jede ärztliche Behandlung ab, s. *Roth*: Stockmayer, S. 136. Ihre spätere Krebserkrankung ließ Schimmelmann jedoch in Krankenhäusern behandeln, s. *Albrecht* u. a.: Schimmelmann, S. 369–375.

109 Vgl. 2Thess 2,14.

für Ihn zu leben habe bei aller Entbehrung den Körper frisch gehalten; hier verhindert für Ihn zu wirken, schwindet der Körper hin, trotz ausgezeichneter körperlicher Pflege – Verpflegung muss ich wohl sagen, denn von Pflege ist nicht die Rede. Wie elend und krank ich auch bin; von Abends 8.30 bis Morgens 6.30 wird man eingeschlossen ohne die Möglichkeit, Jemand zu erreichen.

Einen kühlen Zettel von Fräulein W. [*Ich wusste nicht, dass es nur eine Einlage in einen langen Brief an den Arzt war, welcher sich, um die Intrigue zu lösen, mit verschiedenen Menschen in Correspondenz setzte.*] Das ist der einzige Trost von Menschen; höhnisch lächelnd wird er mir gegeben. Jesus allein, aber auch ihn sehe ich nicht. Herr, mach ein Ende![110] Was auch für Gründe gesucht werden, und wie es auch geleugnet werden wird – wegen des Zeugnisses soll ich als Irre erklärt werden; denn die alberne Geschichte vom Verfolgungswahn ist genügsam wegbewiesen. Ich bin nie bange gewesen, ausser etwa für andere, für mich, nie. Mein Mund hat immer für alle geredet, denen Unrecht geschah.[111] – Ist denn kein Menschenmund, der sich für mich aufthut? Er hat getröstet, – ist keiner der mich tröstet? Meine Hand hat so vielen, vielen geholfen, ist denn keine Hand da, die sich nach mir ausstreckt? Meine „Mutteraugen" (wie selbst die Irrsinnigen sie nannten) dürfen Niemand mehr sehen, den sie lieb haben, und müssen sich fast blind weinen – Jesus allein. Oh! meine kleinen Kinder, wie schrecklich sehne ich mich nach Euch, nach Eurer Liebe, mein Sonnenstrahl in der Einsamkeit, und dafür dass ihr es wart,

---

110 So lautet der Beginn der letzten Strophe des Liedes „Befiehl du deine Wege" von Paul Gerhardt (1607–1676). Das Lied wurde erstmals 1653 in einer Liedersammlung veröffentlicht.
111 Vgl. Spr 31,8.

musstet ihr nun bei unzuverlässigen, heuchlerischen Leuten sein. Gott behüt Euch! – Ach Gott! mach ein Ende, ich kann nicht mehr! Aber lass die Wahrheit an den Tag kommen.

15ten April. Übermorgen 8 Wochen lebendig begraben. Keine Seele gesehen, Niemand schreiben dürfen wie ich wollte; [*Da die Briefe alle gelesen werden, konnte ich nicht schreiben was ich wollte, weil ich immer noch den Aerzten misstraute und dachte, sie seien Dr. P.s Freunde.*] und die Nachricht offenbar überall verbreitet, dass ich plötzlich wahnsinnig geworden sei. Die Lügennetze scheinen gut gespannt, denn sonst würde wohl eine Seele zu mir dringen. Sollte dieses Buch seinen Weg hier heraus finden, so beschwöre ich die, die es lesen, nichts von allen den Lügen, nichts von der teuflischen Heuchelei meiner Geschwister und einigen fälschlich sich Freunde nennenden Menschen zu glauben. Ich bin, so wahr ich den Namen Jesu nenne, der mein heiligstes Gut ist, nie eine Minute geisteskrank gewesen. Alles was ich gesagt, ist nüchterne Wahrheit; und mag man mich totquälen, so bleibt es dabei, denn ich rechne fest darauf, dass mein Gott mir meinen klaren Verstand erhält, was auch für psychologische Kuren, um ihn zu verwirren, an mir versucht werden mögen. Aber oh! alle Ihr, die draussen im Leben seid, ich bezeuge Euch, dass körperliche Folter nicht schlimmer sein konnte, und ein Martyrertod in der Arena vor wilden Thieren wäre wohl leicht und herrlich gegen diese langsame Qual. – Ach, leider ist mein Körper zäher als ich gedacht. – Ich füge für die deutschen Freunde bei, dass Dr. P. für seine Einsperrung gesunder Leute bekannt ist; in dem Buch „Vore Hospitaler"[112] wird er offen dessen beschuldigt; auch

---

112 *Peter Munthe Brun*: Vore Hospitaler, Kopenhagen 1894, griff in seiner

waren alle Zeitungen voll offner Angriffe auf ihn, unter dem Titel „Benutzung der Zwangseinlegung als Irre in verbrecherischer Absicht".[113]

Im Volk in Copenhagen ist grosse Erbitterung gegen ihn! Ich bekräftige Alles was gesagt wird aus bittrer Erfahrung, und möge dies ein Zeugniss werden, dem Unwesen, dem viele erliegen, zu steuern. Man schlug mir vor, zu sagen, ich sei zur Erholung hier gewesen, und mich nicht mehr der armen Leute, die von den Anarchisten loswollen, anzunehmen – dann könne ich frei sein. [*Dieses Compromiss ward von meiner Familie vorgeschlagen, als sie merkten, dass die Aerzte mich weder halten wollten noch durften und ihre Intriguen durchschaut hatten.*] Nie! das Letzte giebt sich ja von selbst, da ich machtlos bin. – Ich werde aber nie etwas versprechen, sondern immer das thun, wozu Gottes Geist mich treibt.[114] – Ach wäre erst alles vorbei! Meine armen kleinen Kinder, und alle meine Schützlinge und geistigen Kinder, ich befehle Euch in die Hände,[115] die stärker und treuer als meine sind. – Also weiss ich jetzt mein Urtheil! Meine ganze Familie bezeugt, dass ich seit 9 Jahren irrsinnig sei![116] Ach wie teuflisch, und um sagen zu können, ich sei es noch, – spielten sie Versöhnung. Mein Wahnsinn soll also sein, dass ich meine,

---

Veröffentlichung das System der dänischen Krankenhäuser und das dänische Justizsystem an. Der Bezirksbeamte war im Mai 1889 von seinen Verwandten gegen seinen Willen ebenfalls in die von Pontoppidan geleitete Abteilung eingewiesen worden. Dänische Zeitungen berichteten unter Bezug auf sein Buch davon, s. Jyllandsposten, 9.3.1894, S. 1; Hernings Folkeblad, 14.3.1894, S. 2. Als im Herbst 1894 der Fall Schimmelmanns bekannt wurde, stellten viele Berichte eine Parallele zwischen diesen Skandalen her.

113 Zeitungsberichte unter diesem Titel konnten nicht nachgewiesen werden.
114 Vgl. Röm 8,14.
115 Vgl. Ps 31,6.
116 Im Jahr 1885 begann Schimmelmann mit ihrer missionarisch-karitativen Arbeit auf Rügen.

meine Familie sei schlecht mit mir gewesen. Sie haben immer nur in grosser Zärtlichkeit gehandelt, sagen sie, wie auch dies nur aus Liebe und zu meinem Besten sei, dass ich hier gefangen bin. Bis ich dies einsehe und zugebe, dass ich meine Wirksamkeit unter einigen Fischern sehr übertrieben habe, sammt mir die ganze Wirksamkeit unter den jungen Leuten, die Anarchisten waren, eingebildet habe, sowie verspreche, mich nicht mehr um dergleichen zu kümmern!! So lange soll ich wahnsinnig sein! Gott sei mir gnädig, dass ich nie, nie ein Wort von der Wahrheit zurücknehme. Stärke mich, Herr, dass ich auch meine Kinder Dir, „denn Du bist Wahrheit",[117] wenn es sein muss, opfern kann. Die 7 Maccabäer liessen sich martern, um nicht ein Stück Schweinefleisch zu essen.[118] Sollte es nicht ebensogut Martyrthum sein, Alles zu opfern, um nicht zu lügen? Sicherlich, und es wird dieselbe Frucht tragen, wenn Gott mir Beständigkeit giebt. Ich soll ferner in andere Auffassungen gezwungen werden, durch eine Kur, die man mir sagte, schon manche geändert hätte, ich sollte nicht so gewiss sagen, dass ich nie mich dazu verstehen würde; der Tag, wo ich es thäte, würde schon noch kommen. – Mein Gott! bewahre mich und meinen Verstand zu Deiner Ehre, – und mach bald ein Ende! Amen.

Hier hatte die Sache bald ein Ende, da die Frist abgelaufen war, die dem Oberarzt von Oringe[119] gegeben war, um zu entscheiden, ob Dr. Pontoppidan's falsches Attest richtig sei oder nicht, und der Entscheid der Aerzte lautete, dass es falsch gewesen sei.

---

117 Vgl. Joh 14,6.
118 Vgl. 2Makk 7.
119 Kristian Helweg (1847–1901) war seit 1890 Chefarzt der psychiatrischen Einrichtung Oringe; er setzte sich für eine Modernisierung und bessere Behandlung der Patienten ein.

Es kam auch dann zu einer Aussprache zwischen den Ärzten und mir, und als sie mir sagten, sie würden mir ein Attest geben, dass mir nichts gefehlt habe, sah ich ja auch ein, dass ich nun in Hände ehrlicher Leute
gekommen sei und dann löste sich der Knoten soweit, dass ich als Gast dablieb, bis die Sache dem Justizminister gemeldet war und ein sicherer Ort für mich gefunden war, wo meine Verwandten, die darnach strebten, mich mit Gewalt in ihre Hände zu bekommen,
mich nicht anzutasten vermochten. So blieb ich unter dem Schutz mächtiger Freunde,[120] bis die Unmündigkeit aufgehoben und die Sache genügend bekannt war, um einen Versuch von Freiheitsberaubung auf diesem Wege fernerhin unmöglich zu machen.[121]

Auszug aus dem officiellen Bericht des Reichstages vom 16. October 1894.[122]
Die Einsperrung der Gräfin Schimmelmann.
Rede des Herrn G. Jensen,[123] Abgeordneter für Bælum.[124]
Die Sache, über welche ich zu sprechen wünsche, ist eine von grösstem Interesse für unser ganzes Land,

---

120 Schimmelmann begab sich nach Schloss Raben Steinfeld in der Nähe von Schwerin, s. *Schimmelmann*: Streiflichter, S. 91. Hier befand sich der Witwensitz von Großherzogin Marie von Mecklenburg-Schwerin (1850–1922). Diese ermöglichte ihr auch einen Aufenthalt in Heiligendamm, s. *Wettstein*: Lebensbild, S. 80. Marie stammte aus dem fürstlichen Geschlecht Schwarzburg-Rudolstadt und war 1868 die dritte Ehefrau von Großherzog Friedrich Franz II. (1823–1883) geworden. „Im Haus Mecklenburg etablierte sich seit den 1820er-Jahren vor allem eine neue religiöse Lebenshaltung." Insbesondere die Frauen trugen eine „christliche Erweckungsfrömmigkeit in die Familie", s. *Wiese*: Friedrich Franz II., S. 70f. In der Regierungszeit von Friedrich Franz II. verstärkten sich diese Tendenzen. Zu dessen Regierungszeit s. auch *Kasten*: Schwarze Schafe, S. 19.
121 Noch während sich die Gräfin in Oringe befand, erschien am 14.4.1894 eine erste Zeitungsnotiz, die einen Hinweis auf Konflikte um ihre Person liefert, s. S. 120.
122 Ohne weitere Erläuterung druckt Schimmelmann den folgenden Textauszug am Schluss ihres Tagebuchs ab. Dieser Bericht spielt in der Zei-

da es die Einsperrung der Gräfin Adeline Schimmelmann in die sechste Abtheilung des Commune-Hospitals betrifft. Ich bin von vielen Mitgliedern des Parlaments ersucht worden, die Sache vor das Haus zu bringen. Der Fall ist Ihnen gut bekannt. Graf Werner Schimmelmann hat seine Schwester in das Commune-Hospital eingefangen unter dem Vorwande, dass sie geisteskrank sei.

Es ist wahr, dass die Gräfin ein Leben geführt hat, welches sehr verschieden von demjenigen der meisten Damen ihres Ranges ist. Ich will nicht hierbei verweilen, sondern die Aufmerksamkeit auf ein kleines Buch hinlenken, welches sie gerade herausgegeben hat unter dem Titel: „Ein Daheim in der Fremde" (von Otto Funcke) und „Unter Berliner Socialisten".[125]

Ich will nur von den Motiven sprechen, aus welchen die Einsperrung gemacht wurde und von den Entschuldigungen, welche dafür vorgebracht wurden.

Diese waren: dass sie eine Pistole hatte und an einem krankhaften Verfolgungswahn litte. Beide Be-

---

tungskampagne, die im Herbst 1894 vonstatten ging, eine entscheidende Rolle. Die Stellungnahme Jensens gab Schimmelmann auch in ihrer Ausgabe der Streiflichter wieder, S. XI–XIV. Das Datum dieser Erklärung von J. Jensen war laut den Veröffentlichungen der dänischen Zeitungen der 15. Oktober, s. S. 187–189.

123 Bereits in der ersten von Schimmelmann veröffentlichten Fassung dieses Berichts, in der englischen Ausgabe ihrer autobiographischen Aufzeichnungen von 1896, Glimpses, S. 205, wird der Vorname mit G. angegeben. Alle weiteren Quellen zu seiner Person sprechen aber von Jens Jensen, s. unten die Zeitungsdokumentation.

124 Der Ort liegt im Norden Jütlands. Die Zeitungsartikel boten nach und nach Einzelheiten zur Person Jensens und zu seiner Rolle in Bezug auf die Veröffentlichung des Falls Schimmelmann.

125 Diese beiden Texte finden sich in Schimmelmanns Buch Af mit Missionsliv von 1894. Im Titel wird nur ihr Name genannt, Funcke kommt erst im Zwischentitel vor, S. 9–35. In die englische und die deutsche Fassung ihrer Autobiographie von 1896 und 1898 nahm Schimmelmann diese beiden Texte auf, allerdings teilweise mit leicht anderen Akzentuierungen, s. Streiflichter, S. 15–34, 46–56. Vgl. hierzu S. 255f.

hauptungen sind unwahr. Ich gebe zu, dass sie eine Pistole besass, sie hatte dieselbe aber schon als Hofdame am Deutschen Hofe vor 22 Jahren, und Niemand hat sie deshalb für wahnsinnig gehalten. Zum Uebrigen hatte sie überhaupt gar keine Pistole, als Herr Pontoppidan sie getroffen hat. Selbige lag zu dieser Zeit wohlverpackt in einer Tasche.

Es ist nicht wahr, dass sie glaubte, von ihrer Familie verfolgt zu sein. Ich habe ein sehr langes Gespräch mit ihr gehabt, einige Tage ehe sie eingekerkert wurde, und obgleich sie sehr viel über ihre Familie sprach, erwähnte sie mit keinem Worte, dass dieselbe sie verfolgte. Sie bedauerte nur, dass eine Entfremdung zwischen ihnen bestände. ...[126]

Sie war der Gegenstand der rohsten und schamlosesten Behandlung während sie im Commune-Hospital war, und die Zeitungs-Berichte darüber sind gänzlich wahr. ...[127]

Einige Tage später ging ich zu Herrn Pontoppidan und verlangte, mit der Gräfin in seiner Gegenwart zu sprechen. Er verweigerte es. [*Leider war das Gerücht, dass die Gräfin im Commune-Hospital eingesperrt gehalten werde, erst nach 4–5 Wochen zu den Ohren der Reichstagsherren gekommen, da man erst dieselben, sowie alle Freunde der Gräfin mit der falschen Angabe, dieselbe sei ins Ausland gereist, hingehalten hatte.*]

Herr Pontoppidan gab sein heiliges Versprechen, die Gräfin nicht wegbringen zu lassen, ehe ich wiederkäme. Aber er brach sein Wort. Als ich zurückkam, fand ich, dass die Gräfin nach Oringe gebracht war.

---

[126] Diese und die folgenden Auslassungszeichen finden sich im Text des Tagebuchs.
[127] Vgl. die unten dokumentierten Pressestimmen, die mit Berichten vom 9.10.1894 beginnen.

Herr Pontoppidan murmelte Allerhand hin und her und behauptete dann, dass ihr gefährlicher Zustand den Transport nöthig gemacht habe. ...

Die Gräfin war somit nach Oringe gebracht, dem ersten Staatsirrenhause, aber ward von dort entlassen mit einem Atteste, dass sie nicht im Geringsten krank gewesen sei.

Die Zeitungen (mit Ausnahme des Socialdemokraten,[128] welcher sich in einem verleumderischen Angriff erging) haben alle zu Gunsten der Gräfin das Wort ergriffen. [*Der Socialdemokrat nahm seinen Angriff zurück und hat später meinen christlichen Vortrag an die socialistischen Arbeiter in sehr sympathischer Weise wiedergegeben.*]

Der Einwand ist erhoben worden, es sei ja möglich, dass die Gräfin wahnsinnig gewesen sei, als man sie ins Communchospital gebracht habe und dass sie auf der Reise nach Oringe genesen sei.

Ich verneine dies auf das Bestimmteste und will beweisen, dass es unmöglich ist. Zwei Stunden, nachdem die Gräfin nach Oringe abgereist war, erklärte Herr Pontoppidan, dass sie vollständig wahnsinnig sei, ja schlimmer denn je.

Das Attest des Directors von Oringe, Oberarzt Helweg, erklärt, dass sie durchaus gesund war; so müsste dann ihre Heilung auf dem Wege von Oringe nach Kopenhagen[129] vor sich gegangen sein, in einem Zeitraum von sechs Stunden, welches unmöglich ist. –

... Es ist behauptet worden, dass Herr Pontoppidan durch seinen langen Verkehr mit Wahnsinnigen viel-

---

128 In der Zeit vom 10. bis 17. Oktober 1894 druckte die dänische Zeitung Social-Demokraten mehrere Berichte über den Schimmelmann-Skandal ab, s. S. 139–142.
129 Hier scheinen die Reisestationen vertauscht worden zu sein, denn die Gräfin wurde von Kopenhagen nach Oringe gebracht.

leicht selbst nicht ganz normal ist. Ich stimme diesem nicht bei, obgleich Viele es glauben. Es ist auch behauptet worden, dass Herr Pontoppidan ein schlechter Charakter sei und bestochen werden kann, Familien von Personen zu entledigen, welche ihnen im Wege stehen. ...

Es ist gewiss, dass Herr Pontoppidan im schlechtem Lichte beim dänischen Volke steht, und es ist übergenug Grund dazu vorhanden, eine gründliche und unparteiische Untersuchung durch die legalen Autoritäten vornehmen zu lassen. ...

Ich habe zwei Fragen vorzubringen:

1. Wird der geehrte Herr Justizminister[130] uns ein Gesetz bringen, welches eine Familie verhindert, mit Hülfe eines Doctors, ohne die Sanction der Autoritäten eines ihrer Mitglieder in eine Irrenanstalt zu bringen?

2. Wird der geehrte Herr Justizminister eine gründliche Untersuchung der Verhältnisse in der sechsten Abtheilung des Commune-Hospitals vornehmen lassen, besonders angehend die Behandlung der Gräfin Schimmelmann, während sie dort war, sowohl als des Factums überhaupt, dass man sie dorthin gebracht hat? Ist nicht beides sowohl ungesetzlich als unentschuldbar?[131]

---

130 Der den Konservativen angehörende Johannes Magnus Valdemar Nellemann (1831–1906) war von 1875 bis 1896 dänischer Justizminister, s. DBL, biografiskleksikon.lex.dk (1.3.2024).
131 Auch in ihren Streiflichtern druckte Schimmelmann diesen Bericht ab, S. XI–XIV. Bis auf geringfügige orthographische Abweichungen sind beide Textfassungen identisch. Die im Tagebuch angefügten zwei Kommentare übernahm sie ebenfalls in ihre autobiographischen Aufzeichnungen. Hier fügte sie darüber hinaus eine Auswahl von Auszügen aus dänischen und schwedischen Zeitungen hinzu, die ihren Fall kommentierten, S. XIV–XVI.

Adeline Schimmelmann: Gedichte, Rostock 1896[132]

Diese Gedichte[133] entstanden während meiner Gefangenschaft[134] im Communehospital, theilweise wurden sie erst später in Oringe zu Papier gebracht, da man mir Schreibmaterialien dazu geweigert hatte. Das erste Gedicht, ein dänisches, machte ich gleich in den ersten Tagen, nachdem man mich gefangen hatte, um zu beweisen, daß ich mich auch ohne das geringste Material dazu dennoch beschäftigen und dadurch den geistigen Torturen, denen man mich unausgesetzt preiszugeben meinte, entgehen könne. Es enthielt dies erste Gedicht, welches ich dann laut citirte, ein Bekenntniß meines Glaubens und die Voraussage, daß ich der Gewalt meiner Feinde durch Gotteshand[135] entzogen werden würde. – Vermuthlich um solche lästigen Worte nicht mehr hören zu müssen und da man sah, daß man trotz äußerer Gewalt machtlos über mich war, erhielt ich dann spärliches Beschäftigungsmaterial. – Die deutschen Gedichte gebe ich hiermit für meine Freunde heraus, sie machen keinen Anspruch auf Form, sondern sind nur ein Bild meiner Gefühle in den schwersten Kämpfen meines Lebens. – „Lieber die Schmach meines Heilandes tragen"[136] – war die Antwort darauf, als man in meiner verzweifelten Lage mir das Versprechen abringen wollte, „nie wieder in weiterem Kreise zu

---

132 Dieser kurze Text erschien ebenfalls im Verlag Hinstorff, s. S. 39. Wie sich die zeitliche Abfolge der Veröffentlichung vom Tagebuch zu den Gedichten gestaltete, ist nicht bekannt.
133 Zum größeren Teil handelt es sich um Gebete, die sich an ein göttliches Gegenüber wenden. Die erwähnten Sachverhalte entsprechen den in ihrem Tagebuch beschriebenen Ereignissen. Es werden nur die Details kommentiert, die von den Beschreibungen im Tagebuch abweichen.
134 Diese Wortwahl entspricht der Deutung, die Schimmelmann in allen Texten für ihren Zwangsaufenthalt in der Psychiatrie verwendet.
135 Vgl. Ps 31,16; 97,10.
136 Vgl. Hebr 11,26.

missionieren". – „Jesus, ich bin dein eigen"[137] schrieb ich, als man mir anbot, die beiden unglücklichen Kinder, die in schlechten, gottlosen Händen waren, dort unterzubringen, wo ich es wünsche, falls ich obengenanntes Versprechen geben wolle, und im Falle ich einmal frei würde, sagen wolle, ich sei krank gewesen und habe mich freiwillig dort aufgehalten. – Ich weigerte mich selbstverständlich und die Kinder mußten bleiben, wo sie waren. Doch hat Gott ihre Seelen rein bewahrt trotz der schlechten Umgebung.

„Ich hab mich dir ergeben"[138] war meine Antwort auf die Frage, wie ich mich denn habe in so niederer Gesellschaft wie die der Fischer und Arbeitslosen aufhalten können und warum ich solche Menschen bei mir aufgenommen habe.

Ich hab mich dir ergeben
Mein Heiland und mein Gott,
Für dich war all mein Leben,
Für dich sei auch mein Tod.

Denn seit ich dich gefunden,
Du Krone aller Freud',[139]
Da war für mich verschwunden
All' ird'sche Herrlichkeit.

Mein Leben und mein Lieben
War nur allein für dich.
Von deinem Geist getrieben
Hast du geleitet mich.

---

137 Eventuell hatte die Verfasserin ein Lied des 17. Jahrhunderts im Sinn, s. EG 204; vgl. Jes 44,5.
138 Vgl. Ps 86,16.
139 Vgl. Phil 4,1.

Du ließt ein Wort mir scheinen,
Dem folgte ich fortan:
„Was der Geringsten einen,
Das habt ihr mir gethan."[140]

Wer ungehört mußt flehen
An tieffster Sünden Ort,
In dem konnt ich dich sehen,
Im Glauben an dies Wort.

Für Zöllner und für Sünder[141]
Schufst du dein Himmelreich,
Und die verlornen Kinder
Macht dein Blut Engeln gleich.[142]

Mag auch die Welt nun schelten,
Mein Leben falschen Wahn,
Im Himmel wird einst gelten,
Was ich durch dich gethan.

Ich hab mich dir ergeben
Mein Heiland und mein Gott.
Für dich war all mein Leben,
Mit dir sei auch mein Tod.
Den 8. Mai 1894.[143]

—

April[144]
Jesus, ich bin dein eigen,
Es halte mich deine Hand

---

140 Vgl. Mt 25,40.
141 Vgl. Mt 9,10.
142 Vgl. Lk 20,36
143 Aus den übrigen Quellen sind keine besonderen Ereignisse für dieses Datum bekannt.
144 Dieser Text besteht aus dem Gespräch eines lyrischen Ichs mit Christus,

Will Verzweiflung sich zeigen,
Hält der Glaube nicht stand,
Will das Herze mir brechen,
Ist zu bitter das Weh,
Wollst du selbst zu mir sprechen,
Denk' an Gethsemaneh!

Dort habe ich gelitten
Alle irdische Noth,
Habe gerungen, gestritten
Mit der Höll' und dem Tod.
Und aus göttlicher Liebe
Trug ich für dich allen Schmerz,
Darum kann ich auch heilen
Jetzt dein brechendes Herz.

Gäbst du's in meine Hände,
Wenn es zittert vor Weh,
Weil die Kraft nicht fände
Für ein Gethesemaneh –
Will ich es halten und tragen
Sicher durch alle Noth,
Und du sollst nicht verzagen
Geht es auch in den Tod.

Halte dich fest am Glauben
Weiche nicht einen Strich,
Niemand kann dir ihn rauben,
Hälst du dich fest an mich.
Im tieffsten Unterliegen
Liegt oft der Christen Sieg.
Als ich am Kreuze gestorben,
Siegte ich auch für dich.

---

der unter Hinweis auf seine Leidensgeschichte antwortet. Im Tagebuch bezieht sich der letzte datierte Eintrag auf den 15.4., s. S. 71.

Jede einzige Thräne,
Die du hier bitter geweint,
Wird ein Juwel für die Wahrheit,
Welches in Ewigkeit scheint.
Jeder einzige Seufzer,
Der deinem Herzen entstieg,
Wird einst ein Schwert für die Wahrheit
Und hilft dieser zum Sieg.

Wo ist je geflossen
Treuer Zeugen Blut?[145]
Wo sind Thränen vergossen?
Wo ist gekämpft mit Muth?
Wenn dies auch noch so stille
Und verborgen geschah,
Ohne daß herrliche Früchte
Davon die Zukunft sah.

Nimmer wird Bosheit siegen
Bricht sie dir Leben und Herz,
Wird sie doch einst unterliegen
Und du eilst himmelwärts.
Wein' ich, lebendig begraben,
Jesus gieb du mir den Sieg.
Du und dein Geist der Wahrheit
Führten für mich den Krieg.

—

Das Herz wird müde,
Der Körper matt,
Doch frisch bleibt Geist und Sinn,
Wer den heiligen Geist zum Führer hat,

---

145 Vgl. Apk 17,6.

Und Jesus im Herzen drin,
Des Geist bleibt fest in Sturm u. Noth,
Wie in Leiden und Einsamkeit,
Der weichet kein Haar breit, wie man auch droht. –
5 Klar und fest – bis in Ewigkeit. Amen!
Den 16. Mai 1894[146]

–

Den 19. Mai.
10 Lieber die Schmach meines Heilandes tragen,[147]
Als mit Euch sein im Glanze der Welt.
Besser im Todeskampf zittern und zagen,
Als so zu leben, wie's Euch gefällt.[148]

15 Besser in Mühe, verachtet allein,
Als nach der Weise der Welt zu leben;
Besser als Irre gefangen sein,
Als dem Ird'schen mein Herz zu geben.

20 Nur nicht nach beiden Seiten hinken,[149]
Halb für sich und halb für den Herrn.
Nur nicht mit christlichem Namen sich schminken
Und sich selber leben so gern.

25 Ach, wie dürft ihr Euch Christen nennen,
Die ird'sches, alltägliches Leben geführt.
Glaubt es mir, Jesus wird Euch nicht kennen,
Wenn man Euch vor den Richterstuhl führt.[150]

---

146 Auch für dieses und das folgende Datum gilt, dass dazu keine weiteren Quellen bekannt sind.
147 Vgl. Hebr 12,2.
148 In den Versen dieses Textes scheint die Verfasserin ihre Familie, aber darüber hinaus auch ihr feindlich gesonnene Zeitgenossen zu adressieren.
149 Vgl. 1Kön 18,21.
150 Vgl. Röm 14,10; 1Joh 2,2.

Habt Ihr's denn nicht gehört und gelesen,
Was Gott vom Samariter[151] sagt?
Ist es Euch niemals klar gewesen,
Daß man einst nach der Brüder Seelen Euch fragt?

Wollt' das Gleichniß vom reichen Mann verstehen,
Bequem und verwöhnt bis an das Grab.
Kommt er täglich den armen Lazarus[152] sehen,
Dem er nur Brocken vom Ueberfluß gab.

Ihr geht, um eine Seele zu retten,
Auch nicht einen Schritt vom gewohnten Weg.
Das Hergebrachte schlägt Euch in Ketten,
Drum findet Ihr nicht den schmalen Steg.[153]

Lernt Jesu Wort und Beispiel verstehen,
Er ließ alles und ging in die tieffste Schmach.
Um zu retten, müßt gleiche Wege Ihr gehen,
Nennt Ihr Euch Christen – so folget ihm nach.

Jesus, mein König, mein Helfer, mein Heil,[154]
Ich bin ja dein mit Leib und mit Seele.
An deiner Herrlichkeit hab' ich einst Theil,
Wenn ich die Wege des Kreuzes erwähle.

—

Sprüche Salominis 24,11–12.
Haltet die zurück, die man zum
Tode führt mit zitternden Knieen.[155]

---

151 Vgl. Lk 10,29–37.
152 Vgl. Lk 16,19–31.
153 Vgl. Mt 7,13f.
154 Vgl. Sach 9,9.
155 In diesen beiden Zeilen wird nur Vers 11 aus der genannten Bibelstelle zitiert. Nach welcher Bibelausgabe Schimmelmann diesen Vers wiedergibt, konnte nicht geklärt werden.

Wo ist die Gemeinde der Heiligen noch,
Die streiten und überwinden
Von allen Leiden das Schwerste, doch
Ist diese nicht mehr zu finden.

Wo sind die Christen, die Glut und Blut
Offen fürs Zeugniß wagen?
Wo findet man Liebe, wo findet man Muth,
Und Christen, die Kampf noch vertragen?

Man zeugt unter Seinesgleichen gern,
Spricht von Bruderliebe viel;
Doch wo Märtyrer leiden, bleibt man fern,
Und spricht, „der Herr führt's zum Ziel."[156]

Man redet von Ruhe, gelegener Zeit,
Von „in Gottes Hände legen",[157]
Und läßt Gottes Zeugen allein im Streit,
Wenn sie wandeln auf offenen Wegen.

Man spricht von Schlangenklugheit gern,[158]
Von christlichem Dulden und Leiden,
Wo andere leiden für ihren Herrn,
Statt muthig für sie zu zeugen.

[...][159]

—

---

156 Vgl. Ps 138,8.
157 Vgl. Ps 31,6.
158 Vgl. Mt 10,16.
159 Von dem zwölfseitigen Druck fehlen in der uns vorliegenden Kopie die Seiten 8 und 9. Es ist von daher unklar, ob ein oder mehrere Gedichte fehlen oder eventuell nur Verse des vorangehenden und des folgenden Textes. In der Schleswig-Holsteinischen Landesbibliothek in Kiel gilt die Ausgabe als vermisst, ein Digitalisat ist nicht vorhanden. Wir danken Herrn Andreas Meyer vom Verlag Hinstorff für die Unterstützung bei

Und wie ihr war't mußt ich seh'n,
Doch was hatt' ich euch gethan?[160]

Ihr löstet jedes irdische Band,
Doch mein armes Herze ward frei
Und lernte bald, daß Jesus allein,
Die Quelle der Liebe sei.
Was habe ich euch gethan?

Und manche Jahre lebte ich dann
Eine glückliche Mutter der Armen,
Ich gab meines Herzens ganze Kraft
Der Liebe und dem Erbarmen.
Was habe ich euch gethan?

Kein freundlich Wort, kein Gruß von euch
Fiel je auf meinen Weg,
Nur ab und zu ein verleumdend' Wort
Wie ein Stein auf schmalen Steg.
Was habe ich euch gethan?

Und der Steg ward schmal und steil der Pfad
Doch frischen Geistes und Sinn
Zog ich meinen Weg, in der Seele Fried'
Und den Himmel im Herzen drin.
Was habe ich euch gethan?

Was ich an verlass'nen Kindern gethan
Trug mir jetzt die schönste Frucht,
Welch Sonnenstrahl, wenn Kindeshand

---

der Suche nach einer Ausgabe dieses Buches. Leider ist im Archiv in Rostock kein Exemplar der Gedichte Schimmelmanns vorhanden, Telefonat vom 27.8.2024.
160 Vgl. Mi 6,3. Diese anklagenden Fragen aus dem Prophetenbuch Micha wurden seit dem frühen Mittelalter in den Improperien der Karfreitagsliturgie aufgenommen.

Mir in Liebe zu helfen gesucht.
Was hatten sie euch gethan? –

Da kam eine plötzliche Botschaft von fern,
Ihr wolltet euch mit mir versöhnen,
Ich glaubt' es und eilte in euren Arm –
Wie konntet ihr mich so verhöhnen!
Was habe ich euch gethan? –

Ihr schließt mich in einen Kerker ein
Und übt dort den grausigsten Zwang,
Derweilen heuchelt ihr den falschen Schein
Als sei ich irrsinnig und krank!
Was habe ich euch gethan? –

Es stirbt der Körper, das Herz wird matt
Meine Häuser zerstört und verbrannt,
Mein Heim verlassen, die Armen zerstreut,
Meine Kleinen in schlechter Hand!
Was haben sie euch gethan? –

Um das bischen Gut, um das bischen Geld
Um das bischen Meinung und Lob von der Welt.
Könnt ihr unschuld'ger Seelen Mörder sein
Und übt soviel Lüge und Heuchelschein?
Was habe ich euch gethan?

Doch still mein Mund und klage nicht
Der allmächtige Gott übt selbst Gericht,
Er ist der Einsamen Helfer noch heut'
Der sie aus den Händen der Feinde befreit
Und seine Hand wird nicht ruhn!
Sie wissen es nicht, was sie thun. – –[161]
Oringe, April 1894.

---

[161] Vgl. Lk 23,34.

3. Stimmen zeitgenössischer Schriftstellerinnen, 1894 bis 1909

Laura Marholm:[1] Die Gräfin Schimmelmann, 1894

Durch die Dienstwilligkeit eines Nervenarztes gegen hochstehende Familienwünsche ist eine Persönlichkeit dem Klatsch ausgeliefert worden, die heute als ein solcher Anachronismus dasteht, daß der noch immer in Amt und Würden befindliche Dr. Pontoppidan vom Gemeindehospital in Kopenhagen an ihrem bloßen Vorhandensein sich die Hände reinwaschen könnte, wenn nicht von einer noch aufgeklärteren und leichtlebigeren Seite, dem Boulevardblatt „Politiken", ihm das Waschwasser weggezogen worden wäre.[2] Eine Dame wird wegen ihrer unzeitgemäßen Frömmigkeit[3] von ihrer um die Erbschaft besorgten Familie unter entgegenkommendster Hilfsbeflissenheit des leitenden Arztes in die Irrenabtheilung gelockt und durch geeignete Behandlung versuchsweise ins Irrewerden hinübergenöthigt. Unterdessen wird in der Welt der vernünftigen Interessen die Unmündigkeitserklärung über sie ausgesprochen, und da sie hartnäckig den Versuchen, sie verrückt zu machen, widerstrebt, wird sie, unter der Begründung, daß sie bereits ganz rasend sei, von dem der öffentlichen Aufmerksamkeit allzu

---

1   Zu Werk und Bedeutung Laura Marholms (1854–1928) s. S. 240 f.
2   Die Einzelheiten der hier von Marholm dargestellten Sachverhalte werden nicht eigens kommentiert; nur wenn sie abweichende Informationen bietet, wird darauf eingegangen.
3   Marholm zielt nicht auf Schimmelmanns Beeinflussung durch die Gemeinschafts- oder Heiligungsbewegung ab, sondern sieht die Gräfin, wie sie am Schluss des Artikels pointiert schreibt, als zu spät geborene katholische Heilige.

sehr ausgesetzten Gemeindehospital in Kopenhagen nach dem stillen und abgelegenen Vordingborg befördert, um hier ohne zu starke Mittel in den ihr zukommenden Zustand von Unmündigkeit hinübergelangen zu können. Unterdessen fügt der Himmel es so, daß der sonst nicht durch die Strenge seiner Grundsätze ausgezeichnete Gil Blas[4] Kopenhagens, das Blatt des auserwählten Volkes, „Politiken",[5] einer moralischen Aufrichtung dringend bedürftig wird. Da schickt ihm der huldvolle Himmel die Gräfin Schimmelmann und „Politikens" großer Reporter Cawling[6] wird ihr Ritter. Das Schwert dieser Ritterschaft hatte allerdings zwei Schneiden und es bedurfte der Gewandtheit eines Cawling, um es zu handhaben, ohne sich daran zu verwunden. Dr. Pontoppidan war Gratissimus des Magistrats, der noch immer seine eigene Löblichkeit mit der dieses Herrn identifizirt, – und die Gräfin, wenn sie auch für Dänemark optirt hatte, war eine ehemalige Hofdame aus dem noch immer nicht beliebten Preußen. Sie war überhaupt doch nur eine einzelne Dame ohne Verbindungen, und noch dazu in Feindschaft mit ihrer an Millionen und Einfluß reichen und mächtigen Familie.[7]

---

4   So lautete der Titel der von Auguste Dumont (1816–1885) gegründeten französischen satirischen Zeitschrift, die von 1879 bis 1914 regelmäßig erschien, bis 1940 dann noch in größeren Abständen.
5   Zur Kampagne der Politiken s. S. 120–210.
6   Der dänische Journalist Henrik Cavling (1858–1933) hatte bereits als Mitarbeiter bei der Zeitung Politiken gearbeitet, bevor er von 1905 bis 1927 deren Chefredakteur wurde, s. DBL biografiskleksikon.lex.dk (1.3.2024).
7   Während die Familie Schimmelmann in Dänemark auch noch gegen Ende des 19. Jahrhunderts große Bedeutung besaß, war dies aufgrund der völlig anders gearteten Struktur der beiden Länder in Deutschland nicht der Fall. Zwar verfügten einzelne Familienmitglieder über gute Beziehungen an den Hof nach Berlin, insgesamt aber spielte die Familiendynastie keine entscheidende Rolle in politischer oder finanzieller Hinsicht.

Die Gräfin Schimmelmann war allerdings auch Missionsdame, aber auf eine Weise, die den manchmal das Reich Gottes mit dem Reich der Welt so glücklich vereinenden Brüdern und Schwestern im Herrn nicht anheimelnd zu sein scheint; darum hören wir auch nichts davon, daß sie von ihrem gesunden Menschenverstand im Karpfenteich „Bethesda"[8] Zeugniß ablegen durfte, sondern sie mußte, um Das zu erreichen, zu so geringen Geliebten im Herrn[9] wie den Baptisten bei Aalborg[10] und den Methodisten in Kopenhagen[11] gehen. Denn nachdem die Gräfin mit dem Zeugniß des Dr. Helweg,[12] der nichts Krankhaftes an ihr entdecken konnte, aus Vordingborg entlassen worden und auch der Fürsorge ihres gräflichen Bruders, der sie zu ihrer Erholung in eine Privatirrenanstalt nach Kiel[13] schicken wollte, entronnen war, hatte sie ein erkläriches Interesse, der Welt zu beweisen, daß mit ihr nicht ganz so kurzer Hand fertig zu werden war, wie Dr. Pontop-

---

8 Vgl. Joh 5,1–15. Jesus vollzog am Teich Bethesda eine seiner Heilungen. Marholm verwendet diesen Hinweis in ironischer Manier.

9 Die Freikirchen wurden in der Regel von den lutherischen Kirchen ausgesprochen skeptisch betrachtet.

10 Mitte des 19. Jahrhunderts entstanden die ersten baptistischen Gemeinden in Dänemark, s. Et kirkesamfund bliver til. Danske baptisters historie gennem 150 ar, hg. von Jens Nørregaard und Hal Kochs Mindefond, Holbæk 1989.

11 1859 entstand die erste methodistische Gemeinde Dänemarks in Kopenhagen, 1866 wurde die Jerusalemkirche geweiht, s. *Erik Kyst*: Jerusalemskirken, Kopenhagen 1977.

12 Der Oberarzt der psychiatrischen Anstalt in Oringe, von der aus Schimmelmann entlassen wurde, spielt in den Kontroversen um die Beurteilung der psychischen Gesundheit Schimmelmanns eine zentrale Rolle, s. dazu die unten abgedruckten Zeitungsberichte.

13 Es könnte sich dabei um die 1845 von dem Arzt Peter Willers Jessen (1793–1875) am Rande Kiels eröffnete Psychiatrische Klinik Hornheim handeln. Die Klinik war auf wohlhabende Patienten ausgerichtet. Vgl. *Renate Feldmann*: Peter Willers Jessen (1793–1875). Eine Biographie, zugleich ein Beitrag zur Geschichte der Psychiatrie und der Irrenpflege in Schleswig-Holstein im 19. Jahrhundert, Diss. Uni Kiel 1983.

pidan und die besorgte Familie es sich gedacht hatten. Zu dem Zwecke gab sie eine kleine Broschüre: „Aus meinem Missionsleben"[14] heraus und ließ sich öffentlich in den erwähnten frommen Versammlungen hören.

Was sie da sagte, war nicht viel. Sie erzählte mit ihrer kleinen klaren Stimme und in den einfachsten Worten, wie sie zu Jesus gekommen war. Die Erzählung ist hundert anderen Bekenntnißreden gleich und man hat den Eindruck, daß die Gräfin sie mit Absicht auf dem Niveau ihrer Hörer hielt. Nur ein Zug ist von Interesse für das weibliche Gefühl dieser Frau, die neun Jahre hindurch Männerarbeit verrichtete. Sie erzählte, wie sie um die Liebe zu Jesu gerungen hatte, ohne daß sie sich von ihr erfüllt fühlte. „Ich hatte beschlossen Jesum zu lieben, ich quälte mich damit; aber es wurde nichts daraus, ich fühlte immer, daß ich ihn nicht genug liebte. Da, eines Tages, ging es mir auf, daß es nicht darauf ankäme, daß Du Jesum liebst, sondern, daß er Dich liebt. Wenn Du Das verstanden hast, daß Jesus Dich liebt, dann kommt es ganz von selber, daß Du ihn liebst."[15] Ich glaube, hier sind wir gleich in dem Mittelpunkt dieser Persönlichkeit; in dem weiblichen Bedürfniß, umfangen zu werden von einer Manneswärme, die sich hier zu der liebenden Wärme des Gottessohnes sublimirt. Sobald das Vorstellungsleben von diesem Besitz durchdrungen ist, ist Alles gut, das unerschütterliche innere Gleichgewicht ist da, das Weib in ihr ist be-

---

14 Marholm nennt hier den deutschen Titel der Schrift, die 1894 auf Dänisch erschien und, soweit bisher bekannt, nicht als selbständiges Werk ins Deutsche übersetzt wurde, s. S. 255f.
15 Dieser Passus zeigt inhaltlich große Übereinstimmung mit einem Abschnitt in Schimmelmanns Streiflichtern, S. 14f; es handelt sich aber nicht um ein wörtliches Zitat.

friedigt, gesundet, und ist gefeit gegen alle äußeren Schläge.[16]

Selten bekommt man Aufzeichnungen von einer Frau zu lesen, in denen Festigkeit, Klarheit, Willensstärke und Einheitlichkeit der Persönlichkeit Einem so ruhig und unmittelbar entgegentreten wie in dem kurzen Bericht über die letzten neun Jahre ihres Lebens, den die Gräfin gleich nach ihrer Loslassung aus Vordingborg, also nach einer sehr starken seelischen Erschütterung, veröffentlichte.[17] Man fühlt, wie sehr der Mann der nervös machenden Maßregeln, Dr. Pontoppidan, sich in der Behandlung dieser Frau verrechnet hatte. In dieser kleinen Broschüre steht Alles ruhig da, wie in Stein gegraben; ist diese Frau verrückt so ist sie es jedenfalls in einem Stil, für den das Gemeindehospital keine Heilmittel und keine Zellen hat. Viel eher könnte man meinen, daß sie nicht im Geringsten verrückt, sondern eine jener Persönlichkeiten sei, in denen die großen Menschheitstypen Körper annehmen. An Geist gewiß nicht überlegen, aber ausgestattet mit einem klaren, guten praktischen Verstand, einseitig und stark, mit einem bis zum Ueberfließen reichen Herzen, hat dieses Weib, das das weichliche Leben der großen Dame verschmähte, einen Drang nach den tiefen, mächtigen, gefahrvollen Ursensationen, in denen die lauten Pulsschläge des Lebens wie Hammerschläge klopfen. Diese Ursensationen wurden ihr nicht als Weib und Mutter zu Theil, vielleicht weil ihre Natur sie stärker forderte, als die Zeit sie zu geben hatte, aber sie fand sie, unvermuthet, in halbwilden Zustän-

---

16 Marholms Geschlechtertypologie, wonach die Frau auf den Mann ausgerichtet und angewiesen ist, galt schon zu ihren Lebzeiten als umstritten, s. *Brantly*: Marholm, S. 103–114, 151.
17 Gemeint sind die oben abgedruckten Aufzeichnungen des Tagebuchs, s. S. 39–78.

den, vor deren rauhen Schrecken jede andere Dame und Familientochter sich mit zimperlicher Aengstlichkeit geflüchtet hätte.

Der bekannte Pastor und Erbauungsschriftsteller Otto Funcke hatte schon im Jahre 1890 ein warmes und ehrlich ergriffenes Bild von der seltsamen Wirksamkeit der Gräfin auf Rügen gegeben.[18] Er hatte sie, eine schöne dreißigjährige Dame, die Hofdame der verstorbenen Kaiserin Augusta, schon 1886 bei einem Vortrage, den er im Architektenhause zu Berlin an einem sogenannten Theeabend hielt, kennen gelernt. Die Gräfin kam nach dem Vortrag in großer Aufregung zu ihm. Sie erzählte ihm, sie sei nun dreizehn Jahre bei Hofe und fühle sich mit jedem Jahre unbefriedigter. Durch seine Worte habe er es ihr endlich ganz klar gemacht, wie leer dies Leben sei und daß sie jetzt wirklich Etwas thun müsse, um ihren Mitmenschen zu helfen. Aber Pastor Funcke verstand sich auf Hofdamen. Er hörte gefällig zu, glaubte aber in seinem Herzen gar nicht daran, daß diese elegante, leidend aussehende Dame mehr Ernst aus ihren Exaltationen machen würde als andere leidende Hofdamen.

Vier Jahre später weilte der gute Funcke in Saßnitz auf Rügen. Während er mit seiner Familie beim Essen saß, schickte eine Gräfin Schimmelmann ihre Karte hinein. Als er hinaustrat, stand vor ihm die ehemalige Hofdame der Kaiserin Augusta, sehr verändert, glücklich und zufrieden, gesund und frisch aussehend. Sie forderte ihn auf, die Arbeit zu sehen, die der Herr ihr in seinem Weinberg[19] angewiesen habe. Er macht sich auf und fährt nach Göhren und besucht sie in ihrer

---

18 Im Folgenden gibt Marholm den Inhalt von Funckes Darstellung wieder, s. S. 7–38.
19 Vgl. Mt 20,1–16.

Villa, die sie sich am Südstrand gebaut hat –: Küche und drei kleine Zimmer, das kleinste, ihr Schlafzimmer, nicht größer als eine Kajüte zweiter Klasse. Hier lebt sie als Pflegerin und Mutter von pommerschen Fischern im Kampf mit der ganzen Bevölkerung der Umgegend, die die Eindringlinge nicht dulden will, seitdem sie Gratisverpflegung bei der Gräfin erhalten und ihren Verdienst nicht mehr in die Wirthshäuser und zu den Bauern tragen. Es sind sehr arme Leute, verwildert und roh, vom Februar bis November kaum an Land, außer um Nahrungsmittel zu kaufen, was sie meist in Göhren und auf der Greifswalder Oie zu thun pflegen. Da die pommersche Küsten- und Landseefischerei verpachtet ist, müssen sie weit hinaus auf die hohe See, in schlechten Böten, in denen sie unter offenem Himmel schlafen und wochenlang ganz leben. Die Gräfin hat ihnen auf Göhren ein Fischerheim gebaut, wo sie oft zu mehreren Hunderten sich versammeln; ein eben solches hat sie ihnen auch auf der Greifswalder Oie errichtet. Sie erhalten da Essen und Kaffee, aber keinen Tropfen Branntwein, Bier oder sonstige berauschende Getränke. Dagegen liest die Gräfin ihnen vor, hält Morgen= und Abendandacht, erlaubt ihnen, Domino und andere unschuldige Spiele zu spielen, und hält die dazu Geeigneten während der beschäftigungslosen Wintermonate zu Tischlerei etc. an. Um sich herum hat sie drei kleine Buben, kranke Kinder verkommener Fischer, die sie herausgepflegt hat, die barfuß und barhäuptig in der Villa aus= und einrennen und an denen sie Mutterstelle vertritt.

Funcke sah und hörte das Alles mit Staunen. Sein gutes christliches Herz wurde sehr ergriffen, er schrieb einen schönen Artikel darüber und rief alle christlichen Leute zur Geldunterstützung des Unternehmens der Gräfin auf, die selbst nur ihre Renten hergeben konnte. Es geschah denn auch recht viel, auch von Seiten der

Regirung, aber dieses Hineinregiren konnte die Gräfin Adeline nicht leiden. Denn sie war selbst sehr regirungstüchtig.[20]

Nun wird man fragen – und ich glaube, darin summirt sich hauptsächlich die Auffassung ihrer Familie von ihrem gestörten geistigen Zustande und der Anstoß, den sie – wenn man Dr. Pontoppidan glauben darf – auch ihrer verstorbenen gräflichen Mutter gegeben hat – nun wird man fragen: wie kam diese durch Schönheit ausgezeichnete, noch junge, der höchsten und verwöhntesten Lebenssphäre angehörige Dame dazu, sich gerade einer verwilderten Fischerbande von Männern in ihrem besten Alter anzunehmen, ihretwegen zwischen Göhren, der Greifswalder Oie und der pommerschen Küste mit geistlicher und leiblicher Nahrung in Sturm und Wetter einherzusegeln, dabei immer seekrank zu werden und am Land einen fast lebensgefährlichen Kampf mit erbitterten Wirthshaushältern zu bestehen, die durch das gräfliche Bönhasenthum[21] auf ihrem privilegirten Nahrungsgebiet zum Bankerott getrieben wurden? Es hätte sich für sie jedenfalls doch viel besser geschickt, wenn sie z.B. ein Sommersanatorium für bleichsüchtige Näherinnen in Göhren eingerichtet oder einen Kindergarten an der pommerschen Küste gegründet hätte.[22]

---

20 Mit dieser Beschreibung trifft Marholm einen Wesenszug Schimmelmanns, der auch von anderen Zeitgenossen beobachtet wurde, mal in freundlicher Weise, mal eher kritisch.
21 Mit dem niederdeutschen Begriff „Bönhasen" wurden Arbeiter bezeichnet, die heimlich, d.h. ohne Genehmigung der Zünfte, oft auf Dachböden (Bön/Böhn) arbeiteten, vgl. Hamburg-Lexikon, hg. von Franklin Kopitzsch und Daniel Tilgner, Hamburg 2010, S. 100.
22 Hier zeichnet Marholm etwas karikierend die typischen Betätigungen bürgerlicher und adliger Frauen nach, von denen Schimmelmann sich ausdrücklich abgrenzte, s. Streiflichter, S. 57, 100; vgl. *Wettstein*: Lebensbild, S. 98f.

Wollte man die Gräfin darum fragen, so würde sie wahrscheinlich antworten: Das hat mir mein Jesus nicht eingegeben. Und damit hat es auch für den Nichtgläubigen seine psychologische Richtigkeit. Es war ein Zufall, der der allgemeinen gebundenen Disposition der Gräfin die Richtung gab.

Durch einen vorausgesandten Koffer, der fälschlich die Richtung nach Göhren genommen hatte, kam sie dorthin. Eines Sonntagmorgens sah sie eine Schaar Fischer ans Land steigen und von Haus zu Haus, von Hotel zu Hotel wandern, um Lebensmittel zu kaufen. Die ungebetenen Gäste wurden überall unwillig abgewiesen. Das konnte die Gräfin nicht ansehen. Ihre Köchin mußte einen großen Kessel Kartoffeln und Fleisch kochen, und als Das nicht hinreichte, schickte sie noch ihre eigenen Eßvorräthe hinunter an den Strand. Da sie als Holsteinerin plattdeutsch konnte, unterhielt sie sich mit den Leuten, erfuhr ihre Lebensweise und so fing Alles an. Und als es erst einmal angefangen hatte, nahmen die hunderttausend Bedürfnisse dieser zahlreichen Menschenklasse sie mehr und mehr und bald völlig in Anspruch.

Die Gräfin hat sich dabei nicht aufgeopfert. Sie hatte blos den Wirkungkreis gefunden der ihrer einfach und groß angelegten starken Seele entsprach. Ueber ihre Fischer herrschte sie als Mutter und Königin und die unverhohlene bewundernde Verehrung dieser rauhen Kerle war ihr sicher ein besseres Ruhekissen als ein atlasnes Bett.[23] Es war keine kleine Leistung, daß sie diesen berufsmäßigen Branntweintrinkern jeden Tropfen Alkohols versagen durfte, und es wäre auch nicht möglich gewesen, ohne jene andere Stimulanz, die sie ihnen statt Dessen gab: das von ihr geleitete Singen

---

23 Vgl. S. 52.

und Beten.[24] Uralte dunkle Erinnerungen mögen in diesen von aller Kultur und ihrer Simpelei abseits lebenden Menschen wach geworden sein vor dieser Priesterin, die ihr Phantasieleben wieder weckte und ihm die Richtung gab. Sie lebte mit ihnen, theilte ihr Hab und Gut mit ihnen, schrieb für sie Eingaben an die Regirung, aß mit ihnen und hungerte mit ihnen, wenn die Lebensmittel ausgegangen waren, – und stand doch immer über ihnen, wie ein fremdes, halb gefürchtetes, halb abergläubisch verehrtes Geschöpf.

So gut sie aber mit ihren Fischern auskam, so schlecht kam die Gräfin Adeline mit dem zu ihrer Unterstützung gebildeten Comité[25] und mit der Regirung aus. Die Maßregeln der Regirung fand sie nur den Zwischenhändlern, nicht den Fischern dienlich und die frommen Seminaristen, die das Comité ihr beiordnete, erwiesen sich als eben so untauglich, wie ihr die zu errichtenden Bierhäuser zuwider waren. Wenn ihre Fischer erst einmal wieder zu trinken anfingen, gleichviel was, – wie sollte sie sie künftig dann noch regiren?

Neben der Gräfin klarer, sachlicher Darstellung ihrer Thätigkeit zwischen den Fischern erscheint Funckes gerührte Schilderung verschwommen und süßlich.[26]

---

24 In ihren autobiographischen Aufzeichnungen beschreibt Schimmelmann dieses Singen mit den Fischern, s. Streiflichter, S. 36. Vor allem die Lieder des amerikanischen Evangelisten und Sängers Ira Sankey (1840–1908) erfreuten sich nach ihren Aussagen großer Beliebtheit, s. dazu *Holthaus*: Heil, S. 518 f.

25 Vgl. dazu die letzten Passagen im Bericht Funckes von 1892, s. S. 36–38. Schimmelmann erhebt in ihren Streiflichtern schwere Vorwürfe gegen dieses Komitee, ohne dabei den Namen Funckes zu nennen, s. Streiflichter, S. 46 f.

26 Gemessen an modernen Literaturtendenzen der Jahrhundertwende erscheint Funckes Sprache in der Tat als Signum vergangener Zeiten. Er selber legte großen Wert darauf, nicht die sog. Sprache Kanaans zu verwenden, eine fromme Insider-Sprache, s. *Funcke*: Fußspuren, S. 296.

Sie behandelt ihn in ihren Randglossen auch ein bisschen von oben herab, – wie einen überflüssigen Literaturmenschen.[27] Die zweite Hälfte ihres Buches, von dem sie eine Fortsetzung verspricht, da sie gerade diesmal nicht Zeit gehabt hat, weiter zu schreiben,[28] enthält eine sehr interessante Schilderung ihres Auftretens unter den aufständischen Arbeitslosen in Berlin N. im Winter 1891/92.[29] Sie scheint gewissermaßen die Geschichtsschreiberin jener Tage zu sein, von denen man da, wo Geschichte geschrieben wird, so gar nichts weiß.[30] Sie entsetzte sich vor diesem Pöbel, gegen den ihre Fischer weiße Lämmlein waren und den die Polizei selbst als den schlimmsten Berlins bezeichnete; aber sie fuhr doch mitten hinein, trotzdem vor ihr ein anderer Wagen umgeworfen worden war und die herauskriechenden Insassen mit Faustschlägen zurückgetrieben wurden. Sie stieg aus mit ihren beiden Fischerknaben, gerade als ihrem Wagen dasselbe Schicksal bereitet werden sollte, und da sie nicht wußte, was thun, fing sie an, Geld auszutheilen. Als sie keins mehr hatte, bot ihr der Droschkenkutscher sein eigenes an. Während der ganzen Zeit betete sie innerlich und fühlte keine Spur von Furcht. „In diesem Augenblick verstand ich, wie die Märtyrer furchtlos in

---

[27] Im Gegensatz zur Kritik Marholms stehen das umfangreiche gedruckte Werk Funckes sowie die vielen Auflagen seiner Schriften. Zudem galt er als beliebter Redner bei vielen Veranstaltungen.
[28] *Schimmelmann*: Af mit Missionsliv, S. 64.
[29] Vgl. das Kapitel über ihren Aufenthalt in Berlin in den Streiflichtern, S. 46–56.
[30] Der Norden Berlins gehörte zu den Gebieten, in denen sich gegen Ende des 19. Jahrhunderts Industriebetriebe und damit auch zahllose Arbeiter ansiedelten. In der Zeit von den 1870er Jahren bis zum Beginn des 20. Jahrhunderts verdoppelte sich die Bevölkerung, auch durch Erweiterungen des Stadtgebietes, auf 2 Mill. Einwohner. Zur sozialen Lage der Arbeiterschaft vgl. *Axel Weipert*: Das rote Berlin. Geschichte der Berliner Arbeiterbewegung 1830–1934, Berlin 2013.

den Tod gehen konnten."[31] Um sie herum waren Fenster eingeschlagen, Läden gestürmt und Eßwaaren ausgeräumt worden. Sie sah abgezehrte, kummervolle Gestalten, aber auch Gesichter von bodenloser thierischer Roheit um sich herum. Da, in ihrer Noth, als kein Geld mehr zu vertheilen war, fing sie an, zu reden. Es muß einer ihrer großen Augenblicke gewesen sein. Denn während sie redete und dieser ungläubige Berliner Pöbel sie von Jesus predigen ließ, fühlte sie, wie sie selbst sagt, daß das Weib, das sich ganz hingiebt, durch eben diese seine Weiblichkeit eine Macht und Hoheit erhält, „die es erhebt zur Mithelferin der Engel".[32]

Sie griff wieder zu ihrem alten Auskunftmittel,[33] der Möbeltischlerei. Ein Lokal wurde ihr für ihre Arbeitlosen eingeräumt und sie war selbst, unterstützt von der Gräfin Zedlitz, der Tochter des damaligen Kultusministers,[34] vom Morgen bis zum Abend unter ihnen, die Muster zum Ausschneiden auf das harte Holz zeichnend, bis ihr das Blut aus den Fingern sprang. Als sie aber durch die Ueberredungen ihrer Weiblichkeit ihre

---

31 Hier zitiert Marholm aus *Schimmelmann*: Af mit Missionsliv, S. 60; Streiflichter, S. 53.
32 Funcke schließt seinen oben abgedruckten Bericht mit einer ähnlichen Aussage, unter Bezug auf Lk 15,7, s. S. 38.
33 Einnahmequelle.
34 Robert Graf von Zedlitz-Trützschler (1837–1914) war nur für wenige Monate 1891/92 preußischer Kultusminister. Er scheiterte mit dem Versuch, ein christlich-konservatives Schulgesetz umzusetzen, s. *Thomas Nipperdey*: Deutsche Geschichte 1866–1918. Arbeitswelt und Bürgergeist, München 1990, S. 535f. Zedlitz gehörte zu den Personen, die das Komitee der Stiftung bildeten, die das Privatvermögen Eva v. Tiele-Wincklers im Sinne ihres Werkes in Miechowitz verwaltete, s. *Thieme*: Mutter Eva, S. 121. Vermutlich handelt es sich bei der erwähnten Gräfin Zedlitz um eine der Töchter des Grafen, Elisabeth Ulrike (1864–1925), die Diakonisse im Betheler Mutterhaus Sarepta wurde. Gräfin Zedlitz und Eva v. Tiele-Winckler waren seit ihrer gemeinsamen Zeit in Bethel miteinander befreundet, ebd., S. 64.

Berliner Proletarier so weit hatte, daß sie sich herbeiließen, ein frommes Lied zu singen, da kam der Wirth herein und kündigte ihr das Lokal, weil er als echter Berliner von keiner Muckerei[35] in seinem Hause wissen wollte. Die Polizei, die sie anrief, konnte ihr auch nicht helfen. Da erbarmte sich ein anderer, weniger intoleranter Mann, – und sie und ihre Arbeiter waren wieder gerettet.

Nach einem solchen Tag kehrte sie heim in das „Christliche Hospiz",[36] wo sie wohnte, und hörte einige vornehme christliche Damen von einem erschütternden Stücke über die Arbeitlosen erzählen, das sie gesehen oder gelesen hatten (Hauptmanns „Weber"?[37]) und das sie ihr gleichfalls zu sehen oder zu lesen zur moralischen Pflicht machten. Nebenan im großen Saal predigte ein bekannter Geistlicher über das Thema: warum Jesus auf keinem Esel, sondern auf einem Eselsfüllen[38] ritt. „In der Gemüthsstimmung, in der ich heimgekehrt war," sagt sie, „konnte ich Das nicht länger aushalten; ich blieb nicht zum Abendgebet. Ich ging hinauf in mein Zimmer und hielt es da mit bittern Thränen."

So wie sie dasteht, in den ungewohnten strengen Linien ihrer großen Weibspersönlichkeit, hält man die

---

35 Heuchlerei, Schwärmertum. Dieser Begriff wurde auch für Pietisten unterschiedlicher Couleur verwendet.
36 Mit großer Wahrscheinlichkeit ist das 1889 in der Wilhelmstraße 34 im Zentrum Berlins gegründete Hospiz St. Michael gemeint, das im Zusammenhang mit der CVJM-Arbeit in Berlin entstand. Geleitet wurden die Berliner CVJM-Arbeit sowie das Hospiz von Eberhard von Rothkirch (1852–1911), s. *Ulrich von Hassell*: Eberhard von Rothkirch und Panten. Ein Lebensbild nach Briefen und Aufzeichnungen, Berlin 1912. Zu dem Gebäude s. Berlin und seine Bauten, Bd. III, S. 278. Hans Werner von Tiele-Winckler führt seine Bekehrung auf einen Besuch in diesem Haus zurück, s. *Tiele-Winckler*: Denksteine, S. 31–34.
37 Gerhart Hauptmanns (1862–1946) wichtigstes Werk Die Weber war erst 1892 im Druck erschienen und wurde nach anfänglichen Verboten 1894 in Berlin öffentlich aufgeführt.
38 Vgl. Mt 21,1–11.

Gräfin bei atheistischen und deistischen Protestanten für eine Verschrobene. Selbst Die, auf welche die Ganzheit ihres Wesens unmittelbar wirkt, getrauen sich kaum, ihr zu glauben. Ich war tief ergriffen von ihrem Buch und las meiner oberbayerischen Haushälterin Etwas daraus vor, ohne mich auf Kommentare einzulassen. Sie hörte stumm zu, und als ich ein Blatt umwandte, fuhr es ihr heraus: „Die wäre ja wie a Heilige verehrt worden, wann's dohoam bei uns gwesen wär!"

Ich glaube, die trafs. Ein paar Jahrhunderte früher und katholische Nonne – dann wäre die Gräfin Schimmelmann kanonisirt worden.[39]

Stege in Dänemark.[40]

Amalie Skram:[41] Im Irrenhause (Professor Hieronymus). Roman, Leipzig 1895[42]

Kap. XVI[43]

[...] Am Nachmittag, als Else[44] auf den Zellengang hinauskam, wo sie auf- und niedergehen durfte, entdeckte sie, daß in der letzten Zelle eine neue Patientin lag,

---

39 Marholm konvertierte 1898 zur katholischen Kirche, s. *Brantly*: Marholm, S. 150.
40 Hauptort der Insel Møn.
41 Die von Schimmelmann auch in ihrem Tagebuch erwähnte Schriftstellerin, s. S. 53 f., spielt ebenfalls in den Zeitungskontroversen eine wichtige Rolle; von ihr werden mehrere Erklärungen abgedruckt. Ob Schimmelmann später mit ihr noch einmal direkten Kontakt aufnahm, ist nicht bekannt. Amalie Skram verbrachte 1894 selber mehrere Wochen im Kommunehospital und wurde dort von Pontoppidan behandelt. Vgl. S. 242 f.
42 Hier werden nur die Abschnitte von Skrams Roman wiedergegeben, in denen die Komtesse vorkommt, die große Ähnlichkeiten mit Adeline Schimmelmann aufweist.
43 Die Handlung des Romans beginnt mit der Skizzierung der Lebensumstände der Hauptfigur. Die Malerin Else Kant befindet sich nach der Geburt ihres ersten Kindes in einer Schaffenskrise und fühlt sich mit

eine Dame, die trotz ihrer Hospitaljacke, den weißen wollenen Decken des Zellenbetts und den groben Kissenbezügen einen durchaus feinen, vornehmen Eindruck machte. Sie lag ganz still und sah mit einem versteinerten Blick vor sich nieder, während die Thränen ihr langsam und unaufhörlich über das unbewegliche, vom Weinen angeschwollene Antlitz rannen. Das junge Mädchen mit dem schweren Kopf war in die Zelle hineingeschwankt und betrachtete neugierig die neue Patientin, während die Großmutter sich plaudernd über sie beugte. Die weinende Dame aber achtete nicht auf sie. Erst als die Wöchnerin plötzlich zu ihr hereingestürzt kam, ihren gewöhnlichen hohlen Jammerschrei ausstoßend, fuhr sie erschrocken zusammen und sah sich nach Hilfe um. „Wer ist das?" fragte Else die Pflegerin, die kam, um die Wöchnerin zu holen. „Eine Komtesse." „Ist sie gestört?" „Ja, das glaube ich. Sie wurde in einem Hotel festgenommen, wo sie mit einem geladenen Revolver umherging, und nun glaubt sie, daß sie in die Hände von Anarchisten gefallen ist." „Wer sollte glauben, daß das eine Wahnsinnige ist, so vernünftig – verzweifelt wie sie da liegt," dachte Else, die jedesmal, wenn sie auf ihrer Wanderung an der Thüröffnung der Komtesse vorüber kam, ungeniert hineinsah. Die Ärmste, – „sie hat doch wohl ihren Revolver nicht bei sich?" fragte sie plötzlich, ganz erregt vor Thorgren[45] stehen bleibend. „Ja, sie hat sogar zwei!" antwortete Thorgren lachend, und fügte dann hinzu: „Nun hab' ich Sie doch wirklich einmal lächeln sehen,

---

allem überfordert. Auf Anraten ihres Ehemannes Knut und eines befreundeten Arztes begibt sie sich freiwillig in eine geschlossene psychiatrische Station, um vor allem ihre Schlaflosigkeit behandeln zu lassen. Sie leidet dann jedoch unsäglich unter den Einschränkungen, die ihr dort auferlegt werden.
44 Die Protagonistin Else Kant.
45 Eine der Krankenschwestern der Station.

Frau Kant. Ich ruhe nicht, bis ich Sie zum Lachen gebracht habe." „Nein," sagte Else zu sich selber. „Ich will diese arme, unglückliche Komtesse nicht mehr angucken. Sie sieht jedesmal, wenn ich vorübergehe so
5 schmerzlich vorwurfsvoll zu mir herüber. Auch den Geisteskranken gegenüber soll man zartfühlend sein."
[…][46]

Kap. XIX
10 Else ging in ihrem Zimmer auf und nieder. Durch die offene Thür hatte sie die Komtesse gesehen, die groß und stattlich in ihrem feinen, schwarz-wollenen mit schwarzen Spitzen besetzten Kleid, die Arme übereinander gekreuzt, in der Flügelthür nach dem Zel-
15 lengang stand. Else hatte mehrmals mit ihr gesprochen und Trost aus ihrem sanften, ruhigen Wesen geschöpft. Heute aber befand sie sich in einer so fieberhaften Spannung, daß sie am liebsten allein sein wollte. Der Assistenzarzt hatte ihr versprochen, mit Knut zu
20 reden.

Die arme Komtesse! Else konnte nicht begreifen, daß ihrem Verstand etwas fehlen sollte. Ja, anfänglich hatte sie es geglaubt. Die Geschichte, die die Komtesse erzählt hatte, klang gar zu unmöglich. Mit List und
25 Gewalt war sie von Hieronymus[47] und einem Verwand-

---

46 Im weiteren Verlauf des Kapitels werden die Gespräche geschildert, die Else Kant mit anderen Patientinnen führt. Skram beschreibt die Frauen dieser Abteilung als eine Art von Solidargemeinschaft, die sich gegenseitig unterstützt.

47 Hinter dieser Romangestalt ist unschwer Knut Pontoppidan zu erkennen. Aufgrund der Psychiatrieskandale musste Pontoppidan 1897 seinen Posten im Kommunehospital räumen und arbeitete ab 1898 in Aarhus als Arzt und Psychiater weiter. Im aktuellen Artikel des DBL wird nur auf seine Rechtfertigung im Fall Skram verwiesen, Schimmelmann wird nicht erwähnt, biografisk leksikon.lex.dk (1.3.2024). Er wehrte sich mit seinem Buch: 6te Afdelings Jammersminde, Kopenhagen 1897. Das Buch wird etwa prominent unmittelbar nach seinem Erscheinen besprochen

ten ins Hospital hineingelockt, und dann hatte man ihr plötzlich mitgeteilt, daß sie als Geisteskranke festgenommen sei und nun zu Bett solle. Und sie kannte keinen andern Grund als den, daß ihre Angehörigen sie nicht leiden konnten, weil sie das Christentum ins praktische Leben überführte und zwei kleine Fischerkinder adoptiert und ihnen in ihrem Testament einen Teil ihres Vermögens vermacht hatte. Und dann war da die Pistole, von der Thorgren erzählt hatte. Diese Pistole hatte die Komtesse unbehelligt seit zweiundzwanzig Jahren besessen. Und ein weißes Pulver in einer Schachtel, das man für Gift gehalten, das aber nur ganz gewöhnlicher Puder war. Auch hatte sie während eines Zeitraums ihres Lebens bei Licht geschlafen, und werde beschuldigt, an Angst vor Anarchisten zu leiden.

Ja, die Geschichte klang höchst sonderbar. Und Else hatte sie teilweise für Hirngespinst gehalten. Aber von den Pflegerinnen hatte sie dann später keine andern Gründe, als die von der Komtesse angeführten, für deren Aufenthalt hier im Hospital erfahren können.

„Kommen Sie, bitte, ein wenig zu mir herein!" Else, die auf ihrer Wanderung vor dem Fenster begriffen war, wandte sich hastig um. In der Thür stand die Komtesse mit dem leidenden Gesicht und den tiefblauen, milden Augen. Das braune Haar umrahmte die Stirn in kleinen, weichen Wellen und bedeckte die Schläfen bis an die Ohren. Sie gingen in das geräumige Zimmer, das neben Elsens Stube lag. Es war für die Komtesse eingerichtet und enthielt zwei Betten, und

---

in der Zeitung København, 31.1.1897, S. 1f. Bis Anfang Februar 1897 berichteten dänische Zeitungen über dieses Buch und seine Bedeutung. Pontoppidan setzt sich darin mit Skram auseinander, Brun und Schimmelmann kommen, auch in den Zeitungsnotizen über diese Neuerscheinung, nur am Rande vor.

zwischen den hohen Fenstern mit den kleinen Scheiben, die wie ein eisernes Gitter wirkten, stand ein Sofa mit verschlissenem, schwarzen Damastbezug. Außer dem waren da noch ein Tisch und ein alter Lehnstuhl. „Wie denken Sie eigentlich über den Professor?" fragte die Komtesse, als sie Platz genommen hatten. „Ich habe gar keine Ansicht über ihn", erwiderte Else traurig. „Ich verstehe ihn nicht." „Aber er muß sich doch überzeugen lassen, nicht wahr? Er muß doch merken können, daß es lauter Hirngespinste sind, – diese ganze Sache mit meinem Wahnsinn!" „Ja, man sollte es glauben. Aber Gott mag es wissen!" „Er muß sich überzeugen lassen! Die Kraft des Wortes Gottes soll ihn überzeugen." „Können Sie wirklich mit ihm sprechen? Ich bin dazu nicht im stande." „Freilich kann ich das das," erwiderte die Komtesse. „Ich glaube an den Mann. Er ist kein wahrer Christ, aber er ist ein ehrlicher Mensch. Das glaube ich, das muß ich glauben." Die Komtesse faltete krampfhaft die Hände und sandte einen Blick gen Himmel. „Ach, hätte ich doch nur meine Bibel!" „Können Sie denn nicht um eine Bibel bitten?" „Sie können sich doch wohl denken, daß das das erste war, um das ich bat, aber ich habe keine bekommen. Möchten Sie nicht auch gern eine Bibel haben?" „Ach, ich weiß nicht recht," sagte Else, während ein tiefer Seufzer sich ihrer Brust entrang. „Sie glauben aber doch an Gott?" Else nickte. „Und an Jesus Christus?" Else nickte wieder. Sie fand es nicht an der Zeit hier eine längere Erklärung ihres Unglaubens abzugeben. Und dann wollte sie diese herzensgute Dame ungern betrüben. „Dann wollen wir zusammen beten. Wo zwei oder drei versammelt sind in meinem Namen, da bin ich mitten unter ihnen."[48] – Nun wollen wir beten, daß

---

48 Mt 18,20.

Sie von ihrem Zahnschmerz befreit werden. Wir wollen gleichzeitig alle beide beten. Ach, ich habe Sie über Nacht gehört, wie Sie jammerten. Und die Deliristen! – Aber stellen Sie sich nur vor, ich schlief trotzdem. Nicht die ganze Nacht, aber doch ein wenig!" „Glücklich, wer schlafen kann", erwiderte Else. „Das ist Gottes Kraft und Gnade. Ich lege mich jeden Abend in Jesu Arme, und dann bin ich von allem Übel erlöst. Das sollten Sie auch thun!" „Ja", seufzte Else. „Haben Sie noch keine Aussicht, Ihren Mann zu sehen?" „Nein, aber heute hat mir der Assistenzarzt versprochen, mit ihm zu reden. Sobald mein Mann ordentlichen Bescheid erhält, kommt er unverzüglich!" Else fühlte, wie die Hoffnung sie warm durchrieselte. „Ja, es ist sonderbar, daß Sie hier sind", sagte die Komtesse grübelnd. „Dies ist ja ein Ort für Wahnsinnige und Verbrecher. Ich begreife übrigens nicht, daß Sie da draußen auf dem Gang herumgehen mögen. Heute stand ich eine Weile in der Thür, und ich habe schrecklich gelitten bei dem bloßen Anblick der Ärmsten." „Es ist ja eine Art Zerstreuung", meinte Else. „Jetzt kennen Sie mich alle, und einige von ihnen lächeln, wenn sie mich sehen." „Nein, ich begreife es nicht!" rief die Komtesse aus und schlug die Hände zusammen. „Ich, die ich nie im Leben die geringste Anlage zu Nervosität gehabt habe. Und mein Arzt. – Ich habe gebetet, ob mein Arzt mich nicht besuchen dürfe, aber das wurde mir verweigert. Können Sie das verstehen? Ja, wenn ich meinen Gott nicht hätte, so würde ich allen von dem Grübeln wahnsinnig. Aber Gott ist meine Stütze!"[49] [...]

---

[49] Ps 28,7; 118,14 u.ö. Im Rest des Kapitels schildert Skram das Warten der Protagonistin auf einen Besuch ihres Ehemannes, der jedoch von den Ärzten verhindert wird.

Kap. XXXVI

[...] „Ich lasse mich also unter dem allerenergischsten Protest von meiner Seite nach St. Jörgen[50] führen. Sie sind mein Zeuge. Denn es ist verkehrt, daß man mich dahinschickt." [...] Dann zog Else ihr Überzeug an. Sie nahm Abschied von der Komtesse und den Pflegerinnen, die sie alle küßte, und denen sie ihren Dank aussprach. [...] Vor der Treppe hielt ein Wagen mit zwei Pferden bespannt, und zwei Krankenwärter saßen auf dem Bock. Neben dem Wagen stand eine freundliche alte Frau, die Else während der langen Fahrt nach dem Hospital bewachen sollte. [...] Und dann befand sie sich endlich auf dem Wege zu ihrem neuen Gefängnis.[51]

Anna de Savornin Lohman:[52] Erinnerungen, Amsterdam 1909

V. Berlin [...][53]

Gräfin Schimmelmann, eine in deutschen christlichen Kreisen bekannte Persönlichkeit, mit der wir in Berlin in einer Pension wohnten,[54] schlug meinem Vater[55]

---

50 Aus Skrams Biographie lässt sich entnehmen, dass sie von Kopenhagen in die Psychiatrie St. Hans in Roskilde verbracht wurde, die wie die Anstalt Oringe direkt am Meer lag.
51 Mit diesem Satz endet Skrams Roman, nachdem die Hauptfigur 25 Tage auf der Station des Kopenhagener Kommunehospitals verbracht hatte.
52 Zu ihrer Person s. S. 243f.
53 Savornin Lohman reiste nach der Rückkehr aus Surinam mit ihrem Vater u. a. nach Berlin, um für beide eine Beschäftigungsmöglichkeit zu finden. Da die Autorin in Surinam in engeren Kontakt zu den Herrnhutern gekommen war, besuchten sie vor ihrem Aufenthalt in Berlin zunächst Niesky und Herrnhut in der Hoffnung, dort eine Anstellung an einer Schule o. ä. für Anna zu finden. Allerdings zerschlugen sich diese Hoffnungen.
54 Es dürfte sich um das Hospiz St. Michael in der Wilhelmstraße handeln, s. S. 101.

vor, mit ihr auf die Insel Rügen zu gehen, wo sie eine
Mission unter den Fischern begonnen hatte. Aber alles,
was er und ich von dieser eigentümlichen ehemaligen
Hofdame der verstorbenen Kaiserin Augusta, der Gemahlin Kaiser Wilhelms I., sahen, war so, dass wir
bald mehr als genug von ihr hatten und das Privileg
ihrer Gesellschaft höflich ablehnten. Anfangs machte
sie, eine immer noch stattliche und hübsche Frau,
trotz ihres Übergewichts und ihrer etwas verwahrlos-
ten Kleidung einen alles andere als unvorteilhaften
Eindruck. Ich sehe sie noch vor mir, wie sie bei der
Weihnachtsfeier, die im Gästehaus gemeinsam und
mit einem Gottesdienst gefeiert wurde, zu spät kam –
Später sah ich, dass sie immer zu spät kam, absichtlich
oder gedankenlos, wie es ihr gefiel. An der Hand hielt
sie zwei kleine Jungen in Matrosenkleidung,[56] die sie
„adoptiert" hatte, arme Fischerkinder, mit denen sie
so sonderbar umging, dass sich die ganze Pension zu
Recht über die Vernachlässigung dieser unglücklichen
Geschöpfe ärgerte. Wenn sie ausging – und das tat sie
fast den ganzen Tag –, um zu predigen, bei bekannten
Predigern zuzuhören oder Besuche zu machen, – dann
waren diese sechsjährigen Jungen allein in ihren Zimmern, ohne Aufsicht, ohne Essen, ohne Spielzeug, ohne

---

55 Der Jurist Maurits Adriaan de Savornin Lohman (1832–1899) war nur
    kurzfristig, von 1889 bis 1891, als Gouverneur in Surinam tätig. Seit
    1667 gehörte das Gebiet zu den kolonialen Besitzungen der Niederlande
    und wurde erst 1975 unabhängig. Savornin Lohman geriet nach dem
    Ende seiner Gouverneurstätigkeit in finanzielle Schwierigkeiten und
    begab sich von daher auf die Suche nach neuen Betätigungsfeldern in
    mehreren Ländern.
56 In der Kaiserzeit avancierte der Matrosenanzug für Jungen zu einem
    beliebten Statussymbol für Kinder aus wohlhabenden Familien, s. *Robert
    Kuhn und Bernd Kreutz*: Der Matrosenanzug. Kulturgeschichte eines
    Kleidungsstücks, Dortmund 1989. Ein Photo in der Biographie *Wettsteins*:
    Lebensbild, S. 58f., zeigt zwei junge Männer, bei denen es sich vermutlich
    um die Pflegesöhne der Gräfin handelt; einer von beiden trägt einen
    Matrosenanzug.

Beschäftigung; – die unmittelbare Folge davon war natürlich, dass sie bald zum Schrecken des ganzen Hauses wurden, da sie sich damit vergnügten, elektrische Leitungen zu zerstören, Schuhe zu verstecken, ihre Taschentücher „auszuwaschen" und noch viel, viel schlimmeren Unfug zu treiben. – Wenn ihre Betreuerin am Abend nach Hause kam, aßen sie in aller Eile. Natürlich hatte sie etwas dabei, aber die beiden kleinen Jungs, die eigentlich schon längst im Bett sein sollten, waren völlig übermütig und übermüdet und waren eine Plage für sich selbst und für jeden, der sie im Esszimmer sah. – Mit ihren langen blonden Haaren und den feinen Seemannskleidern waren sie gekleidet wie die Kinder reicher Leute, aber die Gräfin hatte weder Sinn noch Neigung für die Pflege dieses Luxus, sodass sie ihre Haare mit ihren eigenen kleinen Fingern ordneten, bald große Löcher in den Strümpfen über den Halbschuhen hatten und eine Kleiderbürste anscheinend nur bei sehr seltenen Gelegenheiten über die Hosen ging.

In jenem Winter brach in Berlin ein harter Arbeitsstreik aus,[57] was die Gräfin dazu veranlasste, mit ihren „Jungs" in einer Kutsche durch die unruhigsten Viertel zu fahren und sie zu ermutigen, mit den Leuten „über Jesus" zu sprechen – was, wie sie sagte, großen Eindruck auf die Randalierer machte. – Überhaupt wies sie die kleinen Burschen an, lange Gebete laut zu sprechen, über „den Heiland" zu reden usw. usw. – Wie gesagt, sie lernten nichts und langweilten sich zu Hause fürchterlich, sodass die Zeiten, in denen die Gräfin sie zu „Auftritten" in fremden Zimmern mitnahm, zu ei-

---

[57] Diesen Angaben nach könnte die Begegnung der beiden Frauen in Berlin Ende 1891 stattgefunden haben, vgl. *Schimmelmann*: Streiflichter, S. 46–56.

nem echten Spaß für sie wurden. – Bei einer dieser
Gelegenheiten holte sie auch einen „bekehrten" Neger
hinzu, den sie beauftragte, in ihrem Namen mit den
beiden Jungen spazieren zu gehen; nachdem er sie
aber schon bei einer der ersten Gelegenheiten unter
einen Wagen hatte kommen lassen, sodass der kleine
Otto mit einem verbundenen Kopf von einem Polizisten
nach Hause gebracht wurde, wurde dieses männliche
schwarze Kindermädchen wieder abgeschafft. – Sie
sagte, sie habe auch einen Chinesen in einem großen
Teeladen in der Leipzigerstraße „bekehrt",[58] wohin sie
mich eines Tages mitnahm, um Zeuge der sehr erbaulichen Gespräche zu werden, die die beiden miteinander führten; aber ich bin so dreist zu glauben, dass der
Schutz, den der schlaue Chinese dank seiner „Bekehrung" von der ganzen christlichen „Aristokratie" Berlins erfuhr, seiner guten Stimmung zuträglich war. –

Bei einem meiner letzten Ausflüge mit ihr ging es
darum, für ihren Aufenthalt auf Rügen „einzukaufen".
Sie brauchte ein Tafelservice, sagte sie – und verschwand zu diesem Zweck in einem Töpferkeller, wo
sie 6 Schalen für 6 bis 8 Cent kaufte und mir zu meinem Erstaunen mitteilte, dass sie wegen der „Einfachheit" Kartoffeln, Gemüse usw. darin servieren wolle;
es sei so viel billiger als Gemüseplatten usw. – Bei dieser Gelegenheit erklärte sie mir auch, dass sie nicht
vorhatte, ein Tischtuch zu verwenden. Man könne am
besten in einer Ecke des Tisches auf einer Filzdecke
essen.[59] –

---

58 Vgl. *Ruth Albrecht*: Bekehrungsnarrative in Biographien der Erweckungsbewegungen, in: Konflikt und Kontinuität. Religiöse Biographien im 19. und 20. Jahrhundert. FS Angela Berlis, hg. von Georgina Huian u.a., Göttingen 2025, S. 27–41.
59 Eventuell handelte es sich um Einkäufe für das Fischerheim in Göhren, was der niederländischen Autorin vermutlich nicht vor Augen stand.

Und dieselbe Frau, die etwa eine Woche später eine Kutsche anheuerte, mit ihrem eigenen livrierten Diener auf dem Bock neben dem Kutscher, warf das Geld, und wenn es ihr so gefiel, weitere Schätze weg. – Die „Leute" sagten von ihr, sie sei eine Morphiumsüchtige,[60] aber ... Die Leute sagen so viel. Sicher ist, dass ihre Brüder, die einige Jahre später versuchten, sie in ein Irrenhaus zu stecken, keinen Erfolg hatten, weil es ihr gelang, ihr Recht auf Freiheit zu beweisen. Ich glaube auch keineswegs, dass ihre „Bekehrung" gekünstelt oder unecht war. Sie hatte als junges Mädchen am Hof von Kaiserin Augusta viel erlebt und genossen. – Unsere Königinmutter Emma[61] hatte sie dort als junges Mädchen sehr gut gekannt. Die Gräfin erzählte mir, wie den Hofdamen befohlen wurde, sich, wenn die Waldeckischen Prinzessinnen[62] kamen, sehr einfach zu kleiden, damit sie nicht edler und moderner aussahen als diese, die sehr bescheiden auftreten mussten. – Ihre „Bekehrung" hatte einen Sturm unter ihren sehr einflussreichen und angesehenen Verwandten ausgelöst. Sie hatte daraufhin ihr Amt als Hofdame niedergelegt, sich der inneren Mission gewidmet, war nun nach Jahren nach Berlin zurückgekehrt, vom Licht angezogen wie ein Schmetterling, suchte ihre alten vornehmen Verwandten wieder auf, wurde von den einen mit Verachtung betrachtet, von den anderen mit wahrer Bewunderung empfangen und bewegte sich durch all das wie ein Schiff ohne Ruder – war aber, glaube ich, mehr eitel als unaufrichtig.

---

60 Vgl. hierzu S. 60, Anm. 85.
61 Emma zu Waldeck und Pyrmont (1858–1934) wurde die zweite Ehefrau des niederländischen Königs Wilhelm III. (1817–1890). Ihre gemeinsame Tochter Wihelmina (1880–1962) regierte von 1890 bis 1948 als Königin die Niederlande.
62 Die Verwandten von Königin Emma.

Bevor ich mich in diesen Tagebucheinträgen von ihr verabschiede, muss ich noch von einem Abend erzählen, den sie ihren Berliner Freunden im Gemeinschaftsraum unserer Pension bot und der für mich wegen der berühmten und vornehmen Leute, die man dort sah, wie z. B. Bismarcks Schwester,[63] sehr interessant gewesen wäre, hätte ich mich nicht ihr zuliebe vorher zu Tode mühen müssen. – Sie kam nämlich um 5 Uhr nach Hause (die Feier sollte um 7 Uhr beginnen), nachdem sie den ganzen Tag abwesend gewesen war, und fragte mich als die natürlichste Sache der Welt, ob ich nicht so freundlich wäre, einige Sachen für den Empfang zu bestellen, denn ... wie sich herausstellte – hatte sie sich um nichts gekümmert, nichts bestellt.

Ich machte mich auf den Weg in die Küche der Pension, die von einer deutschen Wirtschafterin geführt wurde, deren Nichten, die selbst sehr reich waren und immer den Winter dort verbrachten, ihr gerade Gesellschaft leisteten; aber ich stieß auf die Feindseligkeit dieses versammelten weiblichen Personals gegenüber der Gräfin, deren Eigenheiten, wie oben beschrieben, sie bei den Umstehenden verhasst machten, während jetzt außerdem die sträfliche Tatsache, dass sie nicht eingeladen waren und ich es war, sie zu jeder Art von Entgegenkommen völlig abgeneigt machten. – Eine

---

[63] Otto von Bismarck (1815–1898) hatte nur eine Schwester: Malwine von Bismarck (1827–1908) heiratete 1844 Oskar von Arnim-Kröchlendorff (1813–1903). Angesichts der Ungenauigkeiten in dem Text von Savornin Lohman könnte auch Bismarcks Nichte gemeint sein: Sybille von Arnim (1864–1945), die ihren Vetter Wilhelm Graf von Bismarck-Schönhausen (1852–1901) heiratete. Nicht undenkbar ist ebenfalls, dass mit dieser etwas vagen Erwähnung eine Schwester Eva von Tiele-Wincklers (1866–1930) gemeint ist: Helene von Tiele-Winckler (1861–1932) war mit Friedrich Carl von Bismarck-Bohlen (1852–1901) verheiratet. Mehrere Geschwister der Friedenshort-Gründerin orientierten sich an der Gemeinschafts- und Heiligungsbewegung, s. *Tiele-Winckler*: Denksteine, S. 31–34, 63.

Wiedergutmachung sei jetzt unmöglich, lautete die Antwort. – Ja, wenn „Frau Gräfin" (so hieß sie wegen ihres Ranges als Stiftsdame, obwohl unverheiratet)[64] rechtzeitig gesagt hätte, was zu tun sei, hätte man ihr helfen können, aber jetzt – unmöglich! Mit wahrer Schadenfreude sahen sie mich mit dieser Nachricht weggehen.

Nun lässt sich ein deutscher „Abend" in einer Großstadt wie Berlin arrangieren, auch wenn es ein bisschen spät ist, aber ich leugne nicht, dass ich stolz darauf bin, diese Arbeit in zwei Stunden so ordentlich erledigt zu haben, dass um 7 Uhr Tee und Kuchen fertig waren und danach das unvermeidliche Abendbrot mit „kaltem Aufschnitt" usw. ordentlich serviert wurde, sodass keiner der Gäste bemerkte, wie alles im letzten Moment hereingebracht wurde. Unnötig aber zu sagen, wie viel mich das Hin- und Herfliegen in der Leipziger und Friedrichstraße, vom Lebensmittelgeschäft zum Konditor usw. usw. gekostet hat, sodass ich kaum Zeit hatte, mich rechtzeitig umzuziehen.[65]

---

[64] Hier werden einige Sachverhalte verwechselt, denn als Stiftsdame stand Schimmelmann keine besondere Anrede zu; sie war lediglich berechtigt, bei feierlichen Anlässen die Stiftsabzeichen zu tragen.

[65] Savornin Lohman beendet ihre Aufzeichnungen über Berlin mit dem Bericht über einen Gottesdienstbesuch bei den Herrnhutern.

4. Ausgewählte Zeitungsdokumente, 1872 bis 1914

The Times, London, 11. Mai 1872, S. 5[1]

Royal Visitors
About midday yesterday Her Imperial Majesty the Empress of Germany, attended by the Countess Schulenburg, the Countess Schimmelmann, Count Fürstenstein, and Dr. Brandis[2] arrived in town from Windsor Castle,[3] and was met at the Great Western Railway terminus at Paddington by several of the Queens's private carriages, at once drove off to Prussia-house, Carlton-house-terrace,[4] where they were received by the Ambassador and the Countess Bernstorff.[5] [...] At an early hour the following morning Her Imperial Majesty and attendants will take their Departure for Dover, en route for Ostend and Brussels, as Her Majesty purposes to dine with the Queen of the Belgians at Laeken[6] on

---

1 Die Zeitung erscheint seit 1785 in London. Weitere Artikel in derselben Zeitung berichteten am 13.5.1872, S. 11, sowie am 14.5.1872, S. 3 und 11, über Kaiserin Augustas Besuch mit Erwähnung Schimmelmanns.
2 Luise von der Schulenburg-Burgscheidungen, geb. von Wallwitz (1805–1876), war die Oberhofmeisterin Augustas und Adolf Graf von Fürstenstein (1818–1895) der Zeremonienmeister des Berliner Hofes, s. https://actaborussia.bbaw.de (1.4.2024). Der Altphilologe und Orientalist Dr. Johannes Brandis (1830–1873) diente Augusta seit 1857 als Privatsekretär. Vgl. *Bunsen*: Augusta, S. 242.
3 Schloss Windsor im Süden Englands gehört zu den Hauptresidenzen der britischen Monarchie.
4 Die deutsche Botschaft lag in einem Ensemble von palastartigen Gebäuden in unmittelbarer Nähe zu Westminster im Zentrum Londons. Heute bildet Carlton-House-Terrace Nr. 9 den Sitz der Royal Academy.
5 Albrecht Graf von Bernstorff (1809–1874) war seit 1871 deutscher Botschafter in London. Verheiratet war er mit Anna von Könneritz (1821–1893).
6 Die österreichische Prinzessin Marie Henriette (1836–1902) war verheiratet mit Leopold II. (1835–1909), seit 1865 König von Belgien. Schloss

Tuesday Evening, and stay the night there before pursuing her journey to Berlin. [...]⁷

Daily News, London, 14. Mai 1872, S. 3⁸

Crystal Palace
Her Imperial Majesty the Empress of Germany visited the Crystal Palace⁹ yesterday morning. Her Majesty was accompanished by the Countess Schulenburg, Countess Schimmelmann, Viscount Torrington,¹⁰ Count Fürstenstein, and Dr. Brandis. The visit, which was strictly private, lasted about two hours, during which time her Majesty examined the ground-floor of the building and the Aquarium, with the whole of which she expressed herself much pleased. The wheather prevented any inspections of the grounds.

Die Presse, Wien, 19. Juni 1873, S. 1¹¹

Kaiserin Augusta von Deutschland trifft nach einer soeben eingegangenen neuerlichen Meldung bereits am 24. hier ein.¹² Im Gefolge der Kaiserin werden sich be-

---

    Laeken im Norden Brüssels war seit 1831 Sitz der belgischen Königsfamilie.
7   Der sich anschließende Artikel berichtet über ein Treffen von Führerinnen der Frauenbewegung in London: „Women's Suffrage". Hierin zeigt sich die größere Selbstverständlichkeit, mit der in Großbritannien das Wirken der Frauenrechtlerinnen wahrgenommen wurde. Dieser Kontext wurde wichtig für die spätere Wirksamkeit der Gräfin in diesem Land.
8   Die Zeitung erschien unter diesem Namen von 1846 bis 1912.
9   Das 1936 völlig zerstörte Glas-Gebäude wurde 1851 für die erste Weltausstellung, die in London stattfand, errichtet.
10 George Stanley Byng (1841–1889) war der 8. Viscount Torrington, der Familiensitz liegt in Hampshire.
11 Local-Anzeiger der „Presse", Beilage zu Nr. 167. Die Zeitung erscheint seit Juli 1848 und wird bis in die Gegenwart in Wien herausgegeben.
12 Der Besuch fand aus Anlass der 5. Weltausstellung statt, die von Mai bis November 1873 zahlreiche Staatsgäste anzog, s. auch *Bunsen: Augusta*, S. 232–234.

finden: die Oberhofmeisterin Gräfin von der Schulenburg, die Hofdamen Gräfin zu Münster[13] und Gräfin Schimmelmann, der Oberhofmeister Graf Nesselrode,[14] der Kammerherr,[15] der Cabinetsrath Dr. Brandis, die Kammerfrauen Fräulein v. Reindorff und Frau v. Hohe;[16] sodann 11 Diener und Dienerinnen.[17]

Westliche Post, St. Louis, 19. Januar 1884, S. 2[18]

Aus Berlin hat das transatlantische Kabel eine seltsame Meldung gebracht: die schöne und stolze Gemahlin des Feldmarschalls Friedrich Karl von Preußen[19] [...] hat ihren Gemahl auf unrechten Wegen ertappt und besteht nun auf einer gerichtlichen Trennung der Ehe [...]. Unter den Fürstinnen von Geblüt galt die Prinzessin Friedrich Karl[20] in Berlin lange

---

13 Olga Gräfin zu Münster (1849–1888) diente seit 1873 im Hofstaat der Kaiserin.
14 Maximilian Bertram Graf von Nesselrode-Ehreshofen (1817–1898) hatte diese Funktion seit 1867 inne.
15 Zu seiner Person ließen sich keine Angaben finden.
16 Diese beiden Personen konnten nicht identifiziert werden.
17 Augusta begab sich mit einem großen Teil ihres Hofstaates nach Wien, da sie wegen einer Erkrankung des Kaisers das Deutsche Reich repräsentierte, s. *Feuerstein-Praßer*: Augusta, S. 255–257. Am 29.6.1873 berichtete dasselbe Blatt, dass die deutsche Kaiserin im Burgtheater eine Aufführung von Hebbels Stück „Kriemhilds Rache" besucht habe. Begleitet wurde sie dabei außer von ihrer Oberhofmeisterin von den beiden Hofdamen Gräfin Münster und Gräfin Schimmelmann. Alle Ereignisse und Begegnungen während des Aufenthalts Augustas werden im Einzelnen beschrieben, die Hofdamen aber nur hierbei erwähnt.
18 Die Westliche Post erschien von 1857 bis 1938 in St. Louis. Joseph Pulitzer (1847–1911) war einer ihrer Mitarbeiter und später Miteigentümer der Zeitung.
19 Friedrich Karl Prinz von Preußen (1828–1885) war der Sohn von Prinz Carl von Preussen (1801–1883), einem Bruder Wilhelms I. Zu seiner Biographie s. *Helmut Luther*: Friedrich Karl von Preußen. Das Leben des „roten Prinzen", Berlin 1995.
20 Es war üblich, die Ehefrauen mit den Vornamen ihrer Männer zu bezeichnen. Gemeint ist Maria Anna von Anhalt-Dessau (1837–1906), eine

Zeit als die schönste Frau am königlichen Hof [...].[21] Das Verhältnis zu der schönen Gräfin Seydewitz war längst abgebrochen; eine andere Hofschönheit, die jetzt übrigens auch schon 30 Jahre alte Gräfin Adelaide von Schimmelmann, hatte den leicht entzündlichen Prinzen bezaubert, und da sie bei allen Hoffestlichkeiten, bei den kleinen intimen Gesellschaften vermöge ihrer Stellung überall zugezogen wurde, – sie ist eine der drei Hofdamen der Kaiserin – fand sich oft genug Gelegenheit zum traulichen Verkehr zwischen dem Prinzen und der in Wahrheit außergewöhnlich schönen und gerade auch nicht mit einem Kieselherz[22] begabten Gräfin. Auch dieses Verhältniß war für die Hofgesellschaft und speziell die Prinzessin Friedrich Karl schon längst kein Geheimniß mehr; es muß aber kürtzlich irgend Etwas vorgefallen sein, vielleicht hat der Prinz seine Gemahlin zu ostentatiös vernachlässigt oder die Gräfin Schimmelmann zu sehr gezeigt, daß sie die jetzige Herzenskönigin des Prinzen ist, kurz, es ist wieder zu sehr heftigen Auftritten zwischen den Gatten gekommen. Die Prinzessin verlangte mit Entschiedenheit, daß der Prinz das Verhältnis mit der Hofdame abbreche, was derselbe indeß kurz und barsch verweigerte. Außer sich vor Entrüstung hat die Prinzessin Berlin verlassen und sich, wie erwähnt, nach Dessau begeben. [...][23]

Tochter von Herzog Leopold von Anhalt-Dessau (1794–1871) und Prinzessin Friederike von Preussen (1796–1850).
21 Der Artikel berichtet ausführlich über die unglückliche Ehe und die vielen außerehelichen Beziehungen des Prinzen, so u. a. eine mit Gräfin Josephine von Seydewitz, verh. Gräfin von Dönhoff. Gräfin Seydewitz (1839–1895) war vor ihrer Eheschließung mit August Karl Graf von Dönhoff (1845–1920) Hofdame bei der Mutter des Prinzen gewesen, Marie Prinzessin von Sachsen-Weimar-Eisenach (1808–1877), die 1827 den preußischen Prinzen Carl geheiratet hatte.
22 Gemeint ist damit: ein Herz aus Stein bzw. hier Kieselstein.
23 Der Artikel berichtet weiter, dass die Ehe zwar formell weiter bestehen

Der Deutsche Correspondent, Baltimore, 12. September 1891, S. 3[24]

In einer von angesehenen Männern aus allen Berufsständen zahlreich besuchten Versammlung ist in Berlin ein „Verein Seemanns=Heim" in Anlehnung an die bisher von der Gräfin Schimmelmann in aufopfernder Weise unterhaltenen Seemanns=Heime in Göhren auf der Insel Rügen und auf der Oie gegründet worden. Zweck des Vereins ist, theils durch Unterstützung der bestehenden Institute, theils durch selbständige Gründung weiterer Seemanns=Heime an deutschen Küsten den schutzbedürftigen Schiffern und Fischern Obdach und Beköstigung zu gewähren, sowie Einrichtungen zu treffen, welche die materielle Lage der Fischer zu bessern und insbesondere eine rationelle Verwerthung der Erträge ihres Gewerbes herbeizuführen geeignet sind.[25]

Teltower Kreisblatt, Teltow, 6. Februar 1894, S. 6[26]

Greifswald, 31. Januar. Der „Kr.=Anz."[27] berichtet: vor einigen Jahren hat eine frühere Hofdame der Kaiserin Augusta, Gräfin Schimmelmann, in Göhren auf Rügen ein Seemannsheim gegründet, in dem die fremden Fischer von ihrer Arbeit ausruhen und gegen geringe Bezahlung Kaffee und warmes Essen bekommen, auch gute Lektüre und sonstige Unterhaltung finden können. Die Dame hat eine Reihe von Jahren jährlich 5

---

solle, das Paar aber getrennt leben werde. Einen nur leicht veränderten Nachdruck dieses Berichts brachte Der Deutsche Correspondent aus Baltimore am 2.2.1884, S. 2.
24 Der Deutsche Correspondent erschein von 1841 bis 1918 in Baltimore MD.
25 Vgl. die oben abgedruckten Hinweise Funckes auf diesen Verein, S. 36–38.
26 Das Teltower Kreisblatt erschien von 1856 bis 1944.
27 Der Kreisanzeiger für den Kreis Greifswald erschien von 1877 bis 1895.

bis 6000 Mark verwendet, als ihr Liebeswerk bekannt wurde, auch anderweitig Unterstützung gefunden. Jetzt macht sie bekannt, daß das Seemannsheim in Göhren von ruchlosen Händen demolirt sei; sie bietet eine Belohnung von 50 Mark dem, der die Thäter zur Anzeige bringt.[28]

Frederiksborg Amts-Tidende og Adresseavis, Hillerød, 14. April 1894, S. 2[29]

Dekret über Geschäftsunfähigkeit
Gräfin Adelaide Caroline Luise Schimmelmann ist durch Beschluss des Nachlassgerichts Kronborg-Ost Birks [Gerichtsbezirk] vom 2. desselben[30] für entmündigt erklärt und unter die Vormundschaft des Grafen C. C. G. Schimmelmann[31] gestellt worden.

Politiken, Kopenhagen, 9. Oktober 1894, S. 1 f.[32]

Ein Roman. Gräfin Adeline Schimmelmann
Seit einiger Zeit kursieren in höfischen und aristokratischen Kreisen die seltsamsten Gerüchte über die Ein-

---

28 Über diesen Sachverhalt berichtet auch Schimmelmann in ihren Streiflichtern, S. 95. In ihrem oben abgedruckten Tagebuch allerdings, das die Zeit zwischen Januar und April 1894 abdeckt, erwähnt sie einen solchen Vorfall nicht.
29 Dieses ist die erste bisher nachweisbare Zeitungsnotiz, die einen Hinweis liefert auf die Konflikte, die sich im Frühjahr 1894 um die Person Adeline Schimmelmanns abspielten. Hellebæk, der dänische Wohnort der Gräfin, war Teil des Amtsbezirks Frederiksborg. Die Zeitung erschien von 1839 bis 1957 in Hillerød. Die Notiz über die Familie Schimmelmann findet sich unter der Rubrik der kurzen Nachrichten über Ereignisse aus dem Frederiksborger Amtsbezirk.
30 2.4.1894.
31 Carl Christian Gustav Schimmelmann. Die Stormarnsche Zeitung vom 27.7.1901, 24. Jg., Nr. 3424, S. 2, vermeldet in einer kurzen Notiz seinen überraschenden Tod.
32 Die liberal orientierte Zeitung wurde 1884 in Kopenhagen gegründet und existiert bis heute. Sie zählt zu den größten Tageszeitungen Däne-

weisung der schönen Gräfin Schimmelmann in die psychiatrische Abteilung des Kommunehospital und ihre Verlegung nach Oringe. Wir sind diesen Gerüchten auf den Grund gegangen und glauben, zuverlässige Auskünfte geben zu können. Um aber zu verstehen, was geschehen ist, müssen wir zunächst einige Informationen über das ungewöhnliche Leben der Gräfin geben. Gräfin Adeline Schimmelmann ist eine Tochter des verstorbenen Grafen Ernst Schimmelmann, dessen Name mit den großen Schimmelmann Gütern in Jütland, den bekannten Anwesen in Hellebæk, dem Schimmelmann Herrenhaus in der Bredgade[33] und der alten Schimmelmann Plantage La Grange auf St. Croix[34] verbunden ist. Der Graf, der als der zweitreichste Mann des Landes galt, besaß auch das große Fideicommis[35] Ahrensburg in Holstein. Dort und in Hellebæk erhielt die

---

marks. Mit diesem Artikel begann eine regelrechte Kampagne in der dänischen Öffentlichkeit, teilweise auch darüber hinaus. Die Berichte der Politiken wurden vielfach nachgedruckt und kommentiert. Die mit dem Pseudonym Ignotus gekennzeichneten Berichte stammen von dem Journalisten Henrik Cavling, s. S. 90.

33 Der im Zentrum Kopenhagens in den 1750er Jahren erbaute repräsentative Gebäudekomplex war von 1763 bis 1884 im Besitz der Familie Schimmelmann. Das Palais ist heute nicht öffentlich zugänglich.

34 Der Begründer der adligen Dynastie Heinrich Carl von Schimmelmann (1724–1782) erwarb 1763 vom dänischen König vier Plantagen auf den Jungferninseln St. Thomas und St. Croix, s. *Degn: Dreieckshandel*, S. 67–89, 90–107. Sein Reichtum und Einfluss beruhten auf dem Transport von Sklaven aus Afrika in die Karibik, deren Einsatz auf den Zuckerrohrplantagen und der Verschiffung des Zuckers nach Europa. Noch zu Lebzeiten Ernst Schimmelmanns verloren die Plantagen ihre wirtschaftliche Bedeutung, S. 492–512. 1917 verkaufte Dänemark die Karibikinseln an die USA, S. 521.

35 Das Fideikommiss stellt eine Form des Erbrechts dar: Durch eine Stiftung wird sichergestellt, dass der Grundbesitz nur an eine erbberechtigte Person weitergegeben werden darf, um eine Aufteilung zu verhindern. Dem Inhaber des Fideikommisses steht nur der Nießbrauch zu. Das Schimmelmannsche Fideikommiss wurde 1781 errichtet und galt für die dänischen, die karibischen und die deutschen Besitzungen, s. die Ausführungen zur Familie Schimmelmann in: https://helsingorleksikon.

junge Gräfin ihre erste Erziehung. Graf Ernst Schimmelmann war sowohl in Dänemark als auch in Deutschland ein Gutsbesitzer. Die Kinder mussten sich für eines der beiden Länder entscheiden, und Gräfin Adeline entschied sich für Dänemark[36] und erhielt das Valløbandet.[37] In ihrer frühesten Jugend reiste sie sowohl an den dänischen als auch an den deutschen Hof.[38] Doch auf Betreiben ihrer Mutter und durch glückliche Umstände wurde sie dem kaiserlichen Hof enger verbunden als dem Hof in Amalienborg. Kaiserin Augusta umgab sie mit einer fast mütterlichen Zärtlichkeit, und auch der alte Kaiser Wilhelm war ihr besonders zugetan. Sie war sehr schön und besaß in vollem Maße den lebhaften Geist und die künstlerischen Interessen der Schimmelmanns. Etwa ein halbes Dutzend Jahre lang gehörte sie zum täglichen Gefolge der Kaiserin, und nur in großen Abständen besuchte sie Dänemark, um ein paar Tage in Hellebæk zu verbringen, wo sie eine Villa besaß. Bei einer dieser Gelegenheiten erschien sie mit der königlichen Familie zu einem Pferderennen an der Eremitage[39] und fiel durch ihre Schönheit und ihre strahlende Erscheinung auf.

---

dk (1.4.2024). Endgültig aufgelöst wurden die Verträge, die den Schimmelmannschen Besitz sichern sollten, erst 1930. Vgl. auch *Degn*: Dreieckshandel, S. 199–206.

36 In einer Volkszählung des Königreichs Preußen vom 1.12.1885 wird zu ihrer Person Ahrensburg als Wohnort angegeben, als Beschäftigung ihre Tätigkeit als Hofdame. Bei der Staatsangehörigkeit ist „Dänin" eingetragen, s. Zählkarte 6, Zählbrief Nr. 32, Zählbezirk Nr. 217, Rigsarkivet Kopenhagen, Sønderjyske Arkivalier. Zum Zeitpunkt der Zählung hielt sich Schimmelmann in Hannover auf.
37 Adeline Schimmelmann wurde von ihren Eltern in das dänische Stift Vallø als Stiftsdame eingeschrieben. Das Stiftsabzeichen trug sie auf etlichen Photographien, s. *Albrecht* u. a.: Schimmelmann, S. 193.
38 Vgl. *Schimmelmann*: Streiflichter, S. 1f.
39 Von den 1870er Jahren bis 1895 fanden im Norden Kopenhagens in einem Park Pferderennen statt. Das in den 1730er Jahren erbaute Jagdschloss wurde als Eremitage bezeichnet.

Im Jahre 1885 starb ihr Vater und hinterließ seinem ältesten Sohn, Graf Carl, die Güter von Lindenborg, Rold und Myhlenborg in Jütland[40] und das Gut Ahrensburg in Holstein. Für seine Tochter Adeline hatte er ein Vermögen beiseitegelegt, das so angelegt war, dass sie darüber frei verfügen konnte, und der Graf hatte eine ähnliche Verfügung für eine andere Tochter getroffen, die jetzt mit einem Sohn von Estrup[41] verheiratet ist. Für einen jüngeren Bruder, Graf Werner Schimmelmann, hatte der Vater ein Kapital beiseitegelegt und den Wunsch geäußert, dass der Sohn mit der Zeit ein Anwesen erwerben solle. Der verstorbene Graf hatte seine Tochter Adeline besonders geliebt, die ihrerseits ihren Vater mit rührender Liebe bedachte. Sein Tod ereignete sich gerade zu dem Zeitpunkt, als sie, gefeiert, bewundert und beneidet, im Kreise der adligen Jugend an den kaiserlichen Höfen die volle Pracht des Lebens genoss. Die Totenglocke, die sie inmitten des Trubels unerwartet aufschreckte, machte einen nachhaltigen Eindruck auf ihre leicht bewegte Seele. Es war wohl das erste Mal, dass sie von Trauer ergriffen wurde, und das erste Mal, dass sie durch den Tod zu ernstem Nachdenken geweckt wurde. Sie zog sich zurück, und die Kaiserin, die immer wieder nach ihr schickte, erkannte endlich, was in der jungen Frau vorging, und bemühte sich mit dem feinen weiblichen

---

40 Diese Güter liegen südlich von Aalborg in der Nähe von Schloss Lindenborg, das zu den Besitzungen der Schimmelmanns gehörte.

41 Hierbei muss es sich um einen Irrtum handeln, denn alle vier Schwestern Adeline Schimmelmanns – Fanny, Augusta, Sophie und Elisa – heirateten Vertreter repräsentativer deutscher Adelsfamilien. Jacob Brønnum Scavenius Estrup (1825–1913) vertrat die konservative Partei Dänemarks und war von 1875 bis 1894 Ministerpräsident mit teilweise autoritären Zügen. Er schränkte die Pressefreiheit ein und erweiterte die Befugnisse der Polizei. In den Auseinandersetzungen um den Fall Schimmelmann wird er mehrfach erwähnt, s. S. 142f.

Verständnis, das ihr immer eigen war, ihr eine ernstere Beschäftigung zu geben. Die alte Kaiserin hatte ein großes Interesse am Gefängniswesen und an den Armen und Unterdrückten im Allgemeinen.[42] Sie bat ihre Hofdame, in ihrem Namen die Gefängnisse zu inspizieren, insbesondere das große Gefängnis Moabit,[43] und Gräfin Schimmelmann, der die eigene Kutsche der Kaiserin zur Verfügung gestellt wurde, übernahm diese Aufgabe gerne. Nun begann ein neues Leben für die junge Hofdame. Sie reiste von Ort zu Ort, und vor ihren Augen lüftete sich langsam der Vorhang vor dem Elend und dem Leid einer Millionenstadt, und die dunklen Bilder, die sie sah, erregten ihr Entsetzen. Sie verschenkte alles, was sie besaß, und um den Armen zu helfen, verkaufte sie sogar die Geschenke, die sie von der Kaiserin erhalten hatte, aber alles, was sie gab, verschwand wie ein Wassertropfen im Ozean. Mit Schrecken musste sie mitansehen, wie arme Menschen stahlen und plünderten, nur weil sie den Aufenthalt im dunklen Moabiter Gefängnis dem trostlosen Leben in Freiheit vorzogen.[44] Der tägliche Anblick all dieser Unglücksfälle hatte die Gesundheit der Gräfin stark in Mitleidenschaft gezogen. Ein Arzt empfahl ihr, einige Zeit in dem Badeort Thiessow, gelegen an einem Hügel, zu verbringen. Sie fuhr dorthin, aber ihre Reiseklei-

---

42 Vgl. *Bunsen*: Augusta, S. 216–220, die insbesondere das Engagement Augustas für den Bereich der Krankenpflege hervorhebt; vgl. *Feuerstein-Praßer*: Augusta, 158f., 234–238, 249.
43 Das Gefängnis im Berliner Stadtteil Moabit entstand zwischen 1842 und 1848 und galt mit seinen Einzelzellen als Reformprojekt nach dem Modell der englischen Musteranstalt Pentonville. Nach erheblicher Kritik und Problemen mit Überbelegungen der Gefängnisse rückte Preußen um 1850 von der Einzelunterbringung ab, s. *Karin Dudda*: Die Entstehung und Entwicklung des Gefängniswesens, Weimar u. Rostock 1996, S. 47–52.
44 Diese Tätigkeiten erwähnt Schimmelmann in den Aufzeichnungen über ihre Erfahrungen als Hofdame in Berlin nicht, s. Streiflichter, S. 7–15.

dung ging versehentlich in das Fischerdorf Göhren. Dieser Zufall war entscheidend für ihr späteres Leben. Die pommersche Küste und die gegenüberliegende Küste von Göhren spielen in Deutschland die gleiche Rolle wie die Harboøre-Küste.⁴⁵ Die Menschen hier sind die Stiefkinder der Gesellschaft und zugleich ihre Helden. Unter Entbehrungen und Gefahren kämpfen sie ihren schweren Existenzkampf. Und wenn sie auf dem wässrigen Schlachtfeld siegreich sind, bringt ihnen der Sieg nichts als den elenden Aufenthalt im Leben.

Eines schönen Tages fand sich Gräfin Schimmelmann unter diesen wettergebeutelten Männern, und in ihrer unbeschwerten Ergriffenheit erregte sie zugleich Bewunderung und Mitleid. Sie beschloss, sich an der verlassenen Küste niederzulassen und diesen Menschen nach Kräften zu helfen. Seitdem hat sie acht Sommer lang unter den Fischern gelebt und Freude und Glück unter der Bevölkerung verbreitet, die sie als ein Wesen aus einer höheren Welt ansah. Hinter einer nackten Sandbank richtete sie ein Seemannsheim ein, wo sie, um nur ein Beispiel zu nennen, dreieinhalb Monate lang täglich 6.000 Portionen Essen und 100 Kannen Kaffee auslieferte. Um ihr kleines Haus, das sie selbst aus Holz oder Lehm gebaut hatte, versammelten sich Fischer aus 23 pommerschen und 5 rügenschen Dörfern. In ihrem einfachen Plattdeutsch nannten sie sie

---

45   Der kleine Fischerort Harboøre an der Westküste Jütlands am Limfjord wurde u.a. bekannt durch eine Erweckungsbewegung, die dort gegen Ende des 19. Jahrhunderts Fuß fasste. Pastor Carl Julius Moe wirkte im Rahmen der lutherisch geprägten Indre Mission und setzte sich für die verarmten Fischer ein. 1893 verunglückten 23 Fischer des Ortes, worauf auch die Politiken reagierte. Der aus dieser Gegend stammende dänische Schriftsteller Hans Kirk (1898–1962) verarbeitete das Schicksal dieser Menschen in seinem Roman, der 1928 erschien, auf deutsch erst sehr viel später: Die Fischer, Rostock 1969.

„uns Mudder", und sie vergaßen nie, dass sie eine edle
Dame war, und sie vergaßen nie, ihr die größte Ehre
und Achtung zu erweisen. Aber die Samaritertat,[46] die
die Gräfin auf dem Hügel vollbrachte, zu beschreiben,
würde hier zu weit führen. Weit besser als wir es vermögen, ist eine solche Schilderung in einem Buch des
Schriftstellers und Predigers Otto Funcke zu finden.
Auf einer Badereise nach Rügen hatte ihn der Zufall
nach Göhren geführt, und nach seiner Rückkehr nach
Berlin veröffentlichte er das vielbeachtete Büchlein
„Ein Daheim in der Fremde",[47] in dem er der Gräfin
Adeline Schimmelmann seine wärmste, bewundernde
Anerkennung zollt. Er beschreibt, wie sie ihm von der
armen Herberge aus begegnete, als „eine große, edle,
weiß gekleidete Jungfrau, deren Haar durch einen
breitkrempigen, aber schäbigen Strohhut geschützt
war", und zeichnet dann in einem Kapitel mit der Überschrift „Vom Kaiserpalast zur einsamen Düne" ein Bild
ihres seltsamen Lebens. Die alles überwindende
Menschenliebe einer reich beschenkten Frau schimmert
durch Otto Funckes Buch. Es erregte großes Aufsehen,
so wie natürlich auch das gesamte Verhalten der Gräfin in Berlin die größte Aufmerksamkeit erregt hatte.
Viele ihrer adligen Freunde hatten sich von ihr ab-
gewandt und besonders in ihrer Familie stieß sie auf
eisige Kälte. Ihre ganzen Zinserträge gingen an ihr
Seemannsheim, aber wenn es hart auf hart kam,
wandte sie sich nie vergeblich an Kaiser Wilhelm und
die Kaiserin. Sie blieben ihr bis zum Tode treu. Im Winter, wenn die Fischer aus Pommern nicht an die Küsten
des Hügels kamen, blieb die Gräfin auf ihrem eigenen
Anwesen in Hellebæk, wohin sie mit ihrem Kutter

---

46 Vgl. Lk 10,25–37.
47 Vgl. S. 7–38.

„Duen"[48] fuhr. Sie sah ihre Familie nur selten, aber als sie in diesem Jahr – Ende Februar – erfuhr, dass ihr jüngster Bruder, Graf Werner, zusammen mit ihrer Schwester Isa in Kopenhagen angekommen war und sich in einer Wohnung in der Frederiksgade niedergelassen hatte, beschloss sie, ihnen einen Besuch abzustatten. Sie wurde äußerst kühl empfangen, aber es kam zu einem Gespräch, in dessen Verlauf sie ihrem Bruder mitteilte, dass sie zwei vaterlose Jungen adoptiert habe und für diese eine lebenslange Unterstützung hinterlegen würde. Außerdem habe sie einen älteren Jungen im Haus, der zur Zeit an einer Herzkrankheit leide, weshalb sie einen Arzt aufsuchen wolle. Am nächsten Tag bot ihr Bruder an, diesen Arzt für sie zu besorgen.

Dies geschah am 20. Februar dieses Jahres abends um 9½ Uhr. Am nächsten Morgen um 8½ Uhr kam der Bruder zu ihr ins Hotel, gefolgt von einem ihr unbekannten Herrn, der sich als der Chefarzt der 6. Abteilung, Prof. Pontoppidan, vorstellte. Nach der Begrüßung des Arztes tauschte sie mit ihm in einem Nebenzimmer einige allgemeine Bemerkungen über den kranken Jungen aus. Das ganze Gespräch dauerte kaum zehn Minuten, dann verabschiedete sich Herr Pontoppidan. Nachdem der Arzt gegangen war, bot die Gräfin ihrem Bruder eine Erfrischung an, und als er die zu sich genommen hatte, sprang er auf und rief: „Da ist eine Kutsche! Lasst uns zum Privathaus des Professors fahren und uns um den kranken Jungen kümmern!" Kaum hatte sie sich in die Kutsche gesetzt, wurde sie von ihrem Bruder mit Vorwürfen und Fragen

---

48 Bereits das erste Boot der Gräfin, ein kleiner Kutter, trug den Namen Taube. International beachtet wurde aber ihr zweites weitaus größeres Segelschiff mit dem gleichen Namen, s. *Schimmelmann*: Streiflichter, S. 57, 98; *Albrecht* u. a.: Schimmelmann, S. 197–201.

über ihre Juwelen und echten Perlen überhäuft. Die Gräfin war über dieses Verhalten verärgert, und sie war noch verärgerter, als sie im Krankenhaus ankam, denn kaum waren sie und ihr Bruder eingetreten, stellten sich zwei Männer als Wache vor die Tür. Man ließ sie Platz nehmen, und sie hörte ihren Bruder, der zwischen den Beamten herumlief, sagen: „Es ist schwierig, Leute ohne ärztliches Attest aufzunehmen." Als sie schließlich, beunruhigt über sein Verhalten, ihn bat, sie zum Chefarzt zu bringen, sagte er, Herr Pontoppidan sei in seiner Privatwohnung, und in der Annahme, sie werde dorthin gebracht, ließ sie sich in den Warteraum der Irrenanstalt führen. Dort hieß es, dass der Chefarzt sofort kommen würde, und draußen hörte sie ihren Bruder sagen: „Lass den Wagen vorfahren. Ich fahre mit dem Zug nach Hellebæk." Im selben Augenblick trat Dr. Jacobsen auf die Gräfin zu, die in der größten Angst saß und erst die ganze Wahrheit erkannte, als der Arzt zu ihr sagte: „Sie werden wegen eines Verfolgungswahns gegen Ihre Familie als geisteskrank eingewiesen." Die Gräfin wurde nun für 5 Wochen eingesperrt und dann nach Oringe geschickt, wo ihr der Chefarzt, Dr. Helweg, nach 8 Wochen bescheinigte, dass sie geistig gesund sei. Es waren 13 Wochen Gefangenschaft, und über das, was in diesen Wochen geschah, hat die Gräfin ein handschriftliches Tagebuch verfasst,[49] das heute in der Presse zu lesen ist. Zufällig haben wir eine Kopie dieses Tagebuchs gesehen, die wir abdrucken durften und dürfen. Vermutlich wird es während des Prozesses vorgelegt werden, was in diesem Fall unvermeidlich ist, und es wird für Aufsehen sorgen. Aber man fragt sich: Hatte die Gräfin nicht Freunde

---

49 Vgl. die oben wiedergegebene Fassung des 1896 im Druck erschienenen Tagebuchs, S. 39–78.

und Bekannte, die ihr in einer solch kritischen Situation helfen konnten? Ja, die hatte sie. Aber laut Graf Werner Schimmelmann wurde ihren Freunden und Bekannten mitgeteilt, dass sie gefährlich krank sei, und anderen, die sich erkundigten, wurde gesagt, dass sie selbst Ruhe haben wolle, um sich einer Beobachtung zu unterziehen. In der Zwischenzeit unternahm sie unzählige, aber erfolglose Versuche, mit der Außenwelt in Verbindung zu treten, indem sie ihre ganze Kreativität einsetzte. Briefe, die sie schrieb, wurden aufgehalten, und Briefe, die an sie geschickt wurden, erreichten sie nicht. So wusste sie lange Zeit nichts von ihren beiden Pflegekindern, die sie vor den größten Lieblosigkeiten bewahrt hatte. Erst als sie freigelassen wurde, erfuhr sie, dass sie aus ihrem Haus vertrieben worden waren und dass eines der Kinder, ein kleiner Junge, in der Obhut einer Frau zurückgelassen worden war, die sie kurz vor dem Verlust ihrer Freiheit für unwürdig befunden hatte, Almosen zu erhalten. Es war ihr Bruder, Graf Werner Schimmelmann, der als ihr Vormund fungiert hatte, während sie eingesperrt war. Er hatte ihr nicht einmal eine angemessene Garderobe zukommen lassen. Erst in Oringe musste sich die Gräfin – die langjährige Hofdame Kaiser Wilhelms[50] – Nachthemden von Dienstboten leihen, und als sie entlassen wurde, war sie so hilflos, dass Dr. Helweg ihr Geld für einen Hut leihen musste. – Während ihrer Gefangenschaft war die Gräfin entmündigt worden, doch das Justizministerium hob die Entmündigung auf.[51] Schon

---

50 Hier wird die zeittypische Bezeichnung für Frauen verwendet, die oft mit Namen und Titel ihres Ehegatten bezeichnet wurden. Es ist nicht anzunehmen, dass die Journalisten der Politiken davon ausgingen, dass Hofdamen zum Hofstaat des Kaisers gehörten.
51 Ein Dokument, das diese Aufhebung der Entmündigung bescheinigt, ist bisher nicht bekannt.

allein wegen des alten Namens Schimmelmann wird dieser Fall viel Aufmerksamkeit erregen – auch über die Grenzen des Landes hinaus.[52]

Sydsvenska Dagbladet, Malmö, 9. Oktober 1894, S. 3[53]

Ein Roman[54]

[...][55] Fast mehr als alles andere entzieht sich eine Komplikation der hier beschriebenen Art einer ruhigen und unparteiischen Beurteilung. Es ist auch nicht zu erwarten, dass die Allgemeinheit in der Lage ist, solche psychopathischen Details zu verstehen, die selbst der erfahrenste Spezialist lange Zeit braucht, um sie als Grundlage für sein endgültiges Urteil über die geistige Gesundheit oder Krankheit einer Person zu betrachten. Es mag sein, dass der Bericht des Kollegen der „Politi-

---

52 Die Stockholmer Zeitung Aftonbladet druckte am 10. Oktober 1894, S. 3, große Teile dieses Artikels unter der Überschrift „Ein Roman der jetzigen Zeit: Die eingesperrte Gräfin" nach. Fast wortgleich berichteten weitere schwedische Blätter: Norrköpings Tidningar, 10.10.1894, S. 2; Nya Dagligt Allehanda, Stockholm, 10.10.1894, S. 2; Dagens Nyheter, 11.10.1894, S. 2, unter der Überschrift „Das traurige Schicksal einer Hofdame"; Östgöten, 11.10.1894, S. 2, unter dem Titel „Wahnsinnig oder nur – herzensgut? Großer Skandal aus der feinen Welt"; Stockholms Dagblad, 11.10.1894, S. 7, „Ein Roman der Jetztzeit Die eingesperrte Gräfin"; Randers Arbejderblad, 11. Oktober 1894, S. 1 f.; Nerikes Allehanda, 12.10.1894, S. 3; Jämtlandsposten, 12.10.1894, S. 2; Sundvalls-Posten, 12.10.1894, S. 4; Karlskrona Weckobladt, 13.10.1894, S. 3, sowie Kalmar, 13.10.1894, S. 1.
53 Die Zeitung erscheint seit 1848 und gilt als liberal. Insgesamt wurden vier Artikel in diesem Jahr über Gräfin Schimmelmann gedruckt. Die Göteburger Zeitungen Göteborgs Aftonblad und Göteborgs Handels- och Sjöfartstidning berichteten am 10.10.1894 unter Bezug auf die Politiken ähnliche Sachverhalte.
54 Dieses Stichwort kann sich auf mehreres beziehen: auf die Lebensgeschichte Schimmelmanns an sich, auf ihr Tagebuch oder auf die Berichte der Zeitungen.
55 Die ersten Passagen dieses Berichts sind wörtlich aus der Zeitung Politiken übernommen und werden deshalb hier nicht wiedergegeben. Dieser Artikel erschien in der Abendausgabe der Malmöer Zeitung.

ken", Ignotus, den wir hier in abgeschwächter Form auszugsweise wiedergeben, einseitig ist und den vielleicht durchaus plausiblen Motiven der Familie Schimmelmann nicht ganz gerecht wird.

Es ist jedoch bemerkenswert genug, dass sich die öffentliche Aufmerksamkeit sowohl in Schweden als auch in Dänemark in letzter Zeit so sehr auf solche Zwangseinweisungen durch Angehörige konzentriert hat. Hier gab es die Tufva-Geschichte;[56] in Dänemark empörte man sich über ein Pamphlet eines alten Amtsrichters, Ratsherrn Brun,[57] der erzählte, wie er, völlig normal, von seinen Söhnen in einem Irrenhaus gehalten wurde und nur durch Zufall wieder herauskam. Eine dänische Autorin, die Prinzessin Gonzaga, hat vor kurzem einen Roman geschrieben, der sich gut mit einem solchen Thema auseinandersetzt.[58] Und nun endlich kommt der selbst geschriebene Roman der Gräfin Adelaide Schimmelmann.

---

[56] In der schwedischen Berichterstattung wird fast regelmäßig dieses Stichwort verwendet als Symbol für die Kritik des späten 19. Jahrhunderts an den Psychiatrien des Landes. Die Angehörigen des Bauern A. P. Johansson ließen diesen 1893 für zehn Wochen in einer privaten psychiatrischen Anstalt in Solna bei Stockholm, genannt Tufvan, unterbringen. Daraufhin kam es zu einer Debatte im Parlament über Machtmissbrauch, Entmündigung und Zwangseinweisungen, vgl. hierzu *Anna Ohlsson*: Myt och manipulation. Radikal psykiatrikritik i svensk offentlig idédebatt 1968–1973, Stockholm 2008.

[57] Zu P. M. Brun s. S. 71 f., Anm. 112.

[58] Die norwegisch-dänische Schriftstellerin Elisabeth Schøyen (1852–1936) veröffentliche zahlreiche Werke, die teilweise hohe Auflagen erzielten. Sie wurde 1893 von der Herzogin von Mantua in London adoptiert und nannte sich in einigen ihrer Veröffentlichungen Prinzessin d'Este Gonzaga. Vermutlich ist ihr Roman Grev Brahes Hus, Kopenhagen 1894, gemeint. In Deutschland wurde dieses Werk anscheinend nicht rezipiert, anders als im Fall von Amalie Skram.

Aftonbladet, Stockholm, 9. Oktober 1894, S. 2[59]

Eine deutsche Tufva-Geschichte
Kopenhagen, 9. Oktober. Die heutige Ausgabe der „Politiken" berichtet über eine sensationelle Geschichte einer Inhaftierung. Die Gräfin Adelaide Schimmelmann zu Lindenburg soll auf Veranlassung ihrer Verwandten listig in ein Irrenhaus gebracht und dort ein Vierteljahr lang festgehalten worden sein, danach wurde ihr vom Arzt geistige Gesundheit bescheinigt. Während dieser Zeit sei den Freunden und Bekannten der Gräfin auf Nachfrage lediglich mitgeteilt worden, dass sie schwer krank sei, während alle ihre Versuche, mit der Außenwelt in Kontakt zu treten, vereitelt worden seien. Nach Angaben der Zeitung zog sich Gräfin S., die Tochter des verstorbenen Lehnsgrafen Ernst Schimmelman und zu ihrer Zeit eine der großen Persönlichkeiten des Berliner Hofes, wo sie als Hofdame der Kaiserin Augusta, der Gemahlin Kaiser Wilhelms I., angestellt war, nach dem Tod ihres Vaters 1885 aus der Öffentlichkeit zurück und widmete sich einer umfangreichen philanthropischen Tätigkeit, die die gesamten Zinserträge ihres Vermögens aufbrauchte. Der Unmut der Familie darüber wurde nicht dadurch gemindert, dass die Gräfin ein paar verwaiste Fischersöhne aus dem Fischerdorf auf Rügen, in dem sie ihre Sommer verbrachte, als eigene Kinder und Erben aufnahm.[60]

---

59 Die 1830 gegründete Zeitung erscheint bis heute in Stockholm; ursprünglich wies sie eine liberale Orientierung auf.
60 Die in Schweden erscheinenden folgenden Blätter berichteten wortgleich: Nyaste Kristianstadsbladet, 9.10.1894, S. 3; Hessleholms Tidning, 12.10.1894, S. 3; Ny Tid, 12.10.1894, S. 2.

Politiken, Kopenhagen, 10. Oktober 1894, S. 1

Ein Roman. Einige Dokumente
Gestern haben wir über das Leben der Gräfin Adeline Schimmelmann berichtet, bis sie unerwartet und gegen ihren Willen in die 6. Station des Kommunehospitals eingeliefert wurde. Während ihres Aufenthaltes dort hielt die Gräfin in unbeobachteten Augenblicken auf einigen kleinen Zetteln ein paar Notizen fest, die später gesammelt und als Manuskript gedruckt wurden. Obwohl dieses Manuskript nur für einen engeren Kreis bestimmt ist, glauben wir keine große Indiskretion zu begehen, wenn wir einige Zeilen bekannt geben, die die Verhältnisse in der besagten Abteilung scharf beleuchten und daher von allgemeinem Interesse sind. „Als ich diese Privatwohnung betrat, schloss sich die Tür hinter mir, und ich fand mich in der Zelle einer Anstalt für allgemein gefährliche Geisteskranke und geisteskranke Verbrecher wieder. Ein junger Arzt forderte mich auf, mich auszuziehen und hinzulegen, und als ich mich weigerte, nahm er mich bei der Hand und sagte: ‚Dann werde ich es mit Gewalt tun!‘ [...][61] Wie habe ich geweint, als ich die Segelschiffe auf dem blauen Meer sah! O meine Kinder! Wollt ihr das Zeugnis eurer Mutter als Wahnsinn bezeichnen? Nein, um Jesu willen, nein!" In der Irrenanstalt von Vordingborg wurde die Gräfin trotz ihrer verzweifelten Proteste sieben Wochen lang in Gewahrsam gehalten, bis der leitende Facharzt Dr. Helwig am 21. Mai d. J. das folgende Attest ausgestellt hat: „Von der Direktion der Irrenheilanstadt in Vordingborg d. 21. Mai 1894. Gräfin

---

61 Der ganze Passus ist mit dem oben veröffentlichten Tagebuch Schimmelmanns identisch und wird hier deshalb nicht noch einmal abgedruckt, s. S. 48–62.

Adelaide Schimmelmann wurde am 28. März d. J. in die Anstalt als geisteskrank eingeliefert, kann aber jetzt wieder entlassen werden, da bei ihr keine Geisteskrankheit festgestellt werden konnte. Helwig."

Zeitgleich mit der Ausstellung dieses Attestes in der Nervenheilanstalt wurde dem Vormund der Gräfin, Graf Carl Schimmelmann,[62] der sich zu dieser Zeit auf dem Gut Hagen in Holstein aufhielt, mitgeteilt, dass die Gräfin entlassen werden würde. Daraufhin schickte der Graf einen Mann und eine Frau – beide von unzuverlässigem Aussehen –, um die Gräfin in eine private Irrenanstalt in Kiel[63] zu begleiten. Es wird jedoch vermutet, dass die leidgeprüfte Dame es vorzog, in Vordingborg zu bleiben, bis sie sich eine geeignete Garderobe zugelegt hatte, und dass sie, anstatt nach Kiel zu reisen, eine Einladung ihrer Freundin, der Großherzogin Elisabeth von Mecklenburg, vorzog, die während der Sommermonate mit ihrer Tochter Marie[64] im Schloss Raben Steinfeldt unweit der Küste[65] lebte. Gräfin Schimmelmann reiste dorthin und wurde auf das herzlichste empfangen. Nach einigen Tagen der Erholung wandte sie sich an den berühmten deutschen Psychiater Dr. Schuchardt[66] und bat ihn, sie zu unter-

---

62 Es handelt sich um den Onkel Adeline Schimmelmanns, s. S. 120.
63 Vgl. S. 91.
64 Hier sind allem Anschein nach die Namen verwechselt worden: Elisabeth (1869–1955) war die Tochter von Großherzogin Marie. Sie heiratete 1896 den verwitweten Großherzog Friedrich August II. von Oldenburg (1852–1931) und zog sich nach etlichen Eheskandalen, ohne formelle Scheidung, nach Mecklenburg an den Sitz ihrer Mutter zurück. Zu Großherzogin Marie s. S. 74. Vgl. auch *Kasten*: Schwarze Schafe, S. 50–66.
65 Das Schloss Raben Steinfeld war der Witwensitz von Großherzogin Marie am Hochufer des Großen Schweriner Sees, ungefähr 8 km von der Residenz in Schwerin entfernt. Hier war 1849 ein herzogliches Mustergut nach englischem Vorbild errichtet worden, s. *Wiese*: Friedrich Franz II., S. 99.
66 Der Arzt und Psychiater Fedor Schuchardt (1848–1913) leitete von 1886 bis 1895 die Irrenheilanstalt Sachsenberg, die 1830 in der Nähe von

10. Oktober 1894

suchen und ihr ein Attest über die Ergebnisse seiner Untersuchung auszustellen. Dr. Schuchardt kam ihrem Wunsch nach und stellte drei Wochen später das folgende Attest aus: „Gräfin Adeline Schimmelmann ist seit dem 17. Juni letzten Jahres von dem Unterzeichneten wiederholt einer eingehenden Untersuchung ihres geistigen Zustandes unterzogen worden. Während dieser Zeit der Beobachtung hat Gräfin Schimmelmann nichts in ihrem Wesen erkennen lassen, was die Vermutung einer Geistesstörung rechtfertigen könnte. Der Unterzeichnete fasst sodann seine Auffassung in einer Erklärung zusammen, dass Gräfin Adeline Schimmelmann derzeit nicht geisteskrank ist." Sachsenburg, den 3. Juli 1894. (Siegel) Sanitaetsrath H. Schuchard.

Gleichzeitig ließ die Gräfin von ihren Bediensteten eidesstattliche Erklärungen darüber abgeben, was in der Villa in Hellebæk nach ihrem unerwarteten Krankenhausaufenthalt im Kommunehospital geschehen war. Von diesen Aussagen geben wir ein Fragment dessen wieder, was ihr Diener Poul Friedrich[67] gegenüber dem Notar in Rostock[68] erklärt hat. Es sei darauf hingewiesen, dass die Erklärung unter Einhaltung

---

Schwerin gegründet worden war. 1895 erhielt Schuchardt einen Lehrstuhl an der Universität Rostock, s. *Julius Pagel*: Biographisches Lexikon hervorragender Ärzte des neunzehnten Jahrhunderts, Berlin u. Wien 1901, Sp. 1540f. Vermutlich vermittelten Großherzogin Marie und ihre Entourage diesen Kontakt.

67 Während Schimmelmann ihn in ihrem Tagebuch als schwer erkrankt beschreibt, nimmt er hier eine für sie unterstützende Rolle ein. Die formelle Adoption erfolgte erst 1904, sodass 1894 seine Rolle in ihrem Haushalt unklar war und er für einen Dienstboten gehalten werden konnte, s. *Albrecht* u. a.: Schimmelmann, S. 143–150.

68 Mit großer Wahrscheinlichkeit handelt es sich um den Rostocker Juristen, Historiker und Schriftsteller Dr. Karl Eggers (1826–1900). In der Schleswig-Holsteinischen Landesbibliothek in Kiel, Cb 60, ist ein Schreiben Schimmelmanns an ihn vom 18.11.1894 erhalten, in dem sie ihn um weitere Unterstützung bittet, um ihren Fall auch in Deutschland bekannter zu machen.

aller Formen abgegeben, von Zeugen unterzeichnet und mit dem Siegel des Notars versehen wurde. „Am 22. Februar (d. h. am Tag nach der Einlieferung der Gräfin in das Krankenhaus) erschien gegen 12 Uhr der praktizierende Arzt in Hellebæk in der Villa. Der Arzt, an dessen Namen ich mich nicht mehr genau erinnern kann, wurde von einem Professor aus Kopenhagen begleitet, und dieser drängte mich, ihn zu begleiten, was ich jedoch ablehnte. Am Abend kam eine mir unbekannte Frau in Begleitung von zwei Männern, nämlich dem Gendarmen in Hellebæk und dem Förster in den Schimmelmannschen Wäldern.[69] Der Name dieses Polizisten ist Olsen. Sie legten mir ein Telegramm vor, das ich jedoch nicht las, und behaupteten, dass die besagte Frau durch dieses Telegramm von Graf Werner Schimmelmann und Gräfin Isa Schimmelmann ermächtigt sei, eine Blechschachtel mit Schmuck, einschließlich der Silberwaren, zu erhalten. Ich weigerte mich, diese Dinge auszuhändigen, und die drei Personen gingen unerledigter Dinge davon. Am Freitagabend, dem 23. Februar, erschien ein Herr in der Villa, der sich als Graf Werner Schimmelmann ausgab. In seiner Begleitung befanden sich der Arzt aus Hellebæk, ein mir unbekannter Beamter und ein Herr, der sich als Polizeichef von Fredensborg[70] vorstellte, sowie der Gendarm aus Hellebæk und drei Polizeibeamte aus Fredensborg. Der Arzt unterstützte den Polizeichef – und ab und zu auch die anderen Herren – als Dolmetscher. Der Polizeichef erklärte mir nun, dass ich das Haus sofort verlassen müsse, aber erst, nachdem er

---

69 Zu den umfangreichen Besitzungen der Schimmelmann-Familie in Hellebæk, s. S. 1.
70 Im Frederiksborger Amtsblatt war am 14.4.1894 die Entmündigung Schimmelmanns bekannt gegeben worden, s. S. 120; vgl. auch auch den Artikel in Politiken vom 12.10.1894, S. 156–159.

alles, vor allem die Schmuckschatulle, ausgehändigt bekommen habe. Er fügte hinzu, dass das Haus von der Polizei durchsucht werden würde, da die Gräfin krank sei. Der Schmuck, der sich in der Blechschachtel befand, wurde dann vom Polizeichef einzeln notiert. Graf Schimmelmann behauptete, dass ein sehr wertvolles Diamantschmuckstück fehle und ließ meine Sachen untersuchen. Insbesondere die Briefe, die mir die Gräfin zur Aufbewahrung überlassen hatte, wurden genauestens untersucht. Während ich dann meine Sachen zusammenpackte, durchsuchten die Herren jeden Winkel des Hauses, und ich bemerkte unter anderem, dass ein Polizist den Korb durchsuchte, in dem ich meine schmutzige Kleidung aufbewahrte. Als ich den Grafen fragte, wo die Gräfin sei, antwortete er, ich könne mich beim Oberstaatsanwalt B.[71] erkundigen, und als ich fragte, was mit ihr los sei, antwortete er, sie sei krank und werde sich wohl nicht mehr erholen. Daraufhin beugte ich mich den Anordnungen und verließ das Haus. Das tat auch mein Mitstreiter. Ein Polizist begleitete uns nach Gedser, wo er uns jeweils 20 Kronen gab und uns befahl, mit dem Schiff nach Warnemünde zu fahren.[72] Er achtete darauf, dass wir seinem Befehl gehorchten. Er selbst hatte jedem von uns eine Fahrkarte direkt nach Berlin ausgehändigt. Da ich in Kopenhagen bleiben wollte, erklärte der Beamte, dass der Graf (Werner Schimmelmann) mir dies untersagt und den Befehl gegeben habe, dass wir schnellstens aus Dänemark herausgebracht werden sollten. Für die Ausführung dieses Befehls habe er vom Grafen 200 Kr. erhalten."

---

71 Über seine Identität und die Rolle, die er in dieser Angelegenheit spielte, lässt sich nichts Genaueres sagen.
72 Seit 1886 bestand eine Fährverbindung zwischen diesen beiden Orten.

Zusätzlich zu den hier erwähnten Aussagen ihrer Hausbediensteten hat Gräfin Schimmelmann während ihres Aufenthalts bei der Herzogin von Mecklenburg vor einem Notar eidesstattliche Erklärungen von Personen abgeben lassen, die sie bereits zeitlebens oder seit vielen Jahren kannten. Alle beiden befragten Personen haben erklärt, dass die Gräfin sich stets durch einen guten und klaren Verstand ausgezeichnet hat, und diese sehr detaillierten Aussagen in Verbindung mit den beiden oben abgedruckten ärztlichen Attesten scheinen mehr als ausreichend zu sein, um zu beweisen, dass diese Dame ohne Grund zur Beobachtung aufgenommen wurde. Nur sehr wenige Menschen – insbesondere Damen – wären in der Lage gewesen, zu ertragen, solch starken geistigen Erschütterungen ausgesetzt zu sein, wie Gräfin Schimmelmann es während ihres Aufenthalts in der sechsten Abteilung des Kommunehospitals und in der Irrenanstalt von Vordingborg war. Ignotus.[73]

Sydsvenska Dagbladet, Malmö, 10. Oktober 1894, S. 1

Der Roman der Gräfin Adelaide Schimmelmann
Die heutige Ausgabe der „Politiken" enthält ebenfalls einen langen Artikel über die Zwangseinweisung von Gräfin Adelaide Schimmelmann, die gestern thematisiert wurde. Darin werden unter anderem die Atteste des Chefarztes Dr. Helwig aus der Irrenanstalt Vordingborg und des Vertrauensarztes Schuchard in Sachsenburg ausführlich wiedergegeben, die besagen, dass sie für völlig normal befunden wurde. Nachdem sie die Anstalt in Vordingborg verlassen hatte, wollten

---

73 Zur Identität des Journalisten s. S. 90. Dieser Artikel wird weitgehend wortgetreu wiedergegeben in Aftonbladet, 11.10.1894, S. 3.

ihre Verwandten, dass sie in eine Privatklinik in Deutschland geht, aber sie weigerte sich und ging zu ihrer Freundin, der Großherzogin Elisabeth von Mecklenburg, wo sie herzlich aufgenommen wurde.

Social-Demokraten, Kopenhagen, 10. Oktober 1894, S. 1[74]

Eine neue Geschichte des Schwachsinns. Gräfin Schimmelmann

Eine dänisch-deutsche Gräfin Adeline Schimmelmann, deren Familie der Schimmelmann-Palast in der Bredgade gehörte, wurde in diesem Frühjahr erst zur Beobachtung in die 6. Abteilung des Kommunehospitals und anschließend in die Irrenanstalt in Oringe eingeliefert. Gestern berichtete die „Politiken" außergewöhnlich wohlwollend über den Zustand der Gräfin. Gräfin Schimmelmann, die seit dem Tod ihres Vaters die meiste Zeit in Deutschland verbracht hat, soll mit Zustimmung des alten Kaiserpaares an der pommerschen Küste Heime für Fischer und andere karitative Einrichtungen für arme Menschen eröffnet haben. Acht Sommer lang soll sie hier unter den Fischern gelebt und gearbeitet haben. Im Winter jedoch hielt sie sich in Hellebæk bei Helsingør auf, wo die Familie Schimmelmannn große Ländereien besitzt. Gräfin Adeline hatte zu ihrer Familie ein sehr angespanntes Verhältnis. Dieselbe besuchte sie nie, und sie kam auch nur sehr selten zu ihr. Als sie jedoch im Februar dieses Jahres erfuhr, dass ihr Bruder, Graf Werner S. von Lindenborg, sich in Kopenhagen niedergelassen hatte, machte sie sich auf den Weg, um ihm einen Besuch abzustatten. Gleichzeitig wollte die Gräfin mit einem ihrer Pflegekinder einen Arzt aufsuchen. Ihr Bruder

---

74 Die Zeitung erschien unter unterschiedlichen Namen von 1871 bis 2001.

machte sie mit Professor Pontoppidan bekannt, und unter der Bedingung, dass sie in die Privatwohnung des Professors gingen, wurde Gräfin Adeline in die 6. Abteilung des Kommunehospitals gebracht, wo sie zu ihrem Entsetzen zur Beobachtung festgehalten wurde. Hier musste sie 5 Wochen lang bleiben, danach war sie 8 Wochen lang in Oringe untergebracht. Nachdem sie 13 Wochen eingesperrt war, soll Dr. Hellweg,[75] der dortige Chefarzt, ihr ein Attest ausgestellt haben, das besagt, dass sie geistig völlig normal sei. – So wurde der Fall gestern in der Zeitung „Politiken" dargestellt, in der behauptet wird, dass ihr Bruder, Graf Werner S., seiner Schwester während ihrer Einsperrung die notwendigste Garderobe verweigert habe. Derselbe Bruder soll sie für unzurechnungsfähig erklärt haben, eine Maßnahme, die später vom Justizministerium aufgehoben wurde.

Zeugenaussagen der Ärzte. Um diese mysteriöse Angelegenheit zu klären, die wahrscheinlich wieder die Gemüter erregen wird, haben wir uns an zwei Ärzte gewandt, die die Gelegenheit hatten, das Verhalten der Gräfin zu beobachten, bevor sie in die Behandlung von Professor Pontoppidan kam. Beide erklärten, dass sie geisteskrank gewesen sei, als sie sie kennenlernten. Der eine hatte die Gelegenheit, sie im letzten Sommer zu untersuchen, der andere zu Beginn des neuen Jahres. Einer dieser Ärzte, der die Gräfin vor Jahr und Tag zufällig kennengelernt hatte, kam „zu dem eindeutigen Urteil, dass sie schon damals in geistiger Hinsicht völlig abnormal war". Sie plauderte über den einen Pflegesohn, um den sie sich sehr herzlich kümmerte, dann jedoch, ohne erkennbaren Zusammenhang

---

[75] Die Schreibweise dieses Namens variiert in den unterschiedlichen Dokumenten.

zu besagtem Sohn, fuhr sie fort, eine Reihe von Geschichten über ihr Verhältnis zum Kaiser und zur Kaiserin von Deutschland sowie über ihre wohltätigen Einrichtungen zu erzählen. In ähnlicher Weise schilderte sie Verfolgungen, denen sie ausgesetzt sei, in leuchtenden Farben. All das trug sie in einer solchen Art und Weise und mit einem solchen Schwall an unnötigen Worten vor, dass der Arzt sie definitiv für geisteskrank hielt. Zur Aussage von Chefarzt Helweg, dass sie jetzt völlig gesund sei, erwiderte unser Gesprächspartner, dass sie vielleicht jetzt gesund sei, nachdem sie sowohl im Kommunehospital als auch in der Irrenanstalt fachkundig behandelt worden war; aber das schließe nicht aus, dass sie krank gewesen sein könnte. Der zweite Arzt erklärt, dass sie an Manomanie[76] litt. Manchmal konnte sie recht vernünftig sein, aber es war unbestritten, dass sie zumindest zum fraglichen Zeitpunkt, zu Beginn dieses Jahres, mindestens eine sogenannte fixe Idee hatte! Die Gräfin glaubte immer noch, dass sie verfolgt wurde; manchmal war es ihre Familie, die sie fürchtete, aber noch öfter glaubte sie, dass die Anarchisten hinter ihr her seien. Auf jeden Fall litt sie unter Verfolgungswahn. Außerdem hatte sie sehr glühende religiöse Vorstellungen. Sie sah es als ihre Lebensaufgabe an, alle zu bekehren, mit denen sie in Kontakt kam, und schrieb Hymnen und Traktate, die sie immer wieder vorlas. Der Arzt wusste auch, dass sie in der Villa in Hellebæk ein ziemlich exzentrisches Leben geführt hatte. Sie nahm nicht nur arme und hilflose Menschen bei sich auf. Von ihren Reisen brachte sie auch eher zwielichtige Gestalten, deutsche Vagabunden und ähnliche Leute mit, die in der Villa

---

76 Dieser Begriff wurde in der psychiatrisch-medizinischen Diagnostik des 19. Jahrhunderts verwendet und beschreibt eine partielle Störung.

ein sündhaftes Leben führten. Es muss selbst an der geringsten Sauberkeit gemangelt haben. Sie hinterließen sogar ihre Exkremente in den Zimmern. Und, wie unser Informant bemerkte, würde keine normale Gräfin solch schauderhaften Dreck dulden. Alles in allem erklärt diese Situation auch, dass Gräfin Schimmelmann zumindest zur fraglichen Zeit geisteskrank war.[77]

Die „Politiken" berichtet, dass der Krankenhausaufenthalt der Gräfin in Oringe zu einem Prozess führen wird – gegen wen, wird nicht gesagt. Eine Verurteilung des Bruders der Gräfin oder von Professor Pontoppidan ist jedoch, soweit wir das bisher erkennen können, höchst unwahrscheinlich.

Arbetet, Malmö, 10. Oktober 1894, S. 3[78]

Aus den Nachbarländern
Tufva-Geschichten[79] scheinen an der Tagesordnung im gesetzlosen Land Estrups[80] zu sein. Wir erinnern uns an die skandalöse Löwenskiold-Geschichte.[81] Nun wird

---

[77] Die Art dieser Darstellung erinnert an die negativen Eindrücke, die die niederländische Schriftstellerin de Savornin Lohman von der Gräfin gewann, s. S. 108–114. In ihren Streiflichtern schreibt Schimmelmann in einem Kapitel unter der Überschrift „Meine Jungen", S. 43f., von Jugendlichen, die sie zur Ausbildung aufnahm.

[78] Die sozialdemokratisch ausgerichtete Zeitung erschien von 1887 bis 2000 in Malmö. In der Zeit vom 10.10. bis 5.11.1894 erschienen insgesamt fünf Artikel zur Schimmelmann-Affäre.

[79] Zu diesem Stichwort s. S. 131.

[80] Der Name des damaligen Ministerpräsidenten wird hier als Synonym für Dänemark verwendet. Zur Person Estrups s. S. 123.

[81] Herman Frederik Løvenskiold von Løvenborg, ein Sohn des dänischen Komponisten Herman Severin Løvenskiold (1815–1870), lebte auf dem Landsitz der Familie und wurde 1877/78 von seinen Verwandten wegen wirtschaftlicher Unfähigkeit unter Verwaltung gestellt, s. dazu den Zeitungsbericht in Smålands-Posten, 26.2.1892, S. 3; *Pia Elisabeth Wiedeman*: Løvenskiold til Løvenborg. 1738–1938, Kopenhagen 2010.

in der „Politiken" von einer anderen aufsehenerregenden Einsperrungsgeschichte berichtet. [...][82] Eine ihrer Schwestern ist mit dem Sohn des ehemaligen Ministers Estrup verheiratet.[83] Ein Reporter der dänischen Scc.D.[84] berichtete indessen heute, dass einige Ärzte, die er aufgesucht hatte, ganz bestimmt die Unzurechnungsfähigkeit der Gräfin erklärt hatten. Vermutlich sei ihr die religiöse Leidenschaft zu Kopf gestiegen. Sie wolle nämlich die ganze Welt bekehren und schreibe eine Menge von Psalmen und Traktaten. In jedem Fall habe sie an Verfolgungswahn gelitten und von Anarchisten und Familienverfolgungen phantasiert. Ein Arzt erklärte außerdem, dass sie in ihrer Villa in Hellebæk ein ziemlich exzentrisches Leben geführt habe. Es waren nicht nur arme und hilflose Personen, derer sie sich angenommen hatte. Von ihren Reisen brachte sie auch sehr zweifelhafte Existenzen mit sich, die in der Villa ein schreckliches Leben führten. Selbst die dürftigste Reinlichkeit wurde dort außer Acht gelassen. Sie ließen sogar ihre Exkremente in den Räumen liegen.

Politiken, Kopenhagen, 11. Oktober 1894, S. 2

Ein Roman. Gräfin Schimmelmann
Gestern Morgen suchten wir Gräfin Schimmelmann auf, die vorübergehend eine Etage am Ørstedspark bewohnt.[85] Die Gräfin, die am offenen Fenster stand und die verdorrten Blätter der Bäume betrachtete,

---

82 Die Darstellung ist mit dem Artikel in Politiken vom 9.10.1894 identisch und wird hier nicht wiederholt, s. S. 120–130.
83 Diese irrtümliche Meldung taucht an mehreren Stellen auf, s. S. 123.
84 Vermutlich handelt es sich um die Zeitung Social-Demokraten.
85 Dieser Park liegt in den ehemaligen Wallanlagen, die die Kopenhagener Innenstadt umgeben.

trug ein hellgraues schlichtes Kleid mit weiten Puffärmeln. So schäbig wie die Wohnung eingerichtet war, so schäbig war auch ihre Kleidung. Sie trug keinen Schmuck und keinen Ring an ihrer ausgestreckten
5 weißen Hand. „Ich bin so beunruhigt und unruhig", begann sie, „weil ich plötzlich in aller Munde bin, und die Tatsache, dass ein Auszug aus meinem Tagebuch nun in alle Winde verstreut ist, hat mich noch mehr beunruhigt. Aber Gott ist mein Zeuge, dass alles, was
10 noch über meinen Fall gesagt wird, die unverfälschte Wahrheit ist. Ich suche meinen Trost beim Allmächtigen." Und die Gräfin setzte sich und setzte das Gespräch fort, das sie in dem liebenswürdigen, etwas festlichen Ton führte, der Damen von höchstem Rang
15 eigen ist. Die leichte Verbeugung, mit der sie hin und wieder einen Satz unterstrich, die vornehme Haltung ihres Kopfes und die verhaltenen Bewegungen ihrer Hände zeugten davon, dass ihr Aufenthalt auf Rügen unter einfachen Fischern keine Linie ihres ursprüng-
20 lichen Wesens verwischt hatte. Die schlanke Gestalt, das blasse, fein geformte Gesicht mit der leicht hakigen Nase und die großen, sprechenden Augen gaben ein vollständiges Bild der adligen Dame. Sie sprach leicht und lebhaft und machte, kurz gesagt, den Eindruck
25 eines ungewöhnlichen Menschen, bei dem sich das warme Gefühl des Herzens harmonisch der Vernunft der Welt unterordnet, ohne jedoch diese Logik zum höchsten Gesetz zu machen. „Man hat mir eine Zeitung gebracht" – und die Gräfin zeigte auf eine Ausgabe
30 des ‚Social-Demokraten' –, „die mich behandelt, als wäre ich keine Dame. Zwei Ärzte – deren Namen nicht genannt werden – sollen gegenüber der Zeitung erklärt haben, mein Haus in Hellebæk sei ein Tummelplatz deutscher Vagabunden. Ja, es ist wahr, dass ich eine
35 Schar vaterloser und missgebildeter Kinder von der Straße aufgenommen habe, und dass ich immer die

Schlimmsten genommen habe, die ich finden konnte, denn solche Kinder brauchen vor allem Liebe und Erziehung. Im Laufe der Jahre habe ich nach und nach 12 unglückliche Kinder aufgenommen, von denen 7 jetzt als tapfere Seeleute in verschiedenen Meeren unterwegs sind. Das achte ist ertrunken, und vier sind noch in meinem Haus. Während diese Jungen heranwuchsen, habe ich sie auf meinem kleinen Schiff dienen lassen, das unter dem Kommando eines Kapitäns steht, der mit der Autorität eines älteren Mannes für die Disziplin zuständig ist. Während der Sommermonate, die ich in Hellebæk verbracht habe, lag das Schiff vor meiner Villa, und die Jungen mussten in meinem Garten arbeiten, meinen Wagen waschen und im Stall Dienst tun. Tagsüber haben sie gearbeitet, aber abends habe ich sie auf meiner Veranda versammelt und mit ihnen von der Liebe Gottes gesprochen. Ich hatte die Freude, dass das Wort auf empfängliche Herzen gefallen ist und reiche Frucht trug. Nun heißt es in dieser Zeitung, ich hätte ein unordentliches Haus geführt. Nun, es war nicht ganz so gut organisiert wie ein Haus, in dem die Damen nur mit ihren häuslichen Pflichten beschäftigt sind. Außer den erwähnten Jungen unterhielt ich eine Zeit lang ein Heim für 22 Arbeiterkinder aus Hellebæk,[86] und wenn ein armer Handwerksgeselle auf der Straße vorbeikam, ließ ich ihn auf die Veranda kommen und gab ihm im Namen Gottes eine Mahlzeit, auch wenn es ein Sozialist war. Dass ich ihn nicht in die Villa hereingelassen habe, kann für die Zeitung ‚Social-Demokraten' sicher kein Grund sein, mir das übel zu nehmen." Hier, so scheint es, liegt der Schlüssel zur Erklärung des Wahnsinns der Gräfin. Das Urteil der Welt ist dieses: Sie nimmt

---

86 Über diese Tätigkeit ist bisher nichts bekannt.

sich der Vaterlosen an und nimmt den bedürftigen Reisenden auf, der um eine Mahlzeit bittet;[87] folglich ist sie wahnsinnig. Wie geachtet und geehrt wäre sie gewesen, hätte sie ihr Geld für Vergnügungen und Schmuck ausgegeben.

Beim Verlassen des Hauses begegneten wir auf der Treppe dem Bezirksrichter Brun, der der Gräfin einen Besuch abstattete. Es ist wohl nicht nötig zu sagen, dass der alte, lebhafte Staatsbeamte sich über die Veröffentlichung dieses sensationellen Falles freut, der einen so gewichtigen Beitrag zu der von ihm vertretenden Ansicht über „Vore Hospitaler" leistet. Im Übrigen sollte man vielleicht den Unterschied zwischen dem Fall des Bezirksrichters und dem der Gräfin erwähnen. Es lagen schon zwei ärztliche Atteste vor, als er aufgenommen wurde, und einer dieser Ärzte war mehrere Jahre lang sein Hausarzt gewesen; zur Untermauerung seiner Behauptung, gesund zu sein, hatte er im Wesentlichen nur Zeugenaussagen von Bediensteten und Ärzten. Die Gräfin hingegen hatte zum Zeitpunkt ihrer Einweisung kein ärztliches Attest, dieses wurde nach einem zehnminütigen Gespräch mit Professor Pontoppidan ausgestellt. Umso bedeutsamer ist es, dass sie von Dr. Helwig mit einem Attest entlassen wurde, in dem es heißt, dass „keine Unzurechnungsfähigkeit bei ihr festgestellt werden konnte". Dieses Attest wird außerdem durch ein ähnliches Attest von Dr. Schuchard in Sachsenberg sowie durch zahlreiche eidesstattliche Aussagen von hochrangigen Personen, die ihr Leben und ihre Verhältnisse genau kennen, bestätigt.

---

87 Vgl. Mt 25,35–40.

10. Oktober 94 Redaktion der „Politiken"![88] „Im Zusammenhang mit Ihrer Berichterstattung von gestern erlaube ich mir, Ihnen mitzuteilen, dass ich mich nicht berechtigt sehe, in dem oben genannten Fall Auskunft zu erteilen, und bitte Sie daher, mich nicht mit weiteren Anfragen zu belästigen. Hochachtungsvoll Pontoppidan."

Es ist wohl überflüssig zu erwähnen, dass wir mit unserer Anfrage an den hoch angesehenen Irrenarzt nicht beabsichtigt hatten, Informationen über das zu erlangen, was Ärzte „Krankenhausgeheimnisse" nennen. Andererseits wollten wir fragen, welche Umstände für den Professor ausschlaggebend waren, die Gräfin nach zehnminütigem Gespräch zur Beobachtung einzuweisen. Wie wir wissen, ist Herr Pontoppidan mit einer ungeheuren Macht ausgestattet: Jeden, den er will, kann er ohne Anordnung oder Einspruch auf der Station 6 aufnehmen. Es wäre daher von größtem Interesse gewesen, von ihm Informationen über den Geisteszustand der Gräfin zu erhalten, als sie ins Krankenhaus eingeliefert wurde. Denn obwohl es ihr bei ihrer Entlassung aus Vordingborg gut ging, kann es sehr wahrscheinlich sein, dass sie bei ihrer Einlieferung in Kopenhagen krank war. Die Öffentlichkeit möchte erfahren, wie der Geisteszustand der Gräfin in der Zeit unmittelbar vor ihrem Krankenhausaufenthalt war. Da Professor Pontoppidan nicht in der Lage war, solche Informationen zu liefern, müssen wir sie suchen, wo immer sie zu bekommen sind.

Gräfin Leila Blücher.[89] Vor dem Notar in Rostock hat Gräfin Leila Blücher kürzlich die folgende eidesstattli-

---

[88] Die Politiken gibt im Folgenden Auszüge aus der von ihren Journalisten geführten Korrespondenz mit Pontoppidan wieder.
[89] Zu ihrer Person s. S. 46f.

che Erklärung abgegeben: „Mit Gräfin Adeline Schimmelmann verbindet mich seit meiner frühesten Jugend eine innige Freundschaft. Meine Großeltern lebten in Helsingør, und so war ich nur eine halbe Stunde Fahrt von Hellebæk entfernt, wo Gräfin Schimmelmann ihre Jugend verbrachte. Später, als die Gräfin an den Berliner Hof kam, sahen wir uns seltener, nämlich nur dann, wenn die Gräfin bei ihren Eltern auf Urlaub war. Aber in den letzten Sommern ist die alte Beziehung wiederaufgelebt, da die Gräfin wieder recht häufig in Hellebæk war und Besuche in meinem Elternhaus machte. Im letzten Winter sahen wir uns fast täglich und luden uns gegenseitig ein – und in dieser letzten Zeit habe ich nicht nur keine Spur von Geisteskrankheit bei der Gräfin gefunden, sondern im Gegenteil, ich habe eine Freundin gesehen, die ich mit Freude wegen ihrer liebevollen Güte und Weisheit erlebt habe."

Über den Krankenhausaufenthalt der Gräfin berichtet Gräfin Leila Blücher: „Ein Herr Erichsen,[90] der bei mir zu Gast war, teilte mir mit, dass Gräfin Adeline in ein Krankenhaus in Kopenhagen eingeliefert wurde. Daraufhin begab ich mich zur Villa der Gräfin in Hellebæk, um herauszufinden, was geschehen war. Dort traf ich Graf Werner Schimmelmann aus Kopenhagen, den ich gut kannte, und seine Schwester, Gräfin Isa Schimmelmann, sowie ein älteres Fräulein Meyer,[91] das die Lehrerin von Gräfin Isa gewesen war und großen Einfluss auf sie hatte. Graf Werner erzählte mir, dass Gräfin Adeline in die psychiatrische Abteilung des Kommunehospitals eingewiesen worden sei. Sie sei schon lange völlig verwirrt gewesen, und nun freuten sich alle, dass es ihnen endlich gelungen sei, sie in eine

---

90 Die Identität dieser Person konnte nicht geklärt werden.
91 Auch über sie ist nichts weiter bekannt.

Irrenanstalt einzuweisen. Als ich bemerkte, dass die Isolierung schrecklich sei, antwortete er: ‚Ganz im Gegenteil! Sie müssen Gott danken, dass es uns gelungen ist, sie dort unterzubringen.' Schließlich erzählte er, dass die Gräfin sich an ihn gewandt habe, um seinen Rat bezüglich ihres kranken Dieners Paul einzuholen, der an einer Gehirnkrankheit litt. Graf Werner hatte seiner Schwester geraten, Dr. Pontoppidan zu konsultieren. Zusammen mit dem Arzt war er zur Gräfin gekommen, und nachdem sie mit ihnen über den Diener Paul gesprochen hatte, sagte Pontoppidan zu Graf Werner: ‚Es ist nicht Paul. Es ist die Gräfin, die wahnsinnig ist.' Graf Werner brachte daraufhin seine Schwester in das Kommunehospital unter dem Vorwand, dass sie ein Attest in der Privatwohnung des Arztes abholen sollten. Ich antwortete dem Grafen sofort, dass es nicht stimme, dass die Gräfin geisteskrank sei. Meine Tochter[92] und ich haben den ganzen Winter über mit der Gräfin verkehrt, während er sie nur ein- oder zweimal gesehen hatte. Sowohl ich als auch meine Tochter waren über das Verhalten des Grafen entsetzt." Und nachdem Gräfin Blücher einen Besuch bei den Pflegekindern der Gräfin Schimmelmann beschrieben hat, die bei einer Frau in Hellebæk untergebracht waren, fährt sie fort: „Da die Gräfin in das Kommunehospital eingeliefert wurde, ging ich vier oder fünf Mal dorthin, um sie zu besuchen. Aber jedes Mal wurde meine Bitte um Einlass abgelehnt, da Dr. Pontoppidan jeden Besuch strikt untersagt hatte. Nach fünf Wochen erfuhren wir, dass die Gräfin in die Anstalt in Vordingborg verlegt worden war, und zusammen mit Fräulein Bunzen[93] (die

---

[92] Emily Alice (1874–1941) stammte aus der ersten Ehe Leila Blüchers mit Graf Blücher-Altona.
[93] Nähere Informationen zu ihrer Person liegen nicht vor.

Ärztin der Pflegekinder der Gräfin) reiste ich sofort dorthin. Wir trafen Dr. Helwig, der uns mitteilte, dass die Gräfin eine sehr eigensinnige Patientin sei, da sie nicht mit den anderen Kranken zusammenbleiben
5 wolle, sondern immer allein gehe. Sie habe einen Fluchtversuch unternommen, aber nachdem sie dem Chefarzt ihr Wort gegeben habe, dass sie nicht mehr fliehen werde, dürfe sie nun allein herumgehen. Daraufhin wurde uns gestattet, mit der Gräfin zu spre-
10 chen. Sie war sehr verzweifelt über ihre Lage und flehte uns an, bei ihrer Befreiung zu helfen. Sie schilderte uns die harte Behandlung, die sie im Kommunehospital erfahren hatte, und betonte die bessere Behandlung in Vordingborg. Dann gab sie Fräulein Bunzen heimlich
15 ein kleines Tagebuch und mir ein paar Verse, die ich in der Hand behielt. Der Chefarzt, der dies später erfuhr, verweigerte mir aus diesem Grund jeden weiteren Zutritt zum Krankenhaus.

Der Parlamentsabgeordnete J. Jensen. Gestern ha-
20 ben wir den Abgeordneten für den Kreis Bælum, Herrn J. Jensen,[94] kontaktiert. Von ihm haben wir erfahren, dass er unmittelbar nach der Einlieferung der Gräfin in das Kommunehospital versucht hat, ihre Freilassung zu erreichen, indem er sich an Herrn Pontoppidan
25 wandte. Herr J. Jensen, der gerade von der Finanzdebatte im Folketing[95] kam, antwortete auf unsere Anfrage: „Die Gräfin stammt aus meiner Region. Das Landgut ihres Vaters, Lindenborg, ist nur eine halbe Meile von meinem Haus entfernt, und ich habe die

---

94 Jens Jensen (1859–1928) war von 1895 bis 1903 Parlamentsabgeordneter im Folketing, von 1893 bis 1903 zugleich Mitglied in der Kopenhagener Bürgervertretung. Jensen, von Beruf Maler, gehörte den Sozialdemokraten an.
95 Das Folketing war zu dieser Zeit das Unterhaus des dänischen Reichstags.

Gräfin oft hier in der Stadt getroffen und mit ihr gesprochen. Eines Tages hörte ich, dass sie in die psychiatrische Abteilung des Kommunehospitals eingeliefert worden war. Ich eilte sofort zum Krankenhaus und stellte mich bei Herrn Pontoppidan vor. Er empfing mich mit der größtmöglichen Freundlichkeit und bestätigte mir auf meine Nachfrage, dass die Gräfin zur Beobachtung eingeliefert worden sei: ‚Darf ich sie sprechen?' fragte ich. ‚Nein' erwiderte er, ‚niemand darf mit ihr sprechen.' Und er fuhr fort: ‚Es besteht kein Zweifel, dass sie geisteskrank ist'. Ich äußerte meine Zweifel daran und fragte: ‚Meinen Sie nicht, Herr Doktor, dass dieser Fall ähnlich gelagert ist wie der von Bezirksrichter Brun?' Der Arzt verneinte dies höflich; er versicherte mir, dass er in diesem Fall ein reines Gewissen habe, obwohl er gleichzeitig wohl befürchte, dass die Öffentlichkeit gegen ihn Partei ergreifen werde, falls der Fall publik werde. Als ich daher einige Worte dahingehend fallen ließ, dass ich mich an die Oppositionspresse wenden würde, bat er mich, ein paar Tage zu warten, vielleicht würde sich die Lage ändern. Ich stimmte dem zu. Ein paar Tage später ging ich also wieder zu Herrn Pontoppidan. Er verweigerte mir erneut den Zugang zur Gräfin und äußerte sich sofort über ihre Unzurechnungsfähigkeit. Als ich ihn jedoch fragte, ob man davon ausgehen könne, dass sie mich empfangen würde, verneinte er dies. Ebenso verneinte er, dass irgendwelche Schritte zu ihrer Entmündigung unternommen werden würden. Als ich erneut davon sprach, zur Presse zu gehen, forderte er mich auf, dies zu unterlassen, und sagte mir, ich müsse ihr schreiben. Sie solle keine Briefe erhalten, aber er würde hier eine Ausnahme machen. Gleichzeitig gab er mir die feste Zusage, dass die Gräfin nicht in ein anderes Krankenhaus verlegt werde, bevor er nicht wieder mit mir gesprochen habe. Ich willigte daraufhin ein, der Gräfin zu schreiben, was ich auch tat. Aber der Reichstag hatte erst einmal Osterferien, und ich musste nach Hause fahren. Dort lag ein Brief der Gräfin für mich, datiert auf Karfreitag.[96] Aus diesem Brief, der sich durch seinen stark religiösen Charakter auszeichnet, geht hervor, dass sie während ihres Krankenhausaufenthaltes keine anderen Nachrichten von der Außenwelt erhalten hatte als meinen Brief, für dessen tröstende Worte sie sich bei mir bedankt: ‚Ich danke Ihnen für Ihren Brief, der der einzige Trost ist, den ich erhalten habe. Ich bin sicher, dass Sie und viele andere weiterhin für mich beten werden und dass Gott alles zum Besten wenden wird‘, so ihre Worte. Ich begab mich sofort zum Krankenhaus. Ich kam dort zwei Stunden, nachdem die Gräfin nach Oringe gebracht worden war, an. Ich teilte Herrn Pontopidan mit, dass er sein Versprechen hinsichtlich der Gräfin gebrochen habe. Er entschuldigte sich vielmals und versicherte mir, dass der sich verschlechternde Zustand der Patientin es absolut notwendig gemacht habe, sie nach Oringe zu schicken. ‚Aber‘, fuhr er fort, ‚fahren Sie doch nach Oringe; es besteht kaum ein Zweifel daran, dass man Ihnen erlauben wird, mit der Patientin zu sprechen.‘ Ich nahm dieses Angebot nicht an, das recht seltsam klang und kaum ernst gemeint sein konnte. Denn wenn ich schon im Kommunehospital keinen Zugang zur Gräfin erhielt, wie sollte ich es jetzt in Oringe können, wo sich ihr Zustand nach Aussage des Arztes verschlechtert hatte? Dies sagte ich dem Arzt, der darauf keine Antwort gab. Im Gegenteil, er fragte mich, ob ich einen Brief von der Gräfin erhalten habe; so bestätigte sich meine Vermutung, an die mich eine Formulierung im Brief der Gräfin hatte den-

---

96 Der Feiertag fiel im Jahr 1894 auf den 22. März.

ken lassen, dass nämlich ihr Brief nicht über Pontoppidan, sondern ohne sein Wissen an mich geschickt worden war."

Die Erklärung von Amalie Skram. Während unseres Gesprächs mit Frau Gräfin Schimmelmann erfuhren wir, dass Frau Amalie Skram, die sich im letzten Winter wegen Überforderung und Nervosität freiwillig zur Beobachtung in die 6. Station einweisen ließ, eine Erklärung über die Gräfin ausgestellt hatte. Wir baten um die Erlaubnis, unsere Leser über Auszüge aus dieser Erklärung zu informieren und erhielten die Antwort, dass sie sich im Besitz des Anwalts der Gräfin, Herrn Oscar Johansen,[97] befinde. Die Gräfin hatte keine Einwände gegen die Veröffentlichung der Erklärung, sofern ihr Anwalt sein Einverständnis geben würde. Als wir uns an Herrn Johansen wandten, antwortete er, dass es für ihn einfach sei, diese Erlaubnis zu erteilen, da er wisse, dass Frau Skram die Erklärung möglichst weit verbreiten wolle. Wir geben etwa die letzte Hälfte dieser Erklärung wieder. Sie lautet wie folgt: „So sehr ich auch von meinem eigenen Kummer überwältigt war, so konnte es mir doch nicht entgehen, dass diese ‚verrückte Gräfin' so schön und ruhig anzusehen war, so ruhig und beherrscht in ihrem Wesen, so weise und klar in ihren Antworten an ihre bestellten Peiniger. Konnte es möglich sein, dass sie aus Versehen an diesen Ort, zu diesen armen Irren, gebracht worden war, fragte ich mich, ließ den Gedanken aber sofort wieder fallen. Es ging mich ja nichts an. Dann kam eines Tages die Gräfin auf mich zu und sagte: ‚Wir sind Leidensgenossen. Warum sprechen wir nicht ein wenig miteinander? Denn Sie sind auch nicht verrückt, das habe ich die ganze Zeit über beob-

---

97 Näheres zu seiner Person ist nicht bekannt.

achtet.' Von da an waren wir täglich zusammen und unterhielten uns so gut, wie es zwei Personen, die auf unbestimmte Zeit eingesperrt sind, schaffen können. Ich kann bezeugen, dass noch nie jemand zu Unrecht als verrückt oder unzurechnungsfähig verhaftet und auf dieser Grundlage der Freiheit beraubt worden ist wie die Gräfin Schimmelmann. Bei jedem neuen Gespräch, das ich mit ihr führte, fragte ich mich entsetzt: Wie ist es möglich, dass man es für nötig hielt, diese Dame mit List und Gewalt anzulocken und hier einzusperren, ohne dass sie wusste, was später mit ihr geschehen würde? Und das im Jahre des Herrn 1894! Sie war eine gläubige Christin, allerdings eine fanatische Gläubige, und ihr Glaube hatte eine missionarische Wirkung, die den Andersdenkenden lästig erscheinen konnte. Aber eben dieser Glaube trug sie durch die zahllosen Qualen und Demütigungen, denen sie täglich in der sechsten Station des Kommunehospitals ausgesetzt war und verlieh ihr einen bewundernswerten Gleichmut. In den 17 Tagen, die wir zusammen waren, verlor sie nicht ein einziges Mal die Kontrolle über sich selbst, weder während der experimentellen Kreuzverhöre der sog. Visite noch angesichts der etwas groben Fragen der jungen Mediziner. Wenn das Fegefeuer der Runden vorbei war, ging sie immer in eine Ecke des Raumes, kniete vor einem Stuhl nieder und blieb eine Weile dort zusammengesunken liegen. ‚Und niemand wird bezweifeln, dass sie verrückt ist', sagte einer der jungen Ärzte bei einer solchen Gelegenheit und deutete spöttisch auf die kniende Gräfin. Wenn sie ihre Klage vor dem Gott, an den sie glaubte, ausgeschüttet hatte, erhob sie sich mit neuer Kraft und neuem Mut, um weiter zu leiden. Ruhig ging sie dann zu den Mahlzeiten und, wenn es Nacht wurde, danach ins Bett und schlief friedlich wie ein Kind, worum ich sie nur beneiden konnte. Sie gehört zu denen, die das Wort Christi nicht nur auf den Lippen, sondern im Herzen tragen. Sie redet nicht nur, sondern handelt auch dementsprechend. Ihren Idealen treu und den Lehren, die ihre Lebensmaxime waren, bis zum Äußersten verpflichtet, bleibt Gräfin Schimmelmann mir als einer der harmonischsten und höchststehenden Menschen in Erinnerung, die ich in meinem Leben kennengelernt habe. Amalie Skram".

Herr Johansen sagte über Gräfin Schimmelmann, sie sei nicht nur eine intelligente Frau, sondern habe vor allem in ihrer Gestaltung von Beziehungen zu vielen Menschen ungewöhnliche Weisheit und Scharfsinn bewiesen. Er wollte sich aber zu dem Fall selbst nicht äußern. In rechtlicher Hinsicht seien so viele Aspekte zu berücksichtigen, dass er noch keine endgültige Beurteilung der wichtigsten Punkte habe. Ignotus.[98]

Berlingske politske of Advertissements-Tidende, Kopenhagen, 11. Oktober 1894, S. 1[99]

Die Irrenanstalt des Kommunehospitals
Im Zusammenhang mit einigen Berichten, die in verschiedenen Zeitungen über die angeblich unberechtigte Einweisung einer adligen Dame in die Irrenabteilung des Kommunehospitals erschienen sind, können wir mitteilen, dass nach den vom Magistrat eingeholten Informationen der betreffende Arzt die besagte Dame, als er zu ihr gerufen wurde, in einem hochgradig er-

---

98 Ganz ähnlich berichten die dänische Zeitung København, 11.10.1894, S. 2, mit dem Artikel „Die verrückte Gräfin", sowie die schwedischen Blätter Nya Daglit Allehanda, 11.10.1894, S. 2; mit einer verkürzten Darstellung in Göteborgs Handels- och Sjöfartstidning, 12.10.1894, S. 2.
99 Dieses Blatt erscheint seit 1749 bis in die Gegenwart. Es handelt sich hierbei um die Abendausgabe der Zeitung, die in der Regel ausführlichere Berichterstattungen brachte.

regten Zustand und mit einem mit vier Schüssen geladenen Revolver zum Schutz gegen eingebildete Angriffe von „Anarchisten" bewaffnet vorfand. Er wandte sich daraufhin an die Polizei, der er mitteilte, dass sie für sich und andere gefährlich sei und sofort in ein Krankenhaus eingeliefert werden müsse. Während ihres Aufenthalts dort bis zu ihrer Verlegung in die Irrenanstalt von Vordingborg verschlechterte sich ihr Zustand nach Einschätzung des Arztes nicht wesentlich.

Politiken, Kopenhagen, 12. Oktober 1894, S. 1

Als Gräfin Schimmelmann für unzurechnungsfähig erklärt wurde, wurde ihr Onkel, Graf Carl Christian Gustav Schimmelmann,[100] zu ihrem Vormund bestellt. Dieser Onkel lebt auf Gut Hagen in Holstein, und sein Anwalt hier in der Stadt ist der hoch geschätzte Rechtsanwalt L. C. Bøcher in Gl. Torv 4.[101] Herr Bøcher ist nicht nur der Anwalt des Grafen Carl Schimmelmann, sondern verwaltet auch das Vermögen der Gräfin Adeline. Zum Zeitpunkt ihres Krankenhausaufenthalts befanden sich ihre Schuldverschreibungen in seinem Besitz, aus denen er – im Auftrag ihres Vormunds – alle laufenden Kosten bezahlt hat, einschließlich der Kosten für ihren Krankenhausaufenthalt in der 6. Abteilung. Ja, es war wahr: Für den Wagen, mit dem Graf Werner die Gräfin vom Hotel zur Irrenanstalt gefahren hatte, hatte er eine Rechnung über 2,30 Kr. vorgelegt. Für die Fahrt, die er und sein Begleiter nach Hellebæk unternommen hatten, hatte die Gräfin

---

100 Vgl. S. 120.
101 Die Kopenhagener Straße Gammeltorv liegt in der Nähe des Parks, in dem Schimmelmann vorübergehend eine Wohnung bezogen hatte. Ob es allerdings einen Zusammenhang zwischen der Wahl dieser Orte gibt, ist unklar.

40,40 Kr. bezahlen müssen. Hinzu kamen verschiedene andere Posten, wie z. B. eine Zuwendung an die Gendarmen in Hellebæk in Höhe von 10 Kr. und die Auslagen des Polizeibeamten in Höhe von 176,29 Kr., für den Beamten in Kronborg Østre Birk Rosing[102] 100 Kr., für das Krankenhaus in Oringe 190 Kr., Gerichtskosten im Zusammenhang mit der Entmündigung der Gräfin 500 Kr., Bekanntgabe des Vormundschaftsurteils in der „Berlingske Tidende"[103] 1 Kr. 47 Øre, Telegramm nach Fredensborg mit Dekret 54 Øre, Reisekosten von Graf Carl Schimmelmann 216 Kr. 1 Øre, Rechnung des Kommunehospitals 316 Kr. 83 Øre, Ausgaben für Träger 13 Kr., Dr. Høgsbro 53 Kr., Dr. Jessen Kr. 20 und Oberarzt Dr. Pontoppidan 500 Kr. Wir haben den Rechtsanwalt gefragt, ob Dr. Høgsbro hier in der Stadt oder in Hellebæk wohnt. Er wohnte in Hellebæk. Hatte die Gräfin ihn als Arzt konsultiert? Nein, aber er war offenbar anwesend gewesen, als Graf Werner in Begleitung von Hofleuten der Villa den vielbeachteten Besuch abstattete. Und Dr. Jessen? Vermutlich einer der Ärzte der psychiatrischen Abteilung. Wir fragten Herrn Bøcher dann, ob die 500 Kronen an Dr. Pontoppidan ein Honorar für das Gespräch waren, das er mit der Gräfin im Hotel geführt hatte – das verhängnisvolle Gespräch, das ihrer Einlieferung ins Krankenhaus vorausging. Herr Bøcher antwortete: „Darüber kann ich keine Auskunft geben. Ich bin Anwalt und muss das Geld auszahlen. Hier ist ein Brief von Graf Carl Schimmelmann, in dem er schreibt, dass Pontoppidan ihm den Betrag seiner Forderung genannt

---

102 Vgl. hierzu die Zeitungsnotiz vom 14.4.1894, wo das Gericht des Bezirks Kronberg Ost erwähnt wird, s. S. 120.
103 Vgl. den oben abgedruckten kurzen Artikel dieser Zeitung vom 11.10.1894.

hat, und, wie Sie sehen, fügt der Graf hinzu, dass er die Gebühr nicht zu hoch findet. Daraufhin habe ich das Geld ausgezahlt, und hier ist die Quittung von Pontoppidan." – Die Höhe dieses Honorars wurde hervorgehoben, aber es ist kaum größer als die Honorare, die in solchen Fällen von wohlhabenden Kunden an Spezialisten gezahlt werden. Mit bewundernswerter Schnelligkeit hat sich der Magistrat – wahrscheinlich noch bevor die Beschwerde der Gräfin Schimmelmann ihn erreicht hat – daran gemacht, ihren Fall zu untersuchen, der so viel Aufmerksamkeit erregt hat. Leider beschränkt sich das vorläufige Ergebnis der Untersuchung auf eine etwas vage Aussage in der „Berlingske Tidende" von der letzten Nacht. Wir werden diese Mitteilung in extenso kommentieren, sobald wir sie durch eine Erklärung der Gräfin Schimmelmann ergänzen können. Hier wollen wir nur auf die Ungenauigkeit hinweisen, mit der gesagt wird, dass Pontoppidan mit der Polizei Kontakt aufgenommen habe, ohne dass angegeben wird, ob dieser Kontakt vor oder nach dem Krankenhausaufenthalt stattfand, und ohne dass angegeben wird, ob es eine Genehmigung des Polizeichefs für den Krankenhausaufenthalt der Gräfin gab. Ein weiterer merkwürdiger Punkt in der Erklärung des Magistrats ist die Bemerkung, dass Gräfin Schimmelmann bewaffnet war, als sie eingeliefert wurde. In der Zeitung „Politiken" war berichtet worden, dass die Gräfin seit einigen Jahren – aufgrund der für eine alleinstehende Dame besonderen Umstände, unter denen sie reist – eine unauffällige Pistole bei sich trägt. Ist eine Dame für ihre Umgebung gefährlich, weil sie eine solche Waffe bei sich trägt, obwohl nicht bekannt ist, dass sie jemals versucht hat, eine Waffe zu benutzen? Schließlich ist es ein ziemlich lächerlicher Punkt in der Erklärung, wenn es heißt, die Gräfin habe sich „gegen imaginäre Bestrebungen von Anarchisten" schützen wollen. Darf man fragen, ob eine Dame generell gefährlich für ihre Umgebung ist, weil sie Angst vor Anarchisten hat? Man würde es nicht glauben. Auf jeden Fall sind wir überzeugt, dass die Gräfin keine für ihre Umgebung gefährliche Angst vor den Anarchisten in Hellebæk hatte. Ignotus.

Politiken, Kopenhagen, 13. Oktober 1894, S. 1 f.

Am vergangenen Donnerstag schrieben wir, dass es im Fall der Gräfin besonders wichtig sei, über ihren Geisteszustand zum Zeitpunkt des Krankenhausaufenthalts informiert zu werden. Dass sie nach der Entlassung aus Vordingborg im Besitz ihrer vollen geistigen Fähigkeiten war, ist hinreichend erwiesen, auch durch das Zeugnis von zwei Fachärzten für Psychiatrie. Wir hatten daher beabsichtigt, Herrn Pontoppidan zu bitten, der Öffentlichkeit mitzuteilen, welchen Eindruck die Gräfin während des Gesprächs, das er mit ihr im Hotel führte, auf ihn machte. Herr Prof. Pontoppidan hielt sich jedoch nicht für berechtigt, eine solche Auskunft zu erteilen. Wir haben dann auf andere Weise versucht, den Geisteszustand der Gräfin zum Zeitpunkt ihrer Unzurechnungsfähigkeit zu erhellen, und haben zu diesem Zweck eine eidesstattliche Erklärung übermittelt, die Gräfin Leila Blücher vor dem Notar in Rostock abgegeben hatte. Wie Sie sich erinnern werden, lautete diese Erklärung, dass Gräfin Blücher nichts Ungewöhnliches an Gräfin Schimmelmann beobachtet hatte, die sie jedoch in der Zeit unmittelbar vor ihrer Einweisung in die Klinik täglich zu sehen Gelegenheit hatte. Es ist hinzuzufügen, dass es neben dieser Aussage eine ganze Reihe ähnlicher Aussagen von durchaus glaubwürdigen und teilweise hochrangigen Personen gibt. Alle Aussagen, die als Zeugenaussagen zu werten sind, besagen, dass die Gräfin im vergangenen

Winter in völligem seelischen Gleichgewicht war. Dass wir hier den heikelsten Punkt des Falles berührt haben, geht daraus hervor, dass die „Berlingske Tidende" noch am selben Abend eine in mehrfacher Hinsicht eigentümliche Magistratserklärung abgab. Um die Äußerungen der Gräfin dazu zu erfahren, statteten wir ihr gestern Morgen einen Besuch ab.

Oben auf der Treppe hatten die Bewohner des Hauses, die genug hatten von den vielen Nachfragen, Zettel angebracht, auf denen sie die Suchenden zur Tür der Gräfin hinwiesen. Einige der Armen waren von den Zeitungsberichten angelockt worden. Unsere Kollegen von der Presse, die uns in den ersten drei Tagen mit diesem Fall in Ruhe gelassen hatten, haben sich seit vorgestern plötzlich in die Sache gestürzt und die Verteidigung der Gräfin mit einer Wärme fortgesetzt, die gestern in einem Zeitungsbericht gipfelte, in dem es hieß: „Die Geschichte der Gräfin Schimmelmann erinnert frappierend an die Geschichte von Eleonore Kristine, der unglücklichen Königstochter.[104] Beide gehören von Geburt an zum Adel des Landes, beide sind gegen ihren Willen eingesperrt, die eine in einem erbärmlichen Loch, die andere in einer grässlichen Gefängniszelle. Beide leiden für ihr allzu reiches Herz: die eine opfert alles für ihren Mann, die andere alles, was sie besitzt, für das Wohl der Gemeinschaft, beide sind hochbegabte, tief religiöse Naturen."[105]

---

[104] Leonora Christina Gräfin von Schleswig-Holstein (1621–1698) ist die Verfasserin des bedeutendsten literarischen Werkes des 17. Jahrhunderts in dänischer Sprache. Ihre Autobiographie Jammers Minde beschreibt vor allem ihre lange Inhaftierung wegen des Vorwurfs politischer Verschwörung. Sie stammt aus einer morganatischen Ehe des dänischen Königs Christian IV. (1577–1648).

[105] Dieses Zitat entstammt der in Kopenhagen erschienenen Zeitung Aftenbladet vom 12.10.1894, S. 1. Dieser Artikel bringt zudem Auszüge aus Schimmelmanns Tagebuch.

13. Oktober 1894

Wir traten ein und fanden die Gräfin vor einem Tisch sitzend, auf dem ein riesiger Stapel von Petitionen und Briefen lag, in denen darum gebeten wurde, empfangen zu werden. Es gab Briefe von professionellen Briefeschreibern, die in den Zeitungsredaktionen gut bekannt sind, und es gab solche von wirklich bedürftigen Menschen, die heimlich seufzen, und von Menschen, die einen Kredit für die Gründung eines Unternehmens wollten, und so viele schöne Briefe von bewundernden Damen. Gleichzeitig läutete die Glocke unaufhörlich, arme Witwen steckten neugierig ihre Köpfe durch die Tür und baten um ein wenig Geld „in Gottes heiligem Namen". Die Gräfin lächelte und sagte: „Wenn arme Leute so anfangen, erkenne ich sie. Das sind Heuchler." Und ihre Augen funkelten, als sie eine Dame bat, den Frauen etwas zu essen zu geben.

Die „Berlingske Tidende" jedoch meldete: Im Zusammenhang mit einigen in verschiedenen Zeitungen erschienenen Berichten [...].[106] Wenn man diese Erklärung liest, muss man glauben, dass Gräfin Schimmelmann Herrn Pontoppidan mit einem geladenen Revolver empfangen hat. Wir fragen, ob es möglich ist, die Aussage anders zu verstehen? Und dann erteilen wir das Wort der Gräfin, die folgende Aussage unter Eid bestätigt hat. Zu den Vorgängen im Hotel während des Besuchs von Dr. Pontoppidan hat sie folgende Erklärung abgegeben: „Ich saß gerade im Foyer des Hotels, als mein Bruder und ein Bekannter von mir zur Tür hereinkamen. Es war der erste Besuch meines Bruders seit langer Zeit, ich war hocherfreut und empfing ihn mit offenen Armen. Er begrüßte mich und stellte mich Herrn Pontoppidan vor, den er als den

---

106 Vgl. den oben abgedruckten Artikel der Belingske Tidende vom 11.10.1894.

Leiter des Kommunehospitals bezeichnete. Ich begrüßte den Arzt, der gekommen war, um mit mir über meinen kranken Pflegesohn zu sprechen. Da sich mehrere Fremde im Empfangssaal befanden und mein
eigenes Zimmer nicht in Ordnung war, ging ich mit Herrn Pontoppidan in ein Zimmer im zweiten Stock. Hier setzte er sich hin und sprach freundlich über meinem Pflegesohn. Ich erzählte ihm nun, wie sich dessen Geisteskrankheit manifestiert hatte, und bemerkte unter anderem, dass seine Anfälle seltsamerweise nur bei Vollmond auftraten. Herr Pontoppidan bemerkte, dass dies eine scharfe Beobachtung sei. Das Gespräch ging dann weiter, und Herr Pontoppidan fragte mich unter anderem, ob ich nicht nervös geworden sei, weil ich einen geisteskranken Mann im Haus habe. Ich antwortete mit Nein, fügte aber hinzu, dass ich es leid sei, mich um ihn zu kümmern. Zunächst bat der Arzt mich, ihn nach Hellebæk zu begleiten, um den Patienten zu sehen. Als ich bemerkte, dass ich gerne mit ihm fahren würde, antwortete er jedoch, ich solle besser in Kopenhagen bleiben, da ich wohl müde sei. Er wollte mit meinem Bruder dorthin fahren.

Dieses Gespräch fand, wie ich bereits sagte, in einem der Hotelzimmer statt. Es ist wahrscheinlich unnötig, hinzuzufügen, dass ich nicht bewaffnet war. Ich trage nie eine Waffe. Andererseits stimmt es, dass sich in einer kleinen schwarzen Tasche, die sich, wie ich glaube, zu diesem Zeitpunkt im Hotelbüro lag, eine vier Zentimeter lange Pistole befand. Ich weiß nicht, ob sie geladen war, aber offensichtlich hat Prof. Pontoppidan die Pistole überhaupt nicht gesehen, bis die Tasche nach meiner Einlieferung im Krankenhaus untersucht wurde. Ich habe die Pistole nicht mehr. Sie ist bereits in Gewahrsam genommen worden. Dass die Tasche während der Befragung im Büro lag, dafür habe ich Zeugen. Was die Waffe betrifft, so habe ich

13. Oktober 1894

seit 22 Jahren immer eine Pistole bei mir getragen, und selbst als ich Kaiserin Augustas Hofdame in Berlin war, lag diese kleine Pistole abends auf dem Tisch neben meinem Bett. Ich habe mich schon deshalb daran gewöhnt, weil die kleine Waffe für mich einst einen sentimentalen Wert hatte. Später habe ich die Waffe verloren. Als ich zufällig einen Mann daran hinderte, sich selbst zu erschießen, erhielt ich dessen Pistole zur Erinnerung daran, und nahm meine alte Gewohnheit wieder auf. Es ist diese Pistole, von der hier die Rede ist. Pontoppidan hat sie nicht gesehen, und ich kann ihn nicht mit ihr bedroht haben. Ich hatte keinen Grund dazu, denn ich wusste nicht, dass er die Absicht hatte, mich in das Kommunehospital einzuweisen. Dann verabschiedete sich der Professor, und ich ging hinunter zu meinem Bruder, in dessen Stube ich eine Tasse Kaffee trank. Er kam mir seltsam unruhig vor, ging weg und kam wieder, bis er mich schließlich bat, nach oben zu gehen und mich umzuziehen, da wir in die Privatwohnung des Professors fahren würden. Als Grund für diesen Besuch gab er vor, dass der Professor einen Brief von mir bräuchte, wenn er in meiner Abwesenheit Zugang zu meiner Villa in Hellebæk haben wollte. Das sei notwendig, auch wenn mein Bruder ihn dorthin begleitete, denn auch er war in der Villa nicht bekannt. Als ich meinen Mantel angezogen hatte und nach unten ging, bemerkte ich eine Person, die wie ein Junge aussah und neben dem Wagen stand. Ich wurde unruhig und fragte meinen Bruder, wer diese Person sei, und erhielt nur die Antwort, dass es sich um den persönlichen Diener und Portier des Professors handele. Ich wiederholte noch einmal: „Er sieht aus wie ein Polizist!" Aber mein Bruder antwortete so etwas wie: „Nein, es ist ein Pförtner." Dann schlug er mir vor, meinen kleinen Pflegesohn im Hotel zu lassen, aber ich nahm ihn trotzdem in der Kutsche mit, da es nicht meine Gewohnheit ist, ein Kind allein unter Fremden zu lassen. Einen Augenblick später waren wir auf dem Weg zum Kommunehospital."

Man ist unbestreitbar ein wenig erstaunt, wenn man diese Erklärung mit der Aussage des Magistrats in der „Berlingske Tidende" vergleicht. Die Gräfin fuhr fort: „Eine Zeitung hier in der Stadt hat einen Mitarbeiter nach Hellebæk geschickt, um Beweise für meinen Werdegang zu sammeln. Es ist allerdings so, dass die Zeugenaussagen kaum glaubwürdig sind, wenn sie von meinen Verleumdern gemacht werden. Während ich in den psychiatrischen Kliniken untergebracht war, hat mein Bruder solchen Leuten Zutritt zu meinem Haus gewährt. Um zu verdeutlichen, was ich hier darlege, bitte ich Sie, diesen Brief in der ‚Politiken' zu veröffentlichen." Der Brief, den uns die Gräfin übergab, wurde in Hellebæk am 21. Juni geschrieben, als die Gräfin nach ihrer Entlassung aus Oringe auf Schloss Raben Steinfeldt bei Großherzogin Elisabeth von Mecklenburg weilte. [...][107]

Zur gleichen Zeit, als Graf Werner Schimmelmann die Dinge in der Villa in Hellebæk so gut wie möglich geregelt hatte, schickte er beruhigende Briefe an die Freunde seiner Schwester, der Gräfin Adeline. Wir drucken einen solchen Brief an Mrs. Taylor in Helsingør ab. Er wurde geschrieben, kurz nachdem die Gräfin nach Oringe gebracht worden war, und lautet:

„2. April 1894. Sehr geehrte Frau Taylor! Mit Dank für Ihren ehrenvollen Brief teile ich Ihnen mit, dass

---

107 Der auf den 21.06.1894 datierte Brief einer sonst unbekannten Frau namens Anna Schulin ergibt für unseren Zusammenhang keine weiteren Informationen. Das Schreiben dieser Frau, die sich einige Zeit in Hellebæk aufhielt und sich ausschließlich freundlich über die Gräfin äußert, wirkt wie ein bestelltes Zeugnis.

13. Oktober 1894

Adeline seit dem 28. März in Oringe ist. Die Reise ist relativ gut verlaufen, und wir haben von Adelines Reisebegleitern erfahren, dass sie in Oringe mit ihrem Bettzeug sehr zufrieden sei. Es ist gut, dass sie ohne großes Aufhebens dorthin gebracht werden konnte und keine Abneigung gegen die Einrichtung zeigt. Sie wird sicher die schöne Natur dort unten genießen können und die viel größere Freiheit, die sie in Oringe hat. Wenn ich etwas von Adeline höre, werde ich Sie wissen lassen, wie es dort unten zugeht. Gott gebe, dass sie sich bald an das ruhige Leben in der Anstalt gewöhnt, das das einzige Mittel ist, das ihr nach menschlichem Ermessen helfen kann. Mit Grüßen von Isa und mir. Hochachtungsvoll Ihr Werner Schimmelmann. PS: Ich entschuldige mich dafür, dass ich Sie mit meinem dänischen Schreiben belästige."

Während wir diese Briefe durchgingen, läutete die Glocke unaufhörlich, und draußen in der Eingangshalle mischten sich gut gekleidete Damen und Reporter unter die Bettler und Bittsteller. Gütiger Himmel! Es muss nicht amüsant sein, im Königreich Dänemark für verrückt erklärt zu werden! Die „Nationaltidende", die bis vorgestern Abend zum Fall der Gräfin Schimmelmann geschwiegen hatte, äußerte sich in einem Leitartikel, der sehr zurückhaltend war, obwohl man ihn fast als sympathisch für die Gräfin bezeichnen könnte.[108] Umso erstaunlicher ist es, dass das Blatt gestern Abend einem Redakteur die folgenden wohlwollenden Worte gestattete: „Während ich den Ausführungen der Zeitung über die aufsehenerregende Einweisung der Gräfin Schimmelmann zur Beobachtung wegen wahrscheinlicher Unzurechnungsfähigkeit

---

108 Vgl. die Nationaltidende aus Kopenhagen, 11.10.1894, S. 1.

voll und ganz zustimmen kann, gibt es einen Aspekt
des Falles, der – soweit ich weiß – noch von keiner
Zeitung hervorgehoben wurde, und das ist die brutale,
ja grausame Art und Weise, in der die Gräfin, nach
dem, was bekannt geworden ist, in der Abteilung von
Professor Pontoppidan im Kommunehospital behandelt
worden ist. Es ist so abscheulich, dass jeder Mensch
mit ein wenig Bildung im Namen seines Volkes erröten
würde. Wenn die Gräfin nicht wahnsinnig wäre, würde
eine einfache Behandlung ausreichen, um sie wahnsinnig zu machen. Stellen Sie sich vor, ein junger Arzt
fordert sie auf, sich zu entkleiden, unter der Andro-
hung, dass er dies mit Gewalt tun werde, wenn sie es
nicht freiwillig tue, und er erlaubt sich, sie bei dieser
Gelegenheit anzufassen! Ihre gesamte Kleidung wird
ihr abgenommen; junge Studenten kommen herein,
lachen sie aus und machen Witze über sie, schieben
sie zur Seite, um ein kleines Kissen, das sie mitge-
bracht hat, besser sehen zu können; überall um sie
herum ist das Geschrei und Gebrüll von Betrunkenen,
und die Verrückten haben freien Zugang zum Zimmer
der Gräfin. Dieses scheint nicht besser ausgestattet
zu sein als ein gewöhnliches Gefängnis. Nach der öffentlichen Erklärung der Gräfin über ihre Behandlung
wird wohl jeder davon überzeugt sein, dass sie nicht
verrückt gewesen ist. Man muss ihr einfach angesichts
dessen, was ihr geschehn ist, Glauben schenken. Was
heute der Gräfin widerfahren ist, kann morgen jemand
anderem widerfahren. Es ist an der Zeit, Licht in diese
unheimlichen Umstände zu bringen. Mit Entsetzen
muss man sich fragen, ob es möglich ist, dass ein
Mensch, der zur Beobachtung eingewiesen wird – also
nicht definitiv geisteskrank ist – ja, sagen wir einfach,
jeder Mensch, ob er geisteskrank ist oder nicht, einer
so harten, brutalen und unzivilisierten Behandlung
ausgesetzt wird, die eher an das Mittelalter als an un-

sere aufgeklärte Zeit erinnert. Sehen Sie, diese Seite der Angelegenheit ist von weitreichendem, allgemeinem Interesse und verdient eine ernsthafte Untersuchung zur Information der breiten Öffentlichkeit."[109]
Was nach Ansicht des Redakteurs in keiner Zeitung veröffentlicht wurde, ist jedoch längst in der „Politiken" abgedruckt worden. Die Behandlung, die die Gräfin während ihres Krankenhausaufenthaltes erfuhr, wurde in dem Auszug aus ihrem Tagebuch beschrieben, der hier in der Zeitung nachzulesen ist.[110]
Im Laufe des Tages hatten wir die Gelegenheit zu einem Gespräch mit dem Anwalt der Gräfin, Herrn Oskar Johansen, den wir um eine Stellungnahme zu der Aussage in der „Berlingske Tidende" gebeten hatten. Er äußerte, dass die besagte Erklärung offensichtlich nicht das Ergebnis einer Untersuchung sei, sondern lediglich eine Verteidigungserklärung des Chefarztes Dr. Pontoppidan. Die Erklärung als solche sei abgesehen von allem anderen, was dagegen von verschiedenen Seiten gesagt werden könne und auch gesagt werde, nur von sehr relativer Bedeutung sei. Herr Johansen fügte hinzu, dass er bisher aus verschiedenen Gründen davon abgehalten worden sei, einen Antrag auf eine strafrechtliche Untersuchung zu stellen. Sobald die Gräfin aber eine offizielle Antwort auf ihre Beschwerde beim Magistrat erhalten habe, werde er, wenn diese den gleichen Inhalt wie die Mitteilung in der „Berlingske Tidende" habe, es für seine Pflicht halten, eine juristische Klärung des Falles anzustreben. Zum einen erschien ihm der Fall nach dem Erscheinen der Erklärung von Herrn Pontoppidan wesentlich zweifelhafter, als er bisher geglaubt hatte, und zum anderen

---

109 Vgl. Nationaltidende, 12.10.1894, S. 2.
110 Vgl. S. 128.

sei es auf jeden Fall notwendig, sich zu vergewissern, in welchem Zusammenhang sie mit den von Herrn Pontoppidan angenommenen Tatsachen stehe.

Von dem Chefarzt von Oringe, Herrn Dr. Helweg, haben wir das folgende Dementi erhalten: „Vordingborg, d. 11. Oktbr. 1894. Im Zusammenhang mit einigen Artikeln in der ‚Politiken' vom gestrigen Tage sei es mir gestattet, die verehrte Redaktion darauf aufmerksam zu machen, dass mein Name nicht Helwig ist, sondern Helweg."

Wie Sie unserem heutigen Parlamentsbericht[111] entnehmen können, hat Herr Falkenstjerne[112] gestern in der Sache Gräfin Schimmelmann das Wort ergriffen. Die Anfrage von Herrn Falkenstjerne an den Justizminister wurde von den Mitgliedern des Parlaments mit großer Aufmerksamkeit verfolgt und wird den Minister wahrscheinlich veranlassen, heute das Wort zu ergreifen. Es ist unnötig, hinzuzufügen, dass die Aussage von Herrn Nellemann[113] mit großem Interesse erwartet wird. Ignotus.

Reichstag. Folketing
Es ist also der fünfte Tag der Debatte über das Finanzgesetz, und es beginnt mit neun Männern auf der Rednerliste. Der erste ist Herr Falkenstjerne, der zum aktuellen Thema spricht, nämlich der immer stärker werdenden Tendenz, jeden, der ein ungewöhnliches Verhalten zeigt, in ein Irrenhaus zu sperren. Er fordert,

---

111 Dieser Bericht folgt unten.
112 Frederik Ferdinand Falkenstjerne (1854–1896) wirkte als Volkshochschuldirektor, Politiker und Pastor. Er engagierte sich in der Grundtvig-Bewegung und war von 1887 bis 1895 Parlamentsabgeordneter, wo er sich für Bildung und soziale Reformen einsetzte.
113 Zum dänischen Justizminister s. S. 78, Anm. 130.

dass in dieser Hinsicht mehr Sicherheit geschaffen werden muss. Es ist bezeichnend, wenn die „Berlingske Tidende"[114] über Gräfin Schimmelmann berichtet, dass sie eingesperrt wurde, weil ein Arzt sie hochgradig erregt und mit einem Revolver zum Schutz vor Anarchisten angetroffen hat. Viele Menschen müssten in die Psychiatrie, wenn sie verhaftet würden, weil sie aus irgendeinem Grund aufgeregt sind! Es ist eine billige Forderung, dass in diesem Bereich Vorsichtsmaßnahmen getroffen werden müssen. Herr Falkenstjerne geht dann zu einer Diskussion über die politische Lage über [...].[115]

Politiken, Kopenhagen, 14. Oktober 1894, S. 1f.

Persönliche Freiheit
Nach der umfangreichen Informationsarbeit, die die „Politiken" im Fall der Gräfin Schimmelmann geleistet hat, ist es nun an der Zeit, dass der Vernunftmensch die Bühne betritt. Und wie es sich für so einen logischen Denker gehört, soll unser erstes Wort lauten: Lasst uns nicht trunken werden. Lassen wir uns nicht von der Tatsache beirren, dass es sich um eine Dame handelt. Und lasst das harte Bett und die erbärmliche Behandlung nicht den Schleier der Empörung über die Hauptszene des Dramas ziehen, die wir hier in vollem Licht sehen werden. Diese Szene ist der eigentliche Krankenhausaufenthalt mit der Freiheitsberaubung. Und die Frage ist: War sie gerechtfertigt oder zumindest entschuldbar, und war sie formell legal?

---

114 Die Berlingske Tidende vom 12.10.1894, S. 2, berichtet auch ausführlich in ihrer Abendausgabe über diese Debatte im Folketing.
115 Die weiteren Ausführungen dieses Artikels beziehen sich nicht mehr auf die Schimmelmann-Affäre.

Es ist nicht im Sinne der menschlichen Natur, eine Erklärung zu suchen, die gleichzeitig das Leben der Gräfin sowie die Ehrlichkeit und das Geschick von Herrn Pontoppidan retten könnte – dann wären alle
5 Parteien zufrieden und die öffentliche Meinung könnte beruhigt werden. Allein aus diesem Grund haben einige Leute die Ansicht vertreten, dass die Gräfin geisteskrank war, als sie sich in das Kommunehospitel begab, und dass sie dort oder in Oringe geheilt wurde. Es
10 schmerzt uns, sagen zu müssen, dass diese Ansicht unmöglich ist. Chefarzt Pontoppidan hat in der „Berlingske Tidende" ausdrücklich erklärt, dass es keine wesentliche Veränderung im Zustand der Gräfin gab, während sie in der 6. Abteilung war. Und in dem Attest
15 von Chefarzt Helweg steht nicht, dass die Gräfin als geisteskrank eingewiesen wurde, aber die Anstalt verlassen konnte, da sie geheilt worden war. Nein, Dr. Helweg sagt ausdrücklich: „dass es nicht möglich war, eine Geisteskrankheit bei ihr zu erkennen". Wenn man von
20 einem Patienten sagt, dass er als unzurechnungsfähig eingewiesen wurde, aber hinzufügt, dass er reisen kann, da keine Unzurechnungsfähigkeit erkannt werden konnte usw., dann möchten wir wissen, wie dies als Bescheinigung zu verstehen ist, dass der Patient
25 geheilt worden ist. In jedem Fall sehen wir keinen Grund, daran zu zweifeln, dass Oberarzt Helweg Dänisch schreiben kann. Hinzu kommen die Aussagen von Personen, die die Gräfin gut gekannt haben und in der Zeit unmittelbar vor ihrem Krankenhausauf-
30 enthalt mit ihr zusammen gewesen sind. Soweit der Fall bisher geklärt ist, und insbesondere aufgrund des Gutachtens von Dr. Helweg, scheint es uns, dass wir davon ausgehen müssen, dass die Gräfin überhaupt nicht geisteskrank gewesen ist. Aber dann stellt sich
35 die Frage: Sollte ein Verbrechen begangen worden sein? Es ist schlimm, dass diese Frage überhaupt gestellt

werden kann. Aber es ist unmöglich, ihr zu entgehen, wenn man über die Umstände dieses Falles hinausblickt. Es gibt vor allem drei Dinge, die fragwürdig erscheinen: Erstens die etwas ungewöhnliche Art und Weise, in der der Vormund der Gräfin die Nachricht erhielt, dass mit ihr alles in Ordnung sei. Es wurde in der „Politiken" davon berichtet und nirgends widersprochen, dass, nachdem Dr. Helweg dem Grafen Carl Schimmelmann in Holstein[116] geschrieben hatte, dass die Gräfin gesund sei, der Graf einen Mann und eine Frau nach Oringe schickte mit dem Auftrag, die Gräfin in eine private Nervenheilanstalt in Kiel zu bringen. Da Dr. Helweg sich jedoch weigerte, ihnen die Gräfin zu übergeben, mussten sie unverrichteter Dinge wieder abreisen. Wenn dies wahr ist, scheint uns das unbestreitbar eine sehr ernste Tatsache zu sein.

Zweitens erscheint es uns seltsam, dass Graf Werner Schimmelmann die Geisteskrankheit seiner Schwester öffentlich gemacht hat, nachdem sie ihm mitgeteilt hatte, dass sie im Begriff sei, ein Testament zugunsten ihrer beiden Fischerkinder zu machen. Und schließlich ist da noch die Aussage von Chefarzt Pontoppidan in der „Berlingske Tidende". Wie „Politiken" umgehend feststellte, ist diese Erklärung in ihrer Darstellung der Polizei absolut irreführend, was später vom Polizeipräsidenten in einem Interview mit der „Avisen"[117] unmissverständlich bestätigt wurde. In Wirklichkeit trägt die Polizei nicht die geringste Verantwortung für die Einlieferung, denn alles, was passiert ist, ist, dass auf die Bitte von Herrn Pontoppidan hin zu seiner Station ein

---

116 Zu Carl Schimmelmann, dem ältesten Bruder Adelines, der im holsteinischen Ahrensburg die Lehnsgrafschaft innehatte, s. S. 193.
117 Unter der direkten Bezeichnung Avisen ist kein dänisches Blatt in dieser Zeit nachweisbar; allerdings kommt der Begriff Avisen (Anzeigen) in zahlreichen Nachrichtenperiodika vor.

Beamter geschickt wurde, um bei der Einlieferung einer wahnsinnig gewordenen Dame aus dem Missionshotel zu helfen – eine Hilfe, die im Übrigen überflüssig wurde, als die Gräfin erfolgreich dazu gebracht wurde, sich
5 freiwillig in das Kommunehospital zu begeben. Außerdem ist die Behauptung von Herrn Pontoppidan, die Gräfin sei bewaffnet gewesen, kaum korrekt. Und was uns besonders seltsam vorkommt, ist seine Behauptung, die Gräfin habe unter Angst vor Anarchisten gelitten;
10 das passt überhaupt nicht zu dem, was über die Gräfin gesagt wurde, deren Exzentrik eher in Richtung einer anarchistischen Liebe ging als ins Gegenteil, nämlich eine fast anarchistische missionarische Liebe. Und glaubt man wirklich, dass die Angst der Gräfin vor dem
15 Anarchismus ein ausreichendes Motiv für Graf Werner sein könnte, sich plötzlich wie umgewandelt um seine Schwester zu kümmern, für die er sich sonst nie interessierte und mit der er nur selten sprach? Es scheint uns, dass ein Fall, der durch eine Aussage wie die von
20 Herrn Pontoppidan abgeschlossen werden soll, nicht gut dasteht. Und wir können nicht leugnen, dass der Fall der Gräfin, so wie er bisher dargestellt wurde, mehrere Elemente aufweist, die uns dazu verleiten könnten, die von Staatsrat Brun in seinem Buch auf-
25 geworfene Frage zu bejahen: Werden unsere Krankenhäuser für verbotene Zwecke benutzt? Wir müssen jedoch sagen, dass wir es nicht wagen, diese Erklärung zu akzeptieren. Wir wollen sie nicht glauben, denn wir würden nie jemandem eine Behauptung wie die, von
30 der wir hier sprechen, anvertrauen, solange es keine unwiderlegbaren Beweise dafür gibt. Und vor allem können wir uns überhaupt nicht vorstellen, dass Professor Pontoppidan jemals etwas Unehrenhaftes, geschweige denn etwas Kriminelles getan haben könnte.
35 Aber es gibt keine andere Erklärung, als dass ein Fehler gemacht worden ist. Der Bruder der Gräfin hat

ihre ganze Angelegenheit als abnormal empfunden, es sind einige besondere Umstände eingetreten, und er hat versucht, sich einzumischen. Professor Pontoppidan, dem einige Details vielleicht etwas zu bunt geschildert wurden, hat sich in seiner Phantasie ein Bild von der Krankheit gemacht, das vielleicht nicht der Realität entsprach, aber an das er geglaubt hat. Ist das unschuldig? Ja, was den Grafen Werner betrifft, wagen wir das nicht zu sagen. Es ist wahr, dass seine Meinung über die Geschäftsangelegenheiten seiner Schwester, die wohl die Grundlage dafür war, weder für sein Urteilsvermögen noch für seine Gefühle spricht. Aber da er zu nichts von beidem verpflichtet war, kann man ihm eigentlich nichts vorwerfen. Andererseits erscheint es uns wesentlich schwieriger, Dr. Pontoppidan zu entlasten. Die ersten Voraussetzungen für einen Gelehrten, der sich mit dem Problem der Unzurechnungsfähigkeit befasst, müssen Umsicht und Überlegung sein. Aber eine Person für gefährlich zu erklären und in die 6. Abteilung einzuweisen auf der Grundlage dessen, was hier vorgetragen wurde, scheint uns keine angemessene Beurteilung der Details zu sein. Auf jeden Fall offenbart es einen Mangel an Respekt vor der persönlichen Freiheit, der uns bei einem Mann in der Position von Herrn Pontoppidan äußerst fragwürdig erscheint. Hat Herr Pontoppidan sich von einer bitteren Verachtung für Beziehungen und Menschen leiten lassen? Hat er sich nicht gestärkt und getröstet gefühlt durch den Gedanken, dass es eine Sache gibt, die man ihm nicht nehmen kann: die Freiheit? Wie furchtbar wäre es, in einem Land zu leben, in dem man sich in dieser Hinsicht nicht sicher fühlt? Wie kann Herr Pontoppidan, dessen Name allein schon Angst macht, so einfach jemanden auf unbestimmte Zeit in seiner Abteilung einsperren? Aber es wird die Sache von Herrn Pontoppidan persönlich sein,

sein Gewissen als Arzt und als Mensch zu befragen. Es sollte ferner den Bürgermeister Borup[118] beschäftigen, zu entscheiden, ob der Professor der richtige Mann am richtigen Platz ist. Es gibt darüber hinaus einen Aspekt, die uns alle direkt aufs Höchste interessiert, und das ist: Hat Herr Pontoppidan in dieser Angelegenheit formell und rechtlich gehandelt? Wenn ja, dann muss sich jeder von uns das alte Wort noch stärker als bisher zu Herzen nehmen: Wir sind in Gefahr, wo immer wir hingehen. Jeder muss wissen, dass wenn er durch eine falsche Diagnose als unzurechnungsfähig angesehen und eingesperrt wird, dann ist das ein Schicksal, das er zu tragen hat, ohne dass hinterher, wenn der Irrtum aufgedeckt wird, für irgendjemanden eine Verantwortung besteht. Denn Treu und Glauben schließen eine Bestrafung aus. Einen Entschädigungsanspruch gegen ein ärztliches Fehlurteil zu stellen, hieße, gegen eine Mauer zu rennen. Nur der formale Gesetzesverstoß wäre ein triftiges Argument. Kann man Herrn Pontoppidan in dieser Hinsicht einen Vorwurf machen? Die Frage des Delikts ist in gewisser Weise die wichtigste Frage in diesem Fall, weil sie über den Einzelfall hinausgeht. Es geht um die Frage, wie das Gesetz die persönliche Freiheit vor falschen ärztlichen Attesten schützt. Leider, und das ist der erste Punkt im Fall von Gräfin Schimmelmann, hat Herr Pontoppidan – seinen guten Glauben vorausgesetzt – nicht mehr getan, als ihm formell zustand; deshalb gibt es in dieser Hinsicht nichts zu kritisieren. Schon während der Debatte über Staatsrat Brun hat die „Politiken" unterstrichen, dass ein Gesetz notwendig sei, das der absurden Ausschließlichkeit von Arzt-

---

118 Ludvig Christian Borup (1836–1903) war seit 1883 Bürgermeister Kopenhagens.

zeugnissen Grenzen setzt. Wir können das jetzt nur wiederholen. Krankenhausvertreter sagten damals, die Juristen hätten die Sache nicht durchdacht. Wenn aber Juristen von der „Politiken" bis zur „Berlingske Tidende" das Gleiche sagen, dann muss es wohl eine gewisse Berechtigung haben. So hervorragend die Ärzte auch in anderer Hinsicht sein mögen, so wenig ist es bei strenger Betrachtungsweise gerechtfertigt, dass sie die Arbeit der Anwälte erledigen. Damit soll es nun genug sein. Lasst uns ein Gesetz über Unzurechnungsfähigkeit haben, oder jedenfalls eine Entscheidung in Bezug auf die 6. Abteilung. Denn es darf nicht vergessen werden, dass diese Station eine besondere Stellung einnimmt. Für die Landesnervenkliniken und für das St.-Hans-Hospital gibt es Vorschriften, die eine Geschichte wie die der Gräfin Schimmelmann auf jeden Fall unmöglich machen würden. Nur das Kommunehospital kennt keine Normen und Einschränkungen – und hier scheint die Notwendigkeit, etwas zu ändern, besonders nötig. N. J.[119]

Politiken, Kopenhagen, 15. Oktober 1894, S. 1

Gräfin Schimmelmann und das Christentum
Es gibt einen Aspekt im Fall der Gräfin Schimmelmann, der nicht übersehen werden sollte: Es ist das ganz besondere Licht, das er auf die heutige Wahrnehmung des Christentums wirft. Dabei ist ganz klar, dass der Grund für ihre Inhaftierung darin liegt, dass sie den Forderungen des Christentums nachgekommen ist. Zwar scheinen Herr Pontoppidan und die „Berlingske Tidende" den Eindruck erwecken zu wollen, dass sie inhaftiert wurde, weil sie eine alte Pistole in

---

119 Wer hinter diesem Kürzel steht, konnte nicht geklärt werden.

einer Tasche bei sich trug, mit der sie wahrscheinlich Anarchisten erschießen würde. Aber diese Interpretation ist so irrsinnig, dass sie angreifbar ist. Nein, der Grund für ihre Inhaftierung ist ganz einfach der, dass
5 sie – eine Gräfin aus bestem Hause – sich unter armen Fischern niederlässt, mit ihnen und für sie lebt, sie mit ihrem Geld unterstützt usw. Hätte sie das nicht getan, hätte sie so gelebt, wie es sich für eine echte Gräfin gehört, ihr Geld für Unsinnigkeiten ausgegeben,
10 mit Personen der ersten drei Klassen verkehrt und die Bewohner Rügens sowie alle anderen Fischer als Gesindel angesehen, das man nicht in der Stube haben will, so wäre sie zu ihrer Zeit niemals eingesperrt worden, selbst wenn sie ein ganzes Arsenal an Pistolen,
15 Taschen und Beuteln gehabt hätte. Und – ein solches veritables gräfliches Leben vorausgesetzt – hätte sie sicherlich den einen oder anderen Anarchisten erschießen können, ohne für verrückt gehalten zu werden, zumindest nicht von den anderen Grafen und Gräfin-
20 nen. Nun lebt sie aber so wie Christus, der ja bekanntlich auch mit Fischern zu tun hatte, und muss daher natürlich verrückt sein. Wenn das den Menschen nicht die Augen öffnen kann für die lächerliche Komödie, zu der das Christentum unserer Tage verkommen ist,
25 dann ist ihnen nicht zu helfen. Christus hat gesagt, wenn du vollkommen sein willst, dann gib alle deine Güter den Armen.[120] Nun, hier kommt Gräfin Schimmelmann und gibt nicht all ihren Besitz – dann wäre sie wahrscheinlich nie aus Oringe herausgekommen –,
30 sondern sie gibt ihr Zinsgeld und verwendet nur eine Krone pro Tag für sich selbst. Folglich muss sie verrückt sein; hätte sie aber tausend Kronen pro Tag für sich selbst und 25 Öre für die Armen ausgegeben,

---

120 Vgl. Mt 19,21.

15. Oktober 1894

dann hätte sie als klug gegolten, denn so verhalten sich andere christliche Gräfinnen, wenn sie so viel Geld haben. Es ist ein Segen für Gott, dass die reichen Christen in diesem Land sich damit begnügen, ihr Christentum nur theoretisch auszuleben. Es ist aber auch ein Segen für sie selbst, denn wenn sie, wie Gräfin Schimmelmann, anfangen würden, ihr Christentum in die Praxis umzusetzen, dann würden auch sie eingesperrt werden. Insofern ist es ein Glück für die Gesellschaft, denn welch ungeheure Ausgaben für Irrenanstalten müsste die Gesellschaft tragen, wenn reiche Christen plötzlich den verzweifelten Impuls hätten, echte Christen sein zu wollen, selbst von einer Krone am Tag zu leben und den Rest den Armen zu geben!

Wir haben in diesem Land mindestens drei Minister, die für ihr Christentum berühmt sind. Nehmen wir an, der Präsident der Republik, der Finanzminister und der Kulturminister erkennten plötzlich, dass es an der Zeit war, ernst zu machen. Jetzt wollen sie Schätze im Himmel sammeln, die weder Motten noch Rost fressen können.[121] So begannen sie, bei Fischern und anderen einfachen Leuten zu wohnen, sie reduzierten ihre persönlichen Ausgaben auf eine Krone pro Tag, der Rest ging an die Armen. Dann kommen ihre Verwandten: Einer geht zu einem Arzt, und alle drei werden zur Beobachtung aufgenommen. Aber natürlich sagen sie nicht, dass das daran liegt, dass sie nach dem Gebot Christi gelebt haben. Glücklicherweise wird dann festgestellt, dass sie im Besitz einer Waffe sind. Aha! Sie wollen also Anarchisten erschießen. Bringt sie herein! Oder nehmen wir an, dass Vilh. Beck[122] und alle Mis-

---

121 Vgl. Mt 6,19.
122 Vilhelm Beck (1829–1901) gehörte 1861 zu den Mitbegründern der Indre

sions- und Grundtvigianerpastoren[123] und die ganze
Schar der wohlhabenden, hymnensingenden, gläubigen
Missionare und Grundtvigianer plötzlich merken, dass
sie sich jetzt nicht mehr auf das Predigen, Hymnensin-
gen und Bekennen des Glaubens beschränken können,
sondern sie wollen leben wie Christus und die Apostel.
So verlassen sie ihre Ämter, verkaufen ihren gesamten
Besitz und geben ihn den Armen. Das Ergebnis ist,
dass die ganze kleine Gemeinde eingesperrt wird. Wenn
also die Gläubigen in unseren Tagen davon sprechen,
dass die Christen vielen harten Verfolgungen ausgesetzt
sind, so ist das wahr. Ein wirklich praktizierender
Christ, der wie Christus leben und wandeln will, wird
in dieser sündigen Welt zweifellos ständig entweder in
ein Irrenhaus oder in eine Besserungsanstalt eingesperrt. Eine andere Sache ist es, wenn man sein Christ-
sein auf das Predigen, das Singen von Liedern oder
das Bekennen des Glaubens beschränken will. Denn
dann wird man unweigerlich als Geheimrat enden. Das
war der Fehler von Gräfin Schimmelmann, denn sie
hat nicht registriert, in welcher Umgebung sie sich befindet. Sie hat geglaubt, dass man in diesem Hymnensingenden und gläubigen Land als Christ leben kann.
Aber Gott sei Dank ist sie entdeckt worden. Hoffen wir
nun, dass ihr das eine Lehre sein wird und dass sie in

Mission in Dänemark, die sich von der deutschen Inneren Mission durch ihre Bezüge zur Theologie Kierkegaards sowie der Grundtvigs unterscheidet. Vgl. auch *Albrecht* u. a.: Schimmelmann, S. 320–325.

123 Die auf den Theologen Nikolai F. S. Grundtvig (1783–1872) zurückgehende Strömung des Grundtvigianismus prägte das dänische Luthertum und darüber hinaus die dänische Gesellschaft zutiefst. Grundtvig betätigte sich neben seinen Pfarrstellen auch als Schriftsteller, Historiker, Pädagoge und Politiker. Das System der dänischen Volkshochschulen geht auf seine Impulse zurück. Im Kopenhagen wirkte er von 1839 an für einige Jahre am Vartov-Armen-Hospital, in dem sich heute ein Bildungs- und Forschungszentrum befindet, das seine Ideen weiterverfolgt.

Zukunft nicht mehr als Christin, sondern als Gräfin leben wird. Henning Jensen.

Politiken, Kopenhagen, 15. Oktober 1894, S. 2

Eine Erklärung
Neulich haben wir eine Liste mit verschiedenen Ausgaben veröffentlicht, die Gräfin Schimmelmann für ihren Aufenthalt in der psychiatrischen Abteilung des städtischen Krankenhauses hatte zahlen müssen. Die Liste enthielt u. a. ein Honorar für einen Dr. Jessen in Höhe von 236,20 Kr. Wir wussten nicht, wer dieser Dr. Jessen war und fügten seinem Namen die Erläuterung hinzu: „Vermutlich einer der Doktoren des Kommunehospitals". Wegen dieser Angelegenheit haben wir von Doktor W. Jessen, Arzt am Kommunehospital, die folgende Erklärung erhalten: „An die Redaktion der Politiken. Unter Bezugnahme auf die beiliegende Erklärung des Rechtsanwalts L. C. Bøcher erlaube ich mir, das Gericht zu ersuchen, in Ihrer verehrten Zeitung festzustellen, dass ich, wie in dem in der Zeitschrift vom 12. diesen Monats erschienenen Artikel ‚Ein Roman'[124] behauptet wird, keinerlei Honorar für die Behandlung oder Beaufsichtigung der Gräfin Adeline Schimmelmann erhalten habe und dass ich mit der Zwangseinweisung oder Behandlung der Gräfin weder als Arzt noch als Privatmann etwas zu tun gehabt habe. Raadhusstræde 4 A, Kjøbenhavn, 13. Oktober 1894. W. Jessen."

Das beiliegende Schreiben von Rechtsanwalt Bøcher lautet: „Gemäß Ihrem heutigen Schreiben gebe ich hiermit die darin geforderte Erklärung ab, dass ich weder als Bevollmächtigter des Vormunds der Gräfin

---

124 Vgl. den oben abgedruckten Artikel der Politiken vom 9.10.1894.

Adeline Schimmelmann noch in anderer Eigenschaft an Doktor Wm. Jessen, Arzt am Kommunehospital, wohnhaft in Raadhusstræde 4 A, 2. Stock, ein Honorar von 236,20 Kr. oder irgendeinen anderen Betrag ge-
5 zahlt habe, weder für die Behandlung der besagten Gräfin Schimmelmann noch bei irgendeiner anderen Gelegenheit. Kjøbenhavn, den 12. Oktober 1894. Hochachtungsvoll Ihr H. L. Bøcher."

Wer ist der Dr. Jessen, an den Herr Bøcher im Na-
10 men der Gräfin 236,20 Kr. gezahlt hat? Das Geld ist in der Buchhaltung als Ausgabe aufgeführt, und die Gräfin hat es bezahlt – ohne zu wissen, an wen. Herr Bøcher, der im Besitz der vermutlich sehr interessanten Auszüge zu den Konten ist, hätte uns wahrscheinlich
15 leicht über die ersten Briefe des guten Dr. Jessen informieren können. Nun werden wir versuchen, selbst etwas Licht in dieses kleine Geheimnis zu bringen.

Berlingske politske of Avertissements-Tidende,
20 **Kopenhagen, 15. Oktober 1894, S. 1**

Einweisungen in psychiatrische Einrichtungen. I. Verschiedene Äußerungen über die Einweisung von Geisteskranken in Irrenanstalten, die in letzter Zeit
25 an die Öffentlichkeit gelangt sind, zeugen von einer eigentümlichen Begriffsverwirrung der ehrenwerten Zeitgenossen. Es wäre von daher nicht überflüssig, den Versuch zu machen, einige allgemeine Feststellungen zu klären. Es ist nicht beabsichtigt, auf Detailfragen
30 einzugehen, auch nicht auf besondere Einzelfälle, über deren richtigen Zusammenhang und deren Beurteilung die Allgemeinheit keine vernünftige Meinung haben kann. Dass die Allgemeinheit nicht zum Mitrichter in der Frage der Beurteilung des Geisteszustandes be-
35 stimmter Einzelpersonen gemacht werden kann, sollte so offensichtlich sein, dass es überflüssig ist, darauf

hinzuweisen. Mit diesen Zeilen sollen lediglich einige Anhaltspunkte gegeben werden, die man bei einer vernünftigen Auseinandersetzung mit diesen Fragen wohl im Auge behalten sollte.

Zunächst ist zu betonen, dass die Einweisung in ein Krankenhaus wegen der Gefahr für die öffentliche Sicherheit – d. h. die Einweisung in ein Krankenhaus als Mittel zum Schutz des Patienten – niemals von Privatpersonen, sondern nur von der öffentlichen Hand veranlasst werden kann, die gegebenenfalls auch für den Geisteskranken aufkommen muss. Die Entscheidung darüber trifft die übergeordnete Behörde (in Kopenhagen der Polizeipräsident). Die Einweisung in ein Krankenhaus zur Beobachtung – d. h. um festzustellen, ob eine Person unzurechnungsfähig ist, weil der Arzt sich nicht getraut hat, eine eindeutige Aussage darüber zu machen – kann nur auf öffentliche Anordnung hin erfolgen. Vielleicht wird dieser Ausdruck manchmal fälschlicherweise auf Fälle angewandt, bei denen es sich nicht um eine Einweisung zur Beobachtung handelt. Dies scheint bei den beiden Fällen vorzuliegen, die derzeit die Öffentlichkeit beschäftigen. Soweit ersichtlich, gab es in diesen beiden Fällen keine ärztlichen Äußerungen dazu, dass die Diagnose zweifelhaft und eine Beobachtung notwendig sei, um überhaupt zu einem Ergebnis zu kommen. Es lagen ganz eindeutige Erklärungen vor, dass der Patient unzurechnungsfähig sei und von daher eingewiesen werden müsse. Eine wirkliche Einweisung zur Beobachtung, d. h. zur Feststellung der Unzurechnungsfähigkeit, kann von Privatpersonen nicht veranlasst werden, es sei denn, der Patient stimmt ihr zu; nur die öffentliche Hand ist dazu berechtigt. Diese Art der Einweisung wird nicht ohne weiteres durchgeführt, außer in Gerichtsverfahren, in denen die Frage der Unzurechnungsfähigkeit einer Person entschieden werden muss und die Einweisung dann auf richterlichen Beschluss hin erfolgt. Diese beiden Einweisungsarten sind jedoch relativ selten; nur eine kleine Minderheit der Patienten in psychiatrischen Einrichtungen wird auf eine dieser Arten eingewiesen, zumindest in staatlichen Einrichtungen. Von 300 Patienten werden kaum 10 als Gefahr für die öffentliche Sicherheit oder zur Beobachtung eingewiesen. Die überwiegende Mehrheit der Patienten wird auf privaten Antrag hin zur Behandlung oder, wie es heißt, zur Heilung und Pflege eingewiesen. Diese Art von Krankenhausaufenthalt wird als die unter den gegebenen Umständen am besten geeignete medizinische Behandlung betrachtet und somit im eigenen Interesse des Patienten durchgeführt. Es sollte bekannt sein, dass die medizinische Wissenschaft heute sowohl in Richtung Heilung psychischer Krankheiten als auch in Richtung Verbesserung des Zustands von Patienten, bei denen eine vollständige Genesung nicht erreicht werden kann, eine ganze Menge erreichen kann. Es sollte auch bekannt sein, dass die angemessenste medizinische Behandlung in der Regel in einer psychiatrischen Klinik stattfindet und dass eine vernünftige Behandlung überhaupt nur in einer Klinik stattfinden kann. Die meisten Privatheime sind nicht in der Lage, den Geisteskranken die notwendige Ruhe und Sicherheit vor störenden Einflüssen aus ihrer Umgebung zu bieten. Die privaten Anstalten können ebenfalls keine ständige fachliche Aufsicht gewährleisten, wie sie der Zustand der Geisteskranken bei Tag und Nacht erfordert – außer in speziellem Fällen und unter ganz besonderen Umständen.

Wenn sich nun die Frage stellt, wer in privatem Bereich über die Einweisung eines Menschen in eine Irrenanstalt entscheiden darf, so ist eines klar: Es ist unmöglich, als Regel und Richtschnur festzulegen, dass es vom eigenen Willen des Geisteskranken abhängig ist, ob er eingewiesen wird oder nicht. Der Grund dafür ist, dass der Geisteskranke aufgrund seines Zustands in der Regel nicht in der Lage ist, vernünftige Entscheidungen zu treffen, weder in dieser noch in einer anderen Richtung, und dass daher andere Menschen für ihn Entscheidungen treffen müssen. Hinzu kommt die bekannte Besonderheit psychiatrischer Erkrankungen, dass der Patient seinen pathologischen Zustand in der Regel in keiner Weise anerkennen will, sondern sehr stark in Wut gerät, sobald Zweifel an seinem Geisteszustand geäußert werden. Wenn es – abgesehen von den wenigen behördlichen Einweisungen – nicht erlaubt wäre, einen Geisteskranken mit Gewalt oder List in ein Irrenhaus zu bringen, würden nur sehr wenige Geisteskranke zum größten Schaden für die Gesellschaft und sich selbst eingewiesen werden. Es gäbe dann genügend Platz in unseren Irrenhäusern, und das viele Geld, das für den Bau und die Erweiterung der Anstalten ausgegeben wird, könnte eingespart werden. Aber das wäre in der Tat ein Schritt in eine Richtung, die den Erfordernissen der Zeit im Interesse der Menschlichkeit und der medizinischen Behandlung genau entgegengesetzt wäre. Es hieße – wie früher – die Geisteskranken herumlaufen zu lassen, ohne ernsthafte Versuche zu machen, sie durch eine vernünftige medizinische Behandlung zu heilen oder zu verbessern, und zu diesen Zuständen sollten wir nicht zurückkehren. Daraus folgt, dass die Rechtfertigung für denjenigen, dem die Betreuung eines Geisteskranken obliegt, ihn in eine psychiatrische Klinik einzuweisen, nicht davon abhängt, ob dieser für andere oder für sich selbst gefährlich ist. Letzteres muss natürlich immer ein Grund für die Einweisung in eine Klinik sein. Eine solche Entscheidung hängt davon ab, ob dies im Interesse des Geisteskranken eine angemessene oder vielleicht sogar notwendige

Maßnahme bildet. Ausschlaggebend ist also die Meinung des Arztes, wie in jedem anderen Fall, in dem sich die Frage stellt, ob eine Person krank ist und welche Behandlung angewandt werden sollte. Ist nach Auffassung des Sachverständigen die Einweisung in ein Krankenhaus die im Interesse des Kranken am besten geeignete Maßnahme, so ist auch der Sorgeberechtigte befugt, sie vorzunehmen. In diesem Zusammenhang sind vielleicht noch einige Bemerkungen zu der Frage angebracht, ob derjenige, der die Einweisung einer Person in eine psychiatrische Anstalt veranlasst, damit eine Haftung eingeht, die von der öffentlichen Hand überprüft werden kann oder sollte. Diesbezüglich ist klar, dass sich aus dem bloßen Umstand, dass sich der Betroffene bei näherer Betrachtung als nicht unzurechnungsfähig erwiesen hat, keine strafrechtliche Verantwortlichkeit für Freiheitsentzug o. ä. ergeben kann. Hier wie auch anderswo, wo es um strafrechtliche Verantwortlichkeit geht, muss das Bewusstsein der Rechtswidrigkeit der Handlung erforderlich sein, d. h. nur derjenige kann wegen rechtswidrigen Freiheitsentzugs bestraft werden, der böswillig oder wider besseres Wissen die Einweisung eines Menschen als unzurechnungsfähig veranlasst. Das gilt nicht für jemanden, der sich auf ein ärztliches Attest berufen kann. Als das Justizministerium im Zusammenhang mit der Einweisung von Staatsrat Brun in ein Krankenhaus entschied, dass es keinen Grund gab, weitere Maßnahmen in diesem Fall zu ergreifen, war dies – abgesehen von der Frage des tatsächlichen geistigen Zustands Bruns, der keineswegs in dem Sinne geklärt war, dass er nicht geisteskrank war – dadurch gerechtfertigt, dass seine Angehörigen, die ihn einweisen ließen, sich sogar auf zwei ärztliche Stellungnahmen zur Notwendigkeit der Einweisung stützen konnten. Folglich ist davon auszugehen, dass kein Gericht das

15. Oktober 1894

Vorliegen eines rechtswidrigen Vorsatzes annehmen würde und daher ein Freispruch die notwendige Folge eines Verfahrens gegen die Betroffenen sein muss. Aber dann kann man wegen eines Ermessensfehlers des Arztes seiner Freiheit beraubt werden. Ja, das lässt sich nicht leugnen. Aber was ist daran so seltsam? Eine Fehleinschätzung meines Arztes kann mich ins Grab bringen oder eine aufkeimende Krankheit verschlimmern oder mir unnötige Schmerzen und Leiden bereiten. Aber deshalb muss man sich ja trotzdem dem Arzt anvertrauen, wenn man krank ist, und dazu gibt es nichts weiter zu sagen, als dass Ärzte und die Medizin, wie andere menschliche Dinge auch, unvollkommen sind und sich irren können. Die Tatsache, dass die Fehleinschätzung eines Arztes zur Einweisung in eine psychiatrische Anstalt führen kann, ist nicht schlimmer als die Fehleinschätzung eines Arztes, die zum Tod führen kann.

Hinzu kommt, dass in vielen Fallen keineswegs klar ist, dass ein Fehler vorliegt, denn psychische Krankheiten haben mit vielen körperlichen Krankheiten gemeinsam, dass sie manchmal schwer zu erkennen sind; die Diagnose kann oft zweifelhaft und schwierig sein. Daher kann es bei diesen Krankheiten, wie auch bei anderen, zu Meinungsverschiedenheiten zwischen den Ärzten kommen, sodass nicht davon ausgegangen werden kann, dass der eine oder der andere Recht hat. Dies scheint bei der viel zitierten Gräfin Schimmelmann der Fall gewesen zu sein. Einer der Ärzte für Geisteskrankheiten, die sie behandelten, glaubte und scheint immer noch zu glauben, dass sie geisteskrank ist, während der andere die gegenteilige Meinung vertritt. Aber glaubt irgendjemand, dass dies vermieden werden kann oder anders sein wird, solange die Welt besteht und Menschen Menschen sind und daher Fehler machen können?

Die obigen Ausführungen sollen nur dazu dienen, bestimmte Hauptstandpunkte zu bekräftigen, die beibehalten werden müssen, wie auch immer die Einweisung in psychiatrische Anstalten organisiert wird.
5 Andererseits müssen bestimmte Überlegungen zurückgewiesen werden, die – wie auch immer die Situation sonst organisiert ist – unbedingt falsch sind. Es ist aber nicht unsere Absicht, auf die speziellen Fragen einzugehen, die sich in diesen Fällen stellen. Hier
10 werden sich viele schwierige und zweifelhafte Punkte ergeben, bei denen die verschiedenen Überlegungen gegeneinander abgewogen werden müssen. Eine allgemeine Bemerkung soll aber nicht vorenthalten werden: Wenn wir die Einweisung in ein Krankenhaus
15 für Geisteskranke zu aufwendig und zu schwierig gestalten, richten wir einen nicht wiedergutzumachenden Schaden an und begehen vor allem eine große Sünde gegenüber dem ärmeren und mittellosen Teil der Bevölkerung. Wenn man weiß, welche Unannehmlich-
20 keiten ein Geisteskranker seinen Mitmenschen bereitet und wie schlecht es dem Geisteskranken selbst geht, wenn Familien in kleinen und ärmlichen Wohnungen eingesperrt sind, dicht an dicht wohnen, voll von Frauen und Kindern, dann wird man verstehen, wie
25 wichtig es in vielen Fällen ist, den Geisteskranken schnell loszuwerden, und wie notwendig es auch für den Geisteskranken selbst ist, so schnell wie möglich unter die viel besseren Bedingungen gebracht zu werden, die ein einigermaßen gut geführtes Krankenhaus
30 bietet. Niemand kann bezweifeln, dass die Stadt Kopenhagen durch die Einrichtung der 6. Abteilung des Kommunehospitals für die rasche Aufnahme von Geisteskranken einen unschätzbaren Vorteil für die Bewohner der Stadt, insbesondere für die Ärmsten unter
35 ihnen, geschaffen hat, und dass es als ein enormer Nachteil empfunden würde, wenn die Stadtverwaltung

damit aufhören würde. Das kann von keinem vernünftigen Menschen bezweifelt werden.[125]

Berlingske politske of Avertissements-Tidende, Kopenhagen, 15. Oktober 1894, S. 2

Reichstag. Folketing
Sitzung am 15. Oktober [...].[126] J. Jensen drückte zunächst die Hoffnung aus, dass die Arbeit der Agrarkommission zügig voranschreiten werde. Beinahe hätte er das Wort ergriffen, um einen Fall zu empfehlen, der durch die Berichterstattung in den Zeitungen landesweit die größte Aufmerksamkeit erregt hatte, nämlich den Krankenhausaufenthalt von Gräfin Adeline Schimmelmann. Viele Mitglieder hatten ihn gedrängt, darüber zu sprechen. „Wie Sie wissen, hatte Graf Werner Schimmelmann seine Schwester unter dem Vorwand, sie sei geisteskrank, in das städtische Krankenhaus einweisen lassen. Die Grafin hatte freilich ein Leben geführt, das sich von dem für Damen ihres Standes üblichen unterschied." Deshalb wollte er vor allem auf ein kleines Buch hinweisen, das sie gerade heute ver-

---

[125] In der Ausgabe derselben Zeitung vom 16.10.1894, S. 1, wurde dieser Artikel fortgesetzt; dabei thematisierte der Verfasser vor allem den Aspekt der Rechtsgrundlagen für die Einweisung in eine psychiatrische Einrichtung. Am selben Tag, 16.10.1894, S. 2, erschien eine kurze Erklärung von Dr. Helweg zu seinen Beweggründen für die Ausstellung des Attestes, das Schimmelmann geistige Gesundheit bescheinigte. Am 17.10.1894, S. 1 f., setzte die Belingske Tidende ihre Berichterstattung zum Fall Schimmelmann mit dem Abdruck einer langen Rede von Bürgermeister Borup fort, in der er das Kommunehospital insgesamt sowie das Vorgehen gegenüber der Gräfin verteidigte. Diese Berichte werden hier nicht abgedruckt, da sie keine neuen Details der Angelegenheit zur Sprache bringen.

[126] In der Sitzung sollte es dem Bericht nach hauptsächlich um die Diskussion am Finanzgesetz gehen. Der im Folgenden abgedruckte Text taucht an mehreren Stellen wieder auf, Schimmelmann druckte ihn in leicht veränderter Form in ihren Berichten über den Skandal ab, vgl. S. 74–78.

öffentlicht hatte. Was das Motiv für ihren Krankenhausaufenthalt anbelangt, so hieß es, dass sie eine Waffe bei sich trug und unter Verfolgungswahn litt. Beide Behauptungen waren unangemessen vage. Die Gräfin hatte 22 Jahre lang eine Pistole bei sich getragen; als Hofdame am kaiserlichen Hof tat sie dies, und niemand verdächtigte sie deshalb, geisteskrank zu sein. Als Pontoppidan sie traf, trug sie die Pistole gar nicht bei sich, sie befand sich in ihrer Reisetasche. Sie habe sich von ihrer Familie verfolgt gefühlt, hieß es, was aber nicht stimmte. Zwei Tage vor ihrem Krankenhausaufenthalt hatte der Referent ein Gespräch mit ihr geführt, in dem sie freundlich und nett über ihre Familie sprach. Im Krankenhaus sei die Gräfin von den Studenten unangemessen behandelt worden. Ihre diesbezüglichen Aussagen waren durchaus glaubwürdig. Prof. Pontoppidan hatte dem Referenten ein Gespräch mit der Gräfin in Anwesenheit von Zeugen verweigert.

Auf Anfrage des Referenten hatte P. erklärt, er wisse nicht, dass Schritte unternommen worden seien, um die Gräfin entmündigen zu lassen; zehn Tage später wurde sie jedoch entmündigt, wahrscheinlich auf der Grundlage eines von P. ausgestellten Attests. Trotz des Versprechens des Referenten wurde die Gräfin nach Oringe verlegt, wo sie gut behandelt wurde und nach 8 Wochen als völlig normal entlassen wurde. Das Merkwürdige an Pontoppidans Behandlung war, dass sich die Gräfin in den sechs Stunden, die die Fahrt nach Vordingborg dauerte, erholt haben muss, da sie nach seiner Aussage bei der Entlassung aus dem städtischen Krankenhaus sehr geisteskrank war, während Dr. Helweg sie während ihres gesamten Aufenthalts in Oringe für gesund erklärte. Der Vorwurf, Pontoppidan sei ein Mann, der sich für Geld überreden lasse, lästige Verwandte loszuwerden – was der Redner jedoch nicht glaube –, verbreitete sich in einem solchen Fall ganz natürlich in der Bevölkerung. Der Redner hatte die Absicht, einige Fragen an den Justizminister zu richten, dessen Abwesenheit er bedauerte. Zum einen wollte er wissen, ob der Minister einen Gesetzesentwurf vorlegen würde, um zu verhindern, dass eine Familie ein Mitglied ohne behördliche Genehmigung zur Beobachtung in ein Krankenhaus einliefern lässt. Zum anderen wollte er den Minister auffordern, die Einweisung von Gräfin S. in das Kommunehospital und ihre dortige Behandlung gründlich zu untersuchen.

Politiken, Kopenhagen, 16. Oktober 1894, S. 1

Oringe

Auf dem Weg nach Berlin erhascht man einen Blick auf die vielbeachtete Irrenanstalt, wenn der Zug an Vordingborg vorbeifährt. Die großen, grauen Gebäude mit den schmalen Fenstern, den scharf geschnittenen Dächern, den tonnenartigen Nebengebäuden und dazwischen ein rauchender Fabrikschornstein. Das Ganze macht in der lächelnden seeländischen Umgebung einen dunklen und düsteren Eindruck. Eines Tages steigt man also hier aus, wo alle Leute weiterfahren, und läuft die gewundene Hauptstraße von Vordingborg mit den roten Häusern hinauf, die so verziert sind, als wären sie aus Glycerinseife geschnitzt. Man verliert sich zwischen den Ruinen von Schloss Valdemar[127] und unten, in alten Erinnerungen an Ingemanns Romane[128] versunken, auf dem runden Gaasetaarn-Turm[129] und

---

127 Das Schloss wurde von Valdemar d. Gr. gegründet (1131–1182).
128 Der dänische Schriftsteller Bernhard Severin Ingemann (1789–1862) verfasste u.a. historische Romane.
129 Dieser Turm, ein Teil des alten Schlosses, stammt dem 12. Jahrhundert und gehört bis heute zu den Sehenswürdigkeiten Vordingborgs.

lässt den Blick über das herrliche Panorama vor sich schweifen. Diese echte dänische Fjordlandschaft wird nur von den Küsten um Svendborg[130] übertroffen. Hinter den blauen Bändern liegt eine Vielzahl von Inseln. An den Ufern leuchten die weißen Reihen der Bauernhöfe, und zwischen Wäldern, Dörfern und Getreideschobern tauchen schlossähnliche Herrenhäuser und zackige Kirchengiebel auf, die an den Reichtum des Adels und des Klerus zur Zeit der Valdemars erinnern. Inmitten dieser alten dänischen Umgebung haben die Unglücklichen des 19. Jahrhunderts, die Geisteskranken, ihr Domizil aufgeschlagen. Von Valdemars Turm aus kann man direkt in den weit verzweigten Gebäudekomplex der Anstalt blicken, und man verspürt den Drang, in die abgeschlossenen Geheimnisse einzudringen, zu denen Unbefugten der Zutritt verwehrt wird. Dann gehen wir und werden auf dem Weg dorthin von einem einfachen Mann begleitet, der uns nach einigen einleitenden Worten fragt: „Sind Sie selbst verrückt, oder wollen Sie nur mit einem Verrückten sprechen?" Nachdem wir einige schmeichelhafte Fragen beantwortet haben, treten wir durch das Tor und schlendern zwischen zwei Reihen von Pavillons hinauf zum großen Hauptgebäude. Hier und da sieht man in den kleinen Fenstern ein blasses Gesicht, aber sonst nichts Lebendiges. Es ist so seltsam still zwischen den beiden gepflegten Häusern. In der großen Eingangshalle des Hauptgebäudes trifft man auf den Chefarzt, Dr. Helweg, einen großen, schlanken, jugendlich wirkenden Wissenschaftler, über dessen Wesen sich eine gewisse klerikale Wärme ausbreitet. Dr. Helweg ist nicht nur ein Arzt des Verstandes, sondern auch des Herzens. Wenn er von seinen geisteskranken Patienten spricht,

---

[130] Die Stadt Svendborg liegt an der Südküste Fünens.

16. Oktober 1894

und er spricht nur von ihnen, dann ist das von einer innigen Liebe zu seinem Beruf geprägt. In Begleitung des Chefarztes schlenderten wir durch das Irrenhaus. Es wurde für die Provinz Seeland (mit Ausnahme der Gemeinde Kopenhagen, deren Geisteskranke im St. Hans Hospital untergebracht sind) und für die Provinz Seeland-Falster eingerichtet. Gegenwärtig beherbergt die Anstalt 480 Geisteskranke, die in 3 Verpflegungsklassen eingeteilt sind. Die Kosten werden zur Hälfte vom Staat und zur Hälfte von den Patienten getragen.

Die Geisteskranken, die in der ersten Abteilung untergebracht sind, verfügen über eigene, schön eingerichtete Wohnungen und haben Zugang zum Garten, zum Wald und zu gesellschaftlichen Veranstaltungen. Gräfin Schimmelmann war in dieser Station untergebracht und wohnte in dem Pavillon, der dem Hauptgebäude am nächsten lag. Die Patienten der anderen Abteilungen werden je nach der Art ihrer Krankheit und ihrem sozialen Status eingeteilt. Die Patienten der dritten Klasse, bei denen es sich hauptsächlich um Bauern und Hausfrauen handelt, sind in zwei großen kasernenartigen Gebäuden untergebracht, in denen es Speisesäle, Versammlungsräume und große, luftige Schlafräume gibt. Wer sich die Irrenhäuser aus den Berichten über die Salpetrière[131] vorstellt, wird beim Durchwandern dieser Gebäude enttäuscht sein – wenn auch auf die angenehmste Art und Weise. Überall auf den Treppen, in den Korridoren und in den Sälen tummeln sich Verrückte, aber die meisten von ihnen fallen nicht besonders auf. Sie gehen ruhig ihrer Arbeit

---

131 Bei der Salpetrière handelt es sich um eine Einrichtung für Geisteskranke, die in der Mitte des 17. Jahrhunderts in Paris entstand. Hier wurde gegen Ende des 19. Jahrhunderts vor allem zur Hysterie geforscht.

nach, fast ohne den Fremden zu bemerken. Einige grüßen einander höflich, und einige wenige, die alleine hin und her gehen, erwecken den Eindruck, als trügen sie einen Kummer in sich. In der Aula haben sich einige Verrückte auf den Boden gelegt. Als wir eintreten, stehen sie etwas beschämt auf, und einige von ihnen kommen auf die Beine und schütteln dem Arzt die Hand. Wie die Männerabteilung ist auch die Frauenabteilung organisiert. Auch hier bewegen sich die Patienten ohne Störungen und Lärm zwischen den einzelnen Stationen. Nicht einmal in den kleinen Abteilungen für die sogenannten gewalttätigen Geisteskranken wird die Ruhe gestört. Die Unglücklichen, die hier eingesperrt sind, liegen ruhig in ihren Zellen. Wärter und Wärterinnen laufen auf Filzschuhen herum. Man hat das Gefühl, sich in einem Krankenhaus für Todkranke zu befinden.

Vor kurzem ging eine haarsträubende Beschreibung eines Mordes in Oringe durch die Zeitungen. Ein Verrückter soll einen anderen Verrückten umgebracht haben. Die Wahrheit war, dass eine dieser alten Frauen, eine 80jährige Frau, mit dem Hals über dem Bettkasten liegend aufgefunden wurde, weil sie durch Erstickung gestorben war. Die Lokalredakteure suchten die Anstalt auf, aber wie üblich erhielten sie keine Informationen. Also erfanden sie eine Geschichte, und diese wurde nicht dementiert, denn auch ein Dementi enthält ein Zugeständnis, zumindest ein negatives, und gilt daher als Verstoß gegen die ärztliche Schweigepflicht.

Die Verschwiegenheit, die normalerweise Oringe betrifft, ist im Falle der Gräfin Schimmelmann natürlich verdoppelt worden. Dennoch wurde bekannt, dass die Gräfin in der Anstalt keine Heilung erfuhr, sondern dass sie sich bei ihrer Einlieferung in demselben Zustand befand wie bei ihrer Entlassung. Die Aussage von Dr. Helweg, dass keine Unzurechnungsfähigkeit konstatiert werden kann, wurde erst nach dem Zeitungsbericht bekannt. Es wird allgemein gesagt und geglaubt, dass Herr Helweg nur widerwillig das viel diskutierte Attest ausstellte, was gerade nach der Brun-Affäre für Herrn Pontoppidan unangenehm gewesen sein muss. Es ist auch bekannt, dass Herr Helweg in diesem wie in ähnlichen Fällen versucht hat, zwischen der Patientin und ihrer Familie zu vermitteln, und dass er lange Verhandlungen mit dem ältesten Bruder, Graf Carl Schimmelmann, der aus Holstein nach Oringe kam, geführt hat. Aber der Zwist in der Familie war so stark, dass diese Gesprächsbemühungen kein Ergebnis brachten. Dass der Graf die Situation missverstanden haben muss, geht aus der Tatsache hervor, dass er nach der Entlassung der Gräfin zwei Personen nach Oringe schickte, mit dem Auftrag, die Gräfin in eine private Krankenstation in der Nachbarschaft des Grafen zu bringen. Diese beiden Personen, ein Mann und eine Frau, beide von miserabler Erscheinung, mussten unerledigter Dinge wieder nach Hause reisen.

Was für eine amüsante, aber traurige Entwicklung hat sich in den letzten Jahren in unserem psychiatrischen System vollzogen! Im St.-Hans-Krankenhaus werden heute jährlich etwa 1200 Patienten behandelt. In Oringe sind es etwa 500, in der Anstalt in Middelfart[132] etwa 400, in der Anstalt in Aarhus[133] etwa 550 und in Viborg[134] etwa 350. Hinzu kommen die Geistes-

---

132 1888 entstand auf der Insel Fünen in Süddänemark die „Irrenanstalt", die heute ein Psychiatriemuseum beherbergt.
133 Unter dem Namen Jydske Asyl wurde hier 1852 eine „Irrenanstalt" gegründet, die ebenfalls teilweise in ein Museum für Psychiatriegeschichte umgewandelt wurde.
134 Die Psychiatrie im mitteljütländischen Viborg wurde 1877 unter der Direktion von Dr. G. A. Gad eröffnet.

kranken in der 6. Abteilung des Kommunehospitals, die eigentlich nur eine stationäre Abteilung ist, die 200 Geisteskranken in Ebberodgaard[135] und die vielen Unglücklichen, die in den Kreiskrankenhäusern und Heimen versteckt werden. In Dänemark wird es wahrscheinlich bis zum Ende des Jahrhunderts mehr als 3000 Geisteskranke geben. Was ist der Grund für diese erschreckend hohe Zahl? Wahrscheinlich ist es hier derselbe wie in anderen Ländern. Eine unausweichliche Folge der immer schnelleren Geschwindigkeit des Weltmechanismus, der Verwirrung des sozialen Gefüges, der Flüchtigkeit aller Beziehungen und der nervenaufreibenden Schnelligkeit, mit der sich die materiellen und geistigen Phänomene des Lebens verändern, die statt Klarheit zu schaffen moralisches Chaos erzeugen. Wir befinden uns in einem Moment, in dem wieder zweifelhafte Stimmen zu hören sind: Woher kommen wir? Wer sind wir? Und wohin gehen wir? Wenn der menschliche Geist in seinem wilden Lauf unbedacht innehält, und wenn Tausende wieder ihr Haupt zur Mystik neigen – in einem solchen Augenblick werden die wehrlosen Geister wie Wracks an diese Küste geworfen. Solche Gedanken werden geweckt, wenn man in Oringe umhergeht. Ignotus.

Politiken, Kopenhagen, 16. Oktober 1894, S. 2

Der Tag der Gräfin
Gestern war der Tag der Gräfin Schimmelmann. Er begann im Folketing mit einer großen Rede des Abgeordneten J. Jensen und endete in der Kopenhagener

---

[135] Auf dem Hof Ebberodgaard im Dorf Ebberod nördlich von Kopenhagen befand sich seit dem Ende des 19. Jahrhunderts ein Arbeits- und Pflegeheim für geistig Behinderte.

Bürgervertretung,[136] wo eine Reihe von Rednern das Wort ergriffen, die sich alle mit dem Thema befassten: dem Krankenhausaufenthalt der Gräfin auf der 6. Station. Was im Folketing und in der Bürgervertretung betont wurde, um Licht in die Angelegenheit zu bringen, entnehmen Sie bitte unserem Protokoll. Schließlich erschien die Abendausgabe mit einem langen Leitartikel, der mit I. überschrieben war und wie folgt begann: „Verschiedene öffentliche Äußerungen über die Einweisung von Geisteskranken in Irrenanstalten, die in diesen Tagen bekannt geworden sind, zeugen von einer merkwürdigen Begriffsverwirrung bei verschiedenen Zeitgenossen."[137] Dazu ist zu sagen, dass von allen öffentlichen Äußerungen, die gemacht worden sind, wohl keine die Begriffe mehr verwirrt haben als die vieldiskutierte Erklärung der „Berlingske Tidende". Man merkt, dass die Zeitung sich selbst ernst nimmt und sich einmischt, wenn es darum geht, den Beginn der Berichterstattung zu vernebeln. Die „Nationaltidende", die jeden Abend einen neuen Gesichtspunkt zum Fall der Gräfin bringt, druckte gestern Abend einen Leitartikel, der nach journalistischem Sprachgebrauch als Falkmann-Stil bezeichnet werden kann. Damit ist ein Artikel gemeint, der fast identisch ist, egal ob er sich mit dem Storchennest, dem Wahnsinn, dem Theater oder der Literatur beschäftigt. Herr Falkmann[138] endet mit den Worten: „Die sind alle verrückt!" Wenn er damit nicht seine eigenen Redakteure gemeint

---

136 Die dänische Bezeichnung Borgerrepræsentation wird im Folgenden jeweils als Bürgervertretung wiedergegeben.
137 Hier wird Bezug genommen auf den Artikel in der Abendausgabe der Berlingske Tidende vom 15.10.1894, S. 1.
138 Adolf Falkmann (1837–1903) war seit 1876 Redakteur bei der Kopenhagener Zeitung Nationaltidende.

hätte, hätten wir ihm empfohlen, in einem solchen Zusammenhang auch die miteinzubeziehen.

Zur gleichen Zeit ist jetzt das angekündigte Buch von Gräfin Schimmelmann bei Grøn[139] erschienen. Das Buch, das sehr elegant ausgestattet ist, heißt „Af mit Missionsliv".[140] Es enthält zunächst ein Vorwort, dann Otto Funckes Bericht über das Leben der Gräfin auf Rügen und schließlich einen Bericht der Gräfin über ihr späteres Leben, insbesondere in Berlin. Schon lange vor jeder anderen Zeitung haben wir so ausführliche Informationen über das gesamte Leben der Gräfin Adeline Schimmelmann veröffentlicht, dass wir keinen Grund haben, Auszüge aus diesem interessanten Büchlein zu veröffentlichen. Es zu empfehlen, wäre überflüssig, es wird einen gewaltigen Absatz finden.

Der Fall der Gräfin. Die Bürgervertretung
Gestern Abend wurde eine Anfrage an Bürgermeister Borup zum Fall Schimmelmann gestellt, und die Fragesteller waren die Herren Lassen, Mannheimer, der Großhändler Munck, Axel Meyer, Salomon und Ørum. Die Frage lautete: Stimmt es, dass in der 6. Station des Kommunehospitals ein Fall von unmenschlicher oder brutaler Behandlung eines Patienten aufgetreten ist? Dr. Ørum begründete die Frage und bemerkte Folgendes: „Sie wissen, dass in letzter Zeit Vorwürfe gegen die sechste Station des Kommunehospitals erhoben wurden, die die Öffentlichkeit in erheblichem Maße betroffen haben. Ich selbst habe mich davon nicht beeindrucken lassen; ich weiß, was man für diese Art von Angriffen zu geben hat. Es ist ganz klar, dass

---

[139] George C. Grøn (1864–1923) führte von 1893 bis 1896 die von Carl Andreas Reitzel (1789–1853) in Kopenhagen gegründete Verlagsbuchhandlung.
[140] Zu diesem Buch s. S. 255f.

16. Oktober 1894

alle Angriffe von einer bestimmten Person ausgehen, die dem Chefarzt der Abteilung nicht sehr wohlgesonnen ist. Und er ist durch seine Dienstpflichten daran gehindert worden, sich zu verteidigen. Noch fragwürdiger wird der Fall aber, wenn man bedenkt, dass es sich bei der Hauptperson und den Zeugen um Personen handelt, deren Geisteszustand kaum völlig normal war. Es ist merkwürdig, dass diejenigen, die die Anschläge inszeniert haben, keinen Grund gefunden haben, sich auch aus anderen Quellen zu informieren. Prof. Pontoppidan hätte sicherlich für sich selbst sprechen können, aber es wäre auch möglich gewesen, sich anderweitig über die Angelegenheit zu informieren. Die Angriffe, die gemacht wurden, werden großen Schaden anrichten. Leider scheint es ihnen gelungen zu sein, Misstrauen gegenüber einer großen städtischen Einrichtung zu schaffen. Und diese Angriffe haben sich demoralisierend auf die Ärzte ausgewirkt; es ist ganz natürlich, dass die Ärzte unter den gegenwärtigen Umständen zögern, Anfragen für die Aufnahme von Geisteskranken zu unterzeichnen. Ich zumindest würde eine solche Unterschrift nicht leisten. Ein Kollege aus dem Kommunehospital sagte mir neulich: ‚Wir zittern förmlich, wenn ein Patient in die Psychiatrie eingewiesen wird.' Die Frage der Rechtmäßigkeit dessen, was hier geschehen ist, haben die Gerichte zu entscheiden; und die Frage, ob die bestehenden Gesetze die persönliche Freiheit angemessen schützen, ist Sache des Reichstags. Uns geht es nur um die Frage, wie der Patient behandelt worden ist. Die ‚Nationaltidende' schrieb in ihrer Abendausgabe, dass die jungen Ärzte im Krankenhaus ein brutales Verhalten an den Tag gelegt hätten. Ich bin von ihnen bevollmächtigt worden, Ihnen mitzuteilen, dass an dem gesamten Artikel kein einziges Wort wahr ist. Was den Oberarzt Pontoppidan betrifft, mit dem ich in dieser Angelegenheit nicht gesprochen habe, so ist es mir ein Bedürfnis zu sagen, dass nie ein ehrenwerterer und fähigerer Mann als er an der Spitze der 6. Abteilung stand. Ich muss das Pflichtbewusstsein bewundern, das er gezeigt hat, indem er nicht auf die Angriffe geantwortet hat, wie stark er auch gedrängt wurde. Vorwürfe dieser Art sind nicht neu; der Schleswiger Psychiater Dr. Jessen[141] war zu seiner Zeit Gegenstand ganz ähnlicher Angriffe; er wurde davon völlig freigesprochen. Und ich bin überzeugt, dass Prof. Pontoppidan, bevor diese Beschuldigungen zu Ende sind, genauso reingewaschen sein wird wie er selbst." Bürgermeister Borup ergreift nun das Wort: „In dieser Angelegenheit sind die unglaublichsten Anschuldigungen erhoben worden; so hat die ‚Nationaltidende' eine Beschreibung junger Ärzte im Krankenhaus gegeben, die nicht wahr sein kann; wenn es so wäre, wäre es unmöglich, in das Krankenhaus aufgenommen zu werden. Es ist die schändlichste Verleumdung, wenn behauptet wird, die jungen Ärzte würden die weiblichen Patienten ausziehen. Ich bedaure, dass so etwas in einer Zeitung wie ‚Nationaltidende' geschrieben werden kann. In meiner Darstellung werde ich etwas über den Rahmen der Untersuchung hinausgehen. Die Frage nach dem Zustand der Gräfin Schimmelmann war für Pontoppidan nicht neu, als er sie einweisen ließ. Er korrespondierte seinerzeit mit dem Hausarzt der Mutter über diese Angelegenheit, aber damals war es nicht eindeutig erkennbar, dass die Gräfin geisteskrank war. Auch später korrespondierte Pontoppidan

---

141 Peter Willers Jessen war zunächst Leiter des 1820 eröffneten psychiatrischen Krankenhauses in Schleswig, wechselte dann aber nach Kiel, vgl. S. 91. 1862 ging ein Skandal vor allem durch die deutsche Presse, als zwei Patienten aus der Klinik Hornheim flohen und mit der Hilfe von Anwälten darauf aufmerksam machten, dass sie sich nicht freiwillig in dem von Jessen geleiteten Haus aufgehalten hätten, s. hierzu *Brink*: Grenzen der Anstalt, S. 41–55.

noch mit diesem, und dabei entstand die Idee, dass er nach Hellebæk hätte fahren sollen, wo die Gräfin wohnte. Sie kam dann aber nach Kopenhagen, und er suchte sie im Missions-Hotel auf, wo sie sich aufhielt. Er wusste, dass sie bewaffnet war; aber als er sie aufsuchte, hatte sie ihre Waffe nicht bei sich, denn ihre Pistole befand sich in einer Tasche. Nachdem er mit ihr in einem Zimmer in einem der unteren Stockwerke gesprochen hatte, gingen sie in den zweiten Stock hinauf. Er bemerkte, dass sie zuvor die Tasche mit der Pistole an sich genommen hatte. Im zweiten Stock führten sie ein kurzes Gespräch, in dem die Gräfin gegenüber dem Arzt ihre Angst vor Anarchisten zum Ausdruck brachte. Anschließend gingen beide nach unten, die Gräfin ließ die Tasche mit der Pistole zurück und Pontoppidan steckte diese nun in seine Tasche. Dann ging er zur Polizeiwache und stellte ein Attest aus, dass die Gräfin unzurechnungsfähig sei. In diesem Attest stand nicht, dass sie zur Beobachtung in ein Krankenhaus eingewiesen werden sollte, sondern dass sie unzurechnungsfähig und für ihre Umgebung gefährlich sei. In der Pistole befanden sich vier Kugeln. Später reiste Pontoppidan nach Helsingør, um den Pflegesohn der Gräfin zu sehen, von dem sie gesagt hatte, er sei geisteskrank. Pontoppidan stimmte nicht mit ihr überein, sondern deutete ihre Beschreibung als ein Zeichen ihres eigenen Wahnsinns. Das ist es, was sich zwischen Pontoppidan und der Gräfin abgespielt hat. Als Besonderheit muss ich erwähnen, dass es vier verschiedene Berichte über die Einzelheiten des Falles gibt, teilweise in den Zeitungen und teilweise in einer Beschwerde, die mir die Gräfin geschickt hat. Das alles deutet nicht darauf hin, dass man wirklich weiß, was passiert ist."

Politiken, Kopenhagen, 17. Oktober 1894, S. 2

Die Schimmelmann-Affäre. Die Stellungnahme von Dr. Helweg. Bürgermeister Borups Rechtfertigung der Geschichte der Pistole

In der Abendausgabe der „Berlingske Tidende" gibt Dr. Helweg die folgende Erklärung ab: „Der Unterzeichnete hat im Mai dieses Jahres der Gräfin A. Schimmelmann eine Bescheinigung ausgestellt, dass sie nicht unzurechnungsfähig ist. Der Richtung folgend, die die Diskussion in dieser Angelegenheit eingeschlagen hat, finde ich nun aber, da die Gräfin selbst alle Ermessenserwägungen beiseite geschoben zu haben scheint, Gelegenheit, Folgendes festzustellen: In den ersten Wochen des Aufenthalts der Gräfin hier im Krankenhaus hatte ich keinen Zweifel daran, dass sie geisteskrank ist. Aber als ich sie besser kennenlernte, mich mit den Verwicklungen ihres Lebens vertraut machte und verschiedene Informationen von außen erhielt, änderte sich meine Auffassung von ihrem Zustand; doch erst nach vielen Zweifeln und langen Überlegungen kam ich zu dem Ergebnis, das seinen Ausdruck in dem oben erwähnten Zeugnis fand." Auf den ersten Blick könnte man geneigt sein, diese Aussage als etwas anderes zu betrachten als das bisher in der Sache vorliegende Attest von Dr. Helweg. Dies ist jedoch keineswegs der Fall. Es kann wohl davon ausgegangen werden, dass Dr. Helweg, da die Umstände ihn zu einer Stellungnahme gezwungen haben, seine Aussage mit größter Rücksicht auf seinen Kollegen formuliert hat. Dennoch gibt es keinen Satz, an dem Dr. Pontoppidan seinen Hut aufhängen kann. Dass Dr. Helweg die Gräfin Schimmelmann zunächst für unzurechnungsfähig hielt, sollte selbstverständlich sein, da er sie von Dr. Pontoppidan mit einem Attest über ihre Unzurechnungsfähigkeit erhielt. Es würde jedoch von einem merkwürdigen Zustand zeugen, wenn die Chefärzte der Landeskrankenhäuser sofort wüssten, dass die von Dr. Pontoppidan eingewiesenen Patienten nicht krank sind. Dass Dr. Helweg „nach vielen Zweifeln und langen Überlegungen" zu seinem Ergebnis kam, ist ganz natürlich, wenn man bedenkt, dass dieses Ergebnis in direktem Widerspruch zum Urteil eines berühmten Kollegen steht. Bei der Beurteilung des Eindrucks, den die Gräfin anfangs auf Dr. Helweg machte, sollte man auch bedenken, dass ihr Gemütszustand, als sie in Oringe ankam, nicht ganz gewöhnlich war. Sie hatte bereits einen Monat im Kommunehospital verbracht, gegen ihren Willen und unter schrecklichen Bedingungen. Die Pavillons von Oringe hätten sich ihr nach dem Geschehenen leicht als eine Art lebenslanges Gefängnis darstellen können. Wenn Dr. Helweg erklärt, dass er seine Meinung änderte, „als er sie besser kennenlernte und er mit den Komplexitäten ihres Lebens vertrauter wurde und verschiedene Informationen von außen erhielt", so ist dies weit von einer Verteidigung Dr. Pontoppidans entfernt. Es kommt eher einer Verurteilung von dessen zehnminütiger Untersuchung gleich. Dass diese reflektierte Beurteilung bekannt wurde, lag eigentlich nicht in seiner Absicht. Die neue Stellungnahme von Dr. Helweg ist ein Dokument, das aber den Fall der Gräfin Schimmelmann in keiner Weise ändert. Was die anfängliche Kritik am Verhalten der Gräfin betrifft, so wird der Angegriffene seinem Gegenüber vernünftigerweise antworten, dass Diskretion eine gute Sache sei, aber auch die persönliche Freiheit. Wie wir alle wissen, erlangt man seine Rechte in dieser Welt nicht durch Schweigen. Und wer schuldete Gräfin Schimmelmann überhaupt Diskretion in dieser Angelegenheit, in der sie auf so entsetzliche Weise behandelt worden war.

Anlässlich der gestrigen Rede von Bürgermeister Borup zur Verteidigung von Prof. Pontoppidan schreibt ein Mitarbeiter in der „Nationaltidende" in der gestrigen Abendausgabe: „Angesichts der konkreten Vorwürfe sind sowohl die Dementis des Krankenhauses als auch die des Bürgermeisters Borup unzureichend. Die Antwort, die gegeben wurde, war natürlich zu erwarten, aber sie wird die Atmosphäre kaum beruhigen, genauso wenig wie die Öffentlichkeit die Ansichten billigen wird, die Herr A.[142] in seinem verdrehten Artikel in der ‚Berlingske Tidende' gestern Abend geäußert hat. Die Darstellung der Angelegenheit durch Bürgermeister Borup in der Bürgervertretung ist ebenfalls äußerst unrichtig. Erstens sagt er, die Gräfin habe sich vor den Augen von Prof. Pontoppidan mit einem Revolver so verhalten, dass kein Zweifel daran bestand, dass sie wahnsinnig sei. Nach den vorliegenden Informationen ist jedoch anzunehmen, dass Prof. P. den Revolver bei dieser Gelegenheit gar nicht gesehen hat. Weiter sagt er, dass die Einweisung in die Klinik auf Wunsch der Mutter der Gräfin erfolgte. Es ist schwer vorstellbar, wie dies geschehen sein könnte, denn die Mutter ist bereits seit mehreren Jahren tot. Vielleicht können also die Worte von Herrn Borup auf seine eigenen Informationen angewandt werden: ‚In gleicher Weise müssen alle erhaltenen Informationen korrigiert werden.'"

Zur Geschichte der berüchtigten Pistole können wir heute einen neuen kleinen Beitrag leisten. Wir haben in diesem Zusammenhang gestern mit dem Geschäftsführer des Missionhotels, Herrn Buhl,[143] gesprochen, wo die Gräfin ein häufiger Gast war. Sie ging immer in das Hotel, wenn sie nach Kopenhagen kam, entweder allein oder mit ihren Pflegekindern. Sie war allen

---

142 Die Identität dieser Person konnte nicht geklärt werden.
143 Zu seiner Person liegen keine näheren Informationen vor.

im Hotel bekannt, bewegte sich munter unter den Gästen und aß oft dort im Speisesaal. Nachdem er bemerkt hatte, dass nichts im Verhalten der Gräfin auf eine Geisteskrankheit hindeutete, sagte Herr Buhl, dass er die Pistole, die so unverdientermaßen berühmt geworden war, noch nie gesehen hatte und dass niemand im Hotel eine Ahnung davon hatte, dass die Gräfin eine Pistole trug. Es sei daran erinnert, dass sich Gräfin Schimmelmann nach dem Bericht von Pontoppidan und Borup gerade dort im Missionshotel „mit einem Revolver so benahm, dass kein Zweifel daran bestand, dass sie geisteskrank war".[144]

Nieuwe Tilburgsche Courant, Tilburg, 21. Oktober 1894, S. 2[145]

Das Schicksal einer Hofdame
In den deutschen Hofkreisen hat eine Broschüre der Gräfin Adeline Schimmelmann[146] für Aufsehen gesorgt. Die Gräfin, die viele Jahre als Hofdame der Kaiserin Augusta am Berliner Hof lebte und die Freundschaft Wilhelms I. genoss, hatte sich nach dem Tod ihres Vaters von der Welt zurückgezogen. Die reiche Gräfin entschied sich fortan, sich ganz dem Wohl der Armen

---

144 Nicht abgedruckt werden hier die Artikel der Politiken vom 22., 23. und 26.10.1894, da diese zwar weiterhin den Skandalfall um Schimmelmann ausleuchten, aber dabei nicht direkt auf sie eingehen. Behandelt werden philosophische, gesellschaftspolitische und politische Fragen, die sich aus dieser Affäre ergeben. Auch die Berlingske Tidende behandelt in einem ausführlichen Artikel vom 17.10.1894, S. 1f., die in der Öffentlichkeit diskutierten Aspekte des Falls Schimmelmann. Dabei geht es auch um eine Polemik gegen die anderen Kopenhagener Zeitungen.
145 Die Zeitung, die auf die Region Brabant ausgerichtet war, erschien von 1879 bis 1964. Sie wies eine gewerkschaftliche und sozial-katholische Orientierung auf.
146 Im Jahr 1894 lag, soweit bisher nachweisbar, noch keine Veröffentlichung Schimmelmanns auf Deutsch vor. Entweder bezieht sich diese Meldung auf Funckes Text von 1892 oder auf die dänischen Zeitungsberichte, in denen aus dem 1896 auf Deutsch erschienenen Tagebuch zitiert wird.

und Unterdrückten zu widmen. Sie besuchte jeden Tag die Krankenhäuser und Gefängnisse von Berlin und gab alles den Armen. Durch dieses Leben der Selbstaufopferung war ihre Gesundheit untergraben
5 und sie reiste in die kleine Küstenstadt Göhren an der Küste Pommerns, wo sie ein Zuhause für arme Fischer gründete. Sie verbrachte dort acht Jahre und beschäftigte sich nur mit den Armen und den Waisenkindern – und das hatte zur Folge, dass sie mit ihrer Familie in
10 Kopenhagen kein gutes Verhältnis mehr hatte. Zu Beginn dieses Jahres kam sie nach Kopenhagen, wurde sehr kaltherzig von ihrem Bruder empfangen und schließlich unter einem Vorwand in ein Krankenhaus gebracht, wo sie 13 Wochen inhaftiert wurde. Dann
15 wurde sie mit der Bestätigung entlassen, dass mit ihr alles in Ordnung sei. In der erwähnten Broschüre schildert sie ihr Leiden. Es gelang ihr nicht einmal, einen Brief über ihren traurigen Zustand abzuschicken. Sie war von allem entblößt, sodass sie, die ehemalige
20 Hofdame einer Kaiserin, sich von einer Pflegerin des Krankenhauses Geld leihen musste, um sich einen Hut kaufen zu können. Sie wurde von ihrem Bruder während ihrer Gefangenschaft unter Vormundschaft gestellt, aber der Justizminister hob diese wieder auf.
25 Der Fall dürfte jetzt vor Gericht geklärt werden.

Tilburgsche Courant, Tilburg, 21. Oktober 1894, S. 1[147]

Dänemark

30 Kopenhagen ist derzeit wegen eines ungewöhnlichen Falles in Aufruhr. Eine zum höchsten Adel Dänemarks gehörende Dame, Gräfin Adeline Schimmelmann, wurde für einige Wochen in ein Irrenhaus gesperrt,

---

147 Die konservative katholische Zeitung erschien von 1865 bis 1931.

zunächst in Kopenhagen, dann, auf Wunsch eines ihrer Brüder, in der Provinz. Der Chefarzt der ersten dieser Anstalten hatte nach einer Untersuchung von wenigen Minuten, die er sich teuer bezahlen ließ, erklärt, die Gräfin sei von Sinnen und gefährlich für ihre Umgebung. Er ließ sie in die von ihm geleitete Anstalt einweisen, wo sie sechs Wochen lang blieb. Der Arzt der anderen Anstalt, der die Gräfin auf das Attest seines Kollegen hin aufnahm, entließ sie nach fünfwöchigem Aufenthalt mit der Begründung, sie sei vollkommen zurechnungsfähig. Die Gräfin wendet sich nun an die Öffentlichkeit, die sich sofort auf ihre Seite schlägt. Sie erzählt ihre Lebensgeschichte und wie sie die Unzufriedenheit ihrer Familie erregte: Sie stand in enger Verbindung mit der dänischen und der deutschen Monarchie; sie war Ehrendame der alten Kaiserin Augusta, als sie 1885 die Nachricht vom plötzlichen Tod ihres Vaters erhielt. Diese Nachricht machte einen so tiefen Eindruck auf sie, dass sie beschloss, sich von der Welt zurückzuziehen und ihr Vermögen für die Armen einzusetzen. Seitdem verbrachte sie die meiste Zeit unter den armen Fischern auf der Insel Rügen an der pommerschen Küste und nahm dort mehrere Kinder auf. Dieser Lebenswandel missfiel ihrer Familie, und durch eine List gelang es ihr, sie in ein Irrenhaus zu sperren. Zugleich stellten sie sie unter Vormundschaft, da sie nicht in der Lage sei, ihr Vermögen zu verwalten. Die öffentliche Meinung verlangt, dass die Schuldigen bestraft werden.

Politiken, Kopenhagen, 2. November 1894, S. 2

Veranstaltung in Sejlflod bei Aalborg
Gräfin Adeline Schimmelmann ist, wie bereits angekündigt, in die Region Aalborg gereist, wo sich ihr Geburtshaus, das Gut Lindenborg, befindet. Auf Ein-

ladung der örtlichen Baptisten sprach die Gräfin am Dienstag in Sejlflod, zwei Meilen östlich von Aalborg. Der Empfang fand im Haus des Landwirts Kr. Noorgard[148] statt. Die Gräfin befand sich hier auf dem Gut ihres Vaters, denn ihr Gastgeber ist der Pächter der Grafschaft Lindenborg. Der Abgeordnete Jens Jensen eröffnete die Versammlung mit einem Gebet und sprach dann ein paar einleitende Worte, in denen er auch erwähnte, dass die Gräfin keine Baptistin sei. Der Zeitung „Aalborger Amtstidende",[149] dessen Redakteur Herr Vilh. Lassen[150] der Versammlung beiwohnte, ist der folgende Bericht entnommen. Danach hat die Gräfin eine zarte, aber klare und angenehme Stimme, sie spricht mit einem etwas deutschen Akzent und ihre Worte fallen etwas schneller, als die Landleute ihre Prediger gewöhnlich sprechen hören. Aber alles ist so klar, so ruhig und beherrscht, dass kaum ein Wort bei einem der Zuhörer verloren geht. Sie sagte kurz und bündig das Folgende: „Ich beginne mit dem, was Bruder Jensen bereits gesagt hat, nämlich dass Sie nichts Neues oder Außergewöhnliches von mir erwarten dürfen. Ich habe nichts weiter zu sagen, als das Glück zu bezeugen, das mir zuteil geworden ist, das Glück, Jesus zu lieben. Eines Tages, vor elf Jahren, lag ich fast im Sterben.[151] Dann unterzog ich meine Seele einer Prüfung vor Gott und hatte das Gefühl, vor seinem Thron stehen zu müssen; zum ersten Mal wurde ich von dem Eindruck der großen Ganzheit

---

148 Über seine Person ist nichts weiter bekannt.
149 Vgl. deren unten abgedruckten Bericht vom 22.5.1895.
150 Der Journalist Vilhelm Herman Lassen (1861–1908) war seit 1898 Herausgeber der Aalborger Amtstidende. Später betätigte er sich als Politiker und wurde Finanzminister.
151 Worauf Schimmelmann hier anspielt, ist unbekannt. An anderen Stellen nennt sie das Jahr 1885, in dem ihr Vater starb, als Zeitpunkt einer großen persönlichen Krise.

2. November 1894

Gottes erfüllt. Ich fühlte mich nicht bereit, vor dem Thron Gottes zu stehen. Liebe Brüder und Schwestern, wir müssen bereit sein, jederzeit vor seinem Thron stehen zu können. Wenn wir Gott lieben und ihn kennen, können wir um alles bitten, und er wird uns erhören. Er wird uns nicht alles geben, aber er wird uns alles geben, was gut für uns ist." Anschließend wurden drei Hymnen gesungen, und das Treffen endete mit einigen Schlussworten von Jens Jensen. Jeder der Teilnehmer gab der Gräfin die Hand, bevor er den Raum verließ.

Die Rede der Gräfin machte einen ausgezeichneten Eindruck, es gab nicht die geringste Übertreibung, alles wurde ausgehend von den gegebenen Prämissen klar und logisch entwickelt. Die Gräfin braucht keine andere Fürsprecherin als sich selbst. Ein Vortrag wie der gestrige entkräftet jedes Misstrauen. Wenn man sie für abnormal erklären will (um der religiösen Ansichten der Gräfin willen), müsste man auch die meisten unserer Pastoren einsperren und alle unsere Laienprediger in Zwangsjacken stecken. Ihr Auftreten wirkt ruhig und reif. Es ist äußerst bewundernswert, wie ruhig die Gräfin über alles berichtet, was sie mit Herrn Pontoppidan und im Kommunehospital erlebt hat. Die Gräfin hat nicht, wie sie sagte, die Absicht, einen dauerhaften Wohnsitz in Mecklenburg zu nehmen. Nun, da die Entmündigung aufgehoben ist, wartet Gräfin Schimmelmann auf die Übergabe ihres Vermögens. An zwei weiteren Abenden spricht die Gräfin in der Gegend von Aalborg. Am Samstagabend hält sie einen Vortrag in der Methodistenkirche in Kopenhagen. Danach will sie beginnen, ihren gesamten Besitz hier in Dänemark zu verkaufen, einschließlich der Villa in Hellebæk. Wenn dies geschehen ist, wird sie sich ein Schiff kaufen, und dieses wird dann ihr Zuhause. Der Kapitän des Schiffes war mit in Sejlflod, ein grau-

haariger Mann mit einem [...]¹⁵² Gesicht. Er hat, auch schon vor ihrer Einsperrung, mehrere Jahre für die Gräfin gearbeitet. Die Gräfin wird dann herumsegeln, vor allem in der Ostsee, und all die vielen Fischer be-
5 suchen, unter denen sie früher gearbeitet hat und denen sie so viel Gutes getan hat.

Politiken, Kopenhagen, 4. November 1894, S. 2

10 Frau Amalie Skram
Wir haben folgendes Schreiben erhalten: „Herr Redakteur! Mit Ihrer Erlaubnis komme ich noch einmal auf meine Wahrnehmung und Aussage über Gräfin Schimmelmann während meiner Begegnung mit ihr in der 6. Abteilung
15 zurück. Es geht um die Rede von Bürgermeister Borup in der Bürgervertretung vom 15. Oktober, die mir erst kürzlich in Kopie zugegangen ist. Darin heißt es u. a.: ‚Es ist bezeichnend, dass in den Aussagen von Menschen, von denen man annahm, dass sie nicht normal seien,
20 nach Beweisen gesucht wurde, aber darüber hinaus haben mehrere Krankenschwestern dem Redner gegenüber erklärt, dass sie von der Aussage der fraglichen Dame sehr überrascht waren, da zu der Zeit, als sie im Krankenhaus war, ganz klar war, dass die Gräfin krank
25 sei.' Ich habe mich nicht bereit gefühlt, mich noch einmal zu diesem Fall zu äußern. Alles, was ich sage, kann leicht auf den offensichtlichen Einwand stoßen, dass es töricht wäre, das Attest zu berücksichtigen, das ein ‚Verrückter' für einen anderen ‚Verrückten' ausstellt.
30 Nun, dem ist nichts entgegenzuhalten. Aber dann sollte man auch nicht so tun, als würde man zur Kenntnis nehmen, was die fragliche Dame zu den Krankenschwestern gesagt haben mag, als sie selbst, als geis-

---

152 Wegen eines Risses in der Vorlage fehlen hier einige Worte.

teskrank abgestempelt, hinter Schloss und Riegel in der 6ten Abteilung des Kommunehospitals saß. Diese Dame war natürlich nicht fähig, ein Urteil zu fällen. Dass diese jedoch nicht glaubte, dass die Gräfin geisteskrank war, geht aus meiner in der ‚Politiken' veröffentlichten Erklärung hervor.¹⁵³ Wenn einige der Krankenschwestern den gegenteiligen Eindruck gewonnen haben, fällt es mir nicht schwer, die Erklärung dafür zu finden. Es ist auch dieser Hinweis auf die Krankenschwestern, der mich veranlasst hat, Stellung zu beziehen. Als ich mit den Krankenschwestern über die Gräfin gesprochen habe, habe ich ihnen zugestimmt. Sie alle schienen mehr oder weniger ihre Zweifel am Zustand ihres Geisteszustandes zu haben – ganz normal, wenn der Professor anwesend war und so urteilte – und warum ihnen widersprechen? Ich hatte genug mit mir selbst zu tun und konnte und wollte keine Energie oder persönliche Meinung in das stecken, was ich über die Patienten sagte. Ich erinnere mich auch, dass ich ein- oder zweimal, als die Gräfin in ihrem lebendigen Glauben zu mir von dem gesprochen hatte, was ihr über alles ging, zu den Krankenschwestern – jenen Menschen, deren Güte und Freundlichkeit mir dort unten Trost und Kraft gaben – etwas gesagt habe wie: Oh ja, sie ist verrückt mit ihrem Gerede über den Herrn und ihrem Glauben an Wunder! Aber mit dem Wort verrückt meinte ich nichts anderes als das, was man sagt, wenn man, wie so oft in der Alltagssprache, diesen Ausdruck für Menschen verwendet, die im Verdacht stehen, von irgendeiner Art von Wahnsinn befallen zu sein. Ich habe also zunächst selbst geglaubt, dass die Gräfin wahnsinnig sei. Wer kann schon etwas anderes denken, wenn man eine Person im Zellenblock einer Irrenanstalt sieht und

---

153 Vgl. den Artikel der Politiken vom 11.10.1894.

vorher nichts über sie weiß. Aber ich änderte bald meine Meinung und überzeugte mich, dass die Gräfin nicht verrückt sei. Sie hätte es sein können, und es ist merkwürdig, dass sie es nicht war. Es beschäftigten sie nur diese immer wiederkehrenden Fragen nach dieser anscheinenden Verfolgung. ‚Meine Familie hat mich nie gemocht‘, sagte sie oft, ‚und jetzt haben sie mich hier eingewiesen. Das sieht nach Verfolgung aus. Aber niemand sonst hat mich verfolgt.‘ Ihre Bestürzung über das Verhalten des Professors ihr gegenüber war so groß, dass sie einmal sagte: ‚Sollte man ihm zu wenig Geld geben?‘ Als ich den Kopf schüttelte, fügte sie hinzu: ‚Nein, natürlich nicht. Aber wie können wir dieses Problem lösen?‘ Auf die Bemerkung des Professors, dass sie Angst vor Anarchisten habe und dass sie natürlich glaube, auch im Krankenhaus von Anarchisten umzingelt und verfolgt zu werden, antwortete sie einmal lachend: ‚Nein, Herr Professor. Hier sehe ich nur Krankenschwestern. Woher sollten die Anarchisten kommen?‘ Nehmen Sie einen beliebigen Menschen und sperren Sie ihn ohne Vorankündigung für fünf Wochen in ein Verlies und schauen Sie, wie viele diese Situation so bewältigen, wie es Gräfin Schimmelmann getan hat." Amalie Skram[154]

Politiken, Kopenhagen, 17. April 1895, S. 1

Gräfin Schimmelmann, die im Winter eine Reihe von gut besuchten Veranstaltungen im ganzen Land abgehalten hat, hält sich derzeit in der Stadt auf. Nächste Woche wird die Gräfin einen öffentlichen Vortrag im

---

[154] Mit diesem Artikel endet die Serie der Politiken zur Schimmelmann-Affäre. Die späteren kurzen Berichte behandeln sie als Persönlichkeit des öffentlichen Lebens, aber nicht weiter als Mittelpunkt eines Skandals.

Konzertpalast, dem Schimmelmannschen Herrenhaus,[155] dem Haus ihrer Kindheit, abhalten. Diese Ansprache ist die erste öffentliche Veranstaltung der Gräfin in Kopenhagen, und in der Damenwelt gibt es bereits eine starke Nachfrage nach Karten. Der größte Teil der Plätze ist für eine Gruppe besonders eingeladener Gäste vorgesehen, aber die Gräfin beabsichtigt, ihren Vortrag für die Arbeiter in der Rømersgade[156] zu wiederholen.

Aalborg Amtstidende, Aalborg, 22. Mai 1895, S. 2[157]

Die Gräfin

Es ist wohl noch nie zuvor passiert, dass eine in Vallø eingeschriebene Stiftsdame, eine Dame mit einem der vornehmsten adligen Namen, das Wort unter den Arbeitern in der Rømersgade in Kopenhagen ergriffen hat. Die Dame, die am Montagabend das Eis brach, war natürlich Gräfin Schimmelmann. Sie hatte ein volles Haus. Entlang der Wände und in den dunklen Ecken saßen – schreibt die „Politiken" – alte Arbeiter, ergraute Veteranen der Partei, die mit düsteren Mienen auf die Dinge blickten, die da kommen sollten. Was würde das nun für ein Unsinn sein! Sollte eine der vornehmen Adelsdamen hier sprechen, wo nun so viele Redner im Laufe der Jahre das grobe Geschütz gegen den Adel aufgefahren hatten. Die Veteranen wa-

---

155 Zu dem Palais in der Kopenhagener Innenstadt s. S. 121.
156 In dieser Straße befand sich das 1879 eröffnete Verbandshaus der Gewerkschaften. Da in diesem Gebäude ein Saal zur Verfügung stand, ist es denkbar, dass Schimmelmann hier den angekündigten Vortrag für die Arbeiter hielt. Heute befindet sich in diesem Gebäudekomplex im Stadtteil Nørreport das Arbeitermuseum, das die Geschichte der dänischen Arbeiterbewegung dokumentiert.
157 Die Zeitung erschien von 1898 bis 1971 und positionierte sich als politisch links ausgerichtetes Blatt.

ren mindestens genauso verblüfft, wie es die Gemeinde in der Frauenkirche[158] gewesen wäre, wenn Jeppesen Borgbjærg[159] die Erlaubnis erhalten hätte, sich als königlicher Beichtvater vorzustellen. Dann trat eine schwarz gekleidete, blasse Dame hervor und blickte ein wenig ängstlich über die Versammlung, während sie ihre weißen Hände faltete. Anschließend ergriff sie das Wort, klar und anmutig, mit einem fremden Akzent, der die Rede durchzog. Es war offensichtlich, dass sie sofort das Interesse geweckt hatte. Es wurde so totenstill in dem großen Raum, dass ihre zarte Stimme in den entferntesten Ecken zu hören war. Doch niemand rief Bravo, sondern alle hörten zu. Die Zuhörer hingen vielmehr an ihren Lippen, denn das, was sie sagte, war für sie etwas Neues. Sie sprach nicht von Vergnügungen, diese adlige Dame. Nein, sie erzählte, dass die Arbeit ein Segen für die Armen sei und die Muße eine Verdammnis für die Reichen. Sie habe an einem Kaiserhof und in der Hütte von Fischern gelebt, aber sie glaube sagen zu dürfen, dass die Fischer glücklicher seien als der Kaiser. Sie selbst hatte die Leere des reichen Lebens gespürt und war hinabgestiegen zu denen, die keinen irdischen Besitz hatten. Doch auch unter den Armen hatte sie mehr Kummer als Freude gesehen. Für jeden gilt, wer nicht das Wort „Gott ist die Liebe" kennt, für den wird das Leben eine schreckliche Last.

All dies erzählte die Gräfin auf eine angenehme Weise, indem sie hier und da eine kleine Scene aus ihrem eigenen wunderlichen Leben anführte. Es waren

---

158 Die Kopenhagener Frauenkirche, auch Dom genannt, ist die Hauptkirche des Bistums Kopenhagen der Dänischen Volkskirche. Der Bau weist einen klassizistischen Stil auf und wurde 1829 fertiggestellt.
159 Jeppesen Borgbjærg (1834–1904) war zum einen als Veterinär tätig, wurde aber vor allem wegen seiner sozialkritischen Schriften bekannt.

eigentlich diese kleinen Bilder, die am meisten Eindruck machten. Als die Gräfin sehr bewegt ihren Aufenthalt unter den Armen in Berlin schilderte, da saßen – warum sollten wir es verbergen – alte Arbeiter und ergraute Veteranen der Partei, die wie Kinder weinten. Und als sie wieder nach Hause gingen, war es vielleicht mit dem Gefühl, dass das Leben eigentlich komplizierter ist, als sie geglaubt hatten. Die Gräfin hatte ja andere Grenzen gezogen als die, die sie kannten, zwischen Reich und Arm. Einfache Arbeiter, die Liebe erlebt hatten, rechnete sie zu den Hochgestellten. Den Adel und die meisten dänischen Pfarrer hingegen zählte sie zum Proletariat.[160]

Berliner Abendpost, Berlin, 28. Mai 1895, S. 2[161]

Von einer Gräfin Schimmelmann, einer ehemaligen Hofdame der deutschen Kaiserin Augusta, war vor einiger Zeit viel die Rede. Die Dame wurde von ihren Verwandten als geisteskrank bezeichnet und in einer Irrenanstalt interniert und erst nach langwierigen Kämpfen wieder freigelassen. Aus Kopenhagen wird nun der „Frankfurter Zeitung"[162] geschrieben: „Im hiesigen sozialdemokratischen Verein hielt die Gräfin

---

160 Ein weiterer Bericht über einen Vortrag Schimmelmanns in der Rømersgade ist in den Erinnerungen von *Nicolai Thomsen Svendsen* (1873–1966) zu finden: Sønderjydsk Skæbne et Levnedsløb, Haderslev 1953, S. 162f. Der später als Redakteur und Politiker tätige Svendsen unterrichtete von 1896 bis 1898 in Kopenhagen an der deutschen Schule St. Petri. Wir danken Mette Kjær Ovesen vom Kopenhagener Arbejdermuseet für den Hinweis auf diese beiden Quellen, Schreiben vom 30.9.2024.
161 Die Tageszeitung erschien von 1887 bis 1921. Sie wurde in enger Abstimmung mit der Berliner Zeitung von denselben Herausgebern konzipiert. Das liberale und regierungskritische Blatt sollte vor allem außerhalb Berlins wichtige Nachrichten möglichst schnell weiterleiten.
162 Die Tageszeitung wurde 1856 in Frankfurt gegründet und erschien bis 1943.

Schimmelmann gestern Abend einen Vortrag. Daß die frühere Hofdame einer Kaiserin einen Vortrag für Arbeiter hält, dürfte wohl zu den größten Seltenheiten gehören, und der riesige Festsaal war daher auch bis zum letzten Platze besetzt, als die Gräfin die Rednertribüne betrat. Sie schilderte ihr Leben am Hofe in Berlin und unter den Armen der Stadt. Sie habe im Schloß des Kaisers und in der Hütte des Fischers gelebt, sie glaube jedoch sagen zu können, daß der Fischer glücklicher sei, als der Millionär. Sie habe selbst gefühlt, wie leer das Leben der Reichen sei, und habe deshalb beschlossen, mit den Armen zu leben und für sie zu wirken. Es sei ihre Absicht gewesen, ein Schiff zu kaufen, um bei den armen Fischern an der Küste Pommerns herumzureisen; ihre Einsperrung in der hiesigen Irrenanstalt[163] im vorigen Winter habe ihr jedoch einen Verlust von 21 000 Kronen verursacht, und da sie jetzt nicht Geld genug habe, um das Schiff zu kaufen, habe sie beschlossen, ihre große Villa in der Nähe Kopenhagens zu veräußern. Die schlichten und rührenden Worte der Gräfin machten auf die Arbeiter einen tiefen Eindruck, und der Vortrag wurde mit fast feierlicher Aufmerksamkeit angehört."

Limburger Koerier. Provinciaal Dagblad, Heerlen, 29. Mai 1895, S. 2[164]

Aus Dänemark. Ein großes Aufsehen erregte in Kopenhagen der Auftritt von Gräfin Schimmelmann, der ehemaligen Hofdame der Kaiserin von Deutschland. Der Saal, in dem die Gräfin auftrat, war voll. Die Red-

---

[163] Da ein Bericht aus Kopenhagen übernommen wird, geht es um das dortige Kommunehospital.
[164] Die Zeitung erschien von 1846 bis 1944 in der Provinz Limburg.

nerin erzählte von ihrem Leben bei Hofe und der Armut, die in Berlin herrscht. Sie hat, wie sie erklärte, in den kaiserlichen Palästen und in den Fischerhütten gelebt, aber sie zieht das Leben der Letzteren dem der Millionäre vor. Sie hat es sich zur Aufgabe gemacht, nur für die Unglücklichen zu leben. Sie wollte ein Boot kaufen, um die pommerschen Fischer zu besuchen, aber sie war in eine Irrenanstalt eingesperrt worden, was sie einundzwanzigtausend Kronen gekostet hatte, sodass sie ihren Plan nicht verwirklichen konnte und sogar gezwungen gewesen war, ihre Villa bei Kopenhagen zu verkaufen.

Nieuwsblad van het Noorden, Groningen, 6. August 1895, S. 2[165]

Sie hat genug vom Reichtum
Die Gräfin Schimmelmann, einst Hofdame in Berlin, wendete sich vor einiger Zeit an die Arbeiter von Kopenhagen und sagt, dass sie beabsichtigt, ihr Haus in der Nähe von Kopenhagen zu verkaufen und den Erlös für die Armen zu geben. Sie habe, sagte sie, im Palast eines Kaisers und in den Hütten von Fischern gelebt, und sie sei zu der Überzeugung gelangt, dass die Armen glücklicher sind als die Millionäre.

Agramer Zeitung, Zagreb, 30. August 1895, S. 2[166]

Das Schiff der Gräfin Schimmelmann
Aus Kopenhagen schreibt man der „Frankfurter Zeitung": Das Schiff, das die Gräfin Schimmelmann aus-

---

165 Das Blatt erschien von 1888 bis 2002.
166 1829 wurde das Blatt gegründet und 1912 eingestellt. Bei Agram handelt es sich um die deutsche Bezeichnung für Zagreb.

gerüstet hat, um ihre Missionsthätigkeit unter den armen Fischern auszuüben, ist jetzt vollendet und liegt augenblicklich im hiesigen Hafen. Es heißt „Duen" (die Taube) und ist eine Yacht, die früher dem Prinzen Waldemar gehörte. Die Cajüten der Gräfin sind sehr einfach ausgestattet, nur das Schlafzimmer zeigt einigen Luxus: vergoldete Möbel und eine prächtige Stubenorgel[167] schmücken das Gemach. Die Besatzung des Schiffes besteht aus sieben Mann. Ueber das Vordertheil ist ein Zelt ausgespannt und hier hält die Gräfin ihre Vorträge für die Arbeiter und Fischer. Ich habe einer solchen Versammlung beigewohnt, sie macht in ihrer Einfachheit einen ergreifenden Eindruck. Die Gräfin, eine noch schöne, vornehme Erscheinung, in einem schlichten schwarzen Kleid, nimmt vor einem kleinen Tische Platz, während die Arbeiter sich um sie versammeln. Dann erzählt sie in einfachen, rührenden Worten von ihrem glänzenden Leben am Hofe und schildert, wie dieses Leben hohl und leer sei und kein wahres Glück gewähren könne. Sie habe daher beschlossen, künftig ihr Leben den Armen zu widmen, um ihre Lage zu verbessern, ihren Gesichtskreis zu erweitern und ihnen zu zeigen, daß im äußeren Reichthum und Glanz das Glück nicht zu finden sei. Dann schließt sie den Vortrag mit einem Gebet für die Unglücklichen dieser Erde. Die Arbeiter, die ihren Worten mit größter Aufmerksamkeit gelauscht haben, drücken ihr die Hand zum Abschied und entfernen sich ruhig. Dann kommt eine andere Abtheilung und dieselbe Scene wiederholt sich. Oft werden fünf solcher Versammlungen täglich gehalten. Von hier reist die

---

167 Vermutlich ist hiermit ein Harmonium gemeint, s. S. 69. Zu einer Beschreibung der Kajüte kurz vor der Veräußerung der Duen in den USA im Jahr 1902 s. *Albrecht u. Rosenkranz*: Repräsentantin des Adels, S. 264.

Gräfin mit ihrem Schiff nach dem Dorfe Hellebeck bei Helsingör, wo eine große Fischerbevölkerung wohnt.[168]

The Weekly Herald, Adelaide, 11. Oktober 1895, S. 1[169]

The Countess Schimmelmann, formerly a lady-in-waiting of the Court of Berlin, addressed the working men at Copenhagen the other day, and announced that she intended to sell her large villa near the Danish capital, and devote the proceeds to the poor. She had lived, she said, in the palace of an Emperor, and in the huts of fishermen, and she had become convinced that the poor are happier than the millionnairs.[170]

The Queensland Times, Ipswich, 25. April 1896, S. 4[171]

The usual meeting of the Women's Christian Temperance Union[172] was held yesterday in the Wesleyan school-room. Owing to the absence of Mrs. Payne, Mrs. Greenham presided, and opened the meeting with devotional exercises. One or two items of business were brought before the members and dealt with. The presi-

---

168 Dieser Artikel ist in weiten Passagen identisch mit dem Bericht in der Berliner Abendpost vom 28.5.1895. Die beiden Berichte zeigen, wie weit die Nachrichten über das Leben und Wirken der Gräfin sich verbreiteten.
169 Diese Zeitung, die der Labour-Partei verbunden war, erschien von 1894 bis 1898.
170 Dieser Bericht erschien in der Rubrik „The Women's Signal". Weitere australische Zeitungen druckten diese Notiz ebenfalls ab: The Port Augusta & Quorn Dispath, 18.10.1895, S. 4; The Warragul Guardian, 1.11.1895, S. 8; The Express and Telegraph, Adelaide, 23.11.1895, S. 3.
171 Im australischen Ipswich kam diese Zeitung von 1861 bis 1908 heraus.
172 Die Women's Christian Temperance Union (WCTU), die sich für Alkoholverbote, Frauenrechte und soziale Reformen einsetzte, entstand 1873 in den USA. Sie breitete sich schnell aus und wurde zu einer der wichtigsten Bewegungen im evangelikalen Kontext. Die amerikanische Frauenrechtlerin Frances Willard (1839–1898) spielte dabei eine wichtige Rolle.

dent then introduced the subject of the annual demonstration in the Park, on the Queen's Birthday,[173] and it was decided to hold it with some alterations in the programme, and also to have the public meeting (The Children's Meeting) in the evening, further particulars of which will be given in due course. The president then read a deeply interesting account of the work of Countess Schimmelmann,[174] who founded a mission for the fishermen on the Baltic, very much on the same lines of Miss Weston's Sailors Home,[175] in England. The noble countess did a lot good amongst the fishermen, who were in greatest poverty. She expended almost all her entire fortune on the work, which so angered her relatives that they got her incarcerated in a lunatic asylum, where she endured much suffering, but her whereabouts having been discovered by those most anxious for her welfare, influence was brought to bear on the authorities, with the result, that she was found to be perfectly sane and was released. Unfortunately, her health was much impaired, but she went to England and again sought to benefit the poor fishermen, but had to depend upon entertainments for raising the necessary funds for her noble work. After reading the extract the president brought the meeting to a close.[176]

---

[173] Der Geburtstag der englischen Königin Victoria (1819–1901) war der 24. Mai.

[174] Es ist anzunehmen, dass sich der Bericht auf die englische Ausgabe der Streiflichter bezog, die 1896 zuerst in London und noch im selben Jahr auch in den USA erschien, s. *Schimmelmann*: Glimpses, s. S. 257–259.

[175] Agnes Weston (1840–1918) gründete 1876 in Devonport die erste Unterkunft für Angehörige der Marine, der weitere folgten. Sie setzte sich für den Kampf gegen Alkohol ein und engagierte sich auch im Rahmen der WCTU. Vgl. Woman's Mission. A series of Congress Papers on the philantropic work of women, hg. von Angela Georgina Burdett-Coutts, London 1893.

[176] Im Juni 1896 nahm Schimmelmann an einem Treffen der British Women's Temperance Association in London teil. Dieses fand in der 1893

Australian Town and Country Journal, Sydney, 2. Mai 1896, S. 8[177]

„Adeline Countess Schimmelmann" is the title of a remarkable book recently published in England.[178] It is a romance of mission work and of persecution for rightousness sake. The work is edited by the Rev. W. Smith Foggit, of Hamburg, and is said to be one of the most wonderful stories in the missionary literature of the decade.[179]

Illustrirte Zeitung, Leipzig, 9. Dezember 1897, S. 812[180]

Die Gräfin v. Schimmelmann
In dem Klassenkampf der Gegenwart gehen neben der Action des Staates Bestrebungen einzelner einher, die auf diesen und jenen beschränkten Gebieten dieselben Ziele im Interesse der unteren Volksklassen anstreben, die der Staat durch seine Gesetzgebung verfolgt, in der Hauptsache als helfend und bessernd einwirken, wo jene Volksklassen in ihren Existenzbedingungen benachteiligt

---

eröffneten Konzerthalle Queen's Hall am Langham Place statt, wo bis zu 3000 Personen Platz fanden. Die Hauptansprache hielt Frances Willard. „Adresses were also given by the Countess Schimmelmann (Copenhagen) and Rev. Canon Barker", London Daily News, 2.6.1896, S. 6.

177 Das Blatt erschien von 1870 bis 1919.
178 Allerdings werden hier der Name der Verfasserin und der Buchtitel verwechselt.
179 In etlichen weiteren australischen Zeitungen wird der Buchtitel nur kurz unter den Neuerscheinungen genannt: The South Australian Register, 14.5.1896, S. 8; 11.6.1896, S. 2; The Adelaide Observer, 23.5.1896, S. 47. In der in London erschienenen Zeitung The Guardian, 1.4.1896, S. 17, wird das Buch mit vollem Titel erwähnt. Der Hinweis endet mit dem Satz: „This is a remarkable book, by one of the most remarkable women of the day."
180 Die Illustrirte Zeitung erschien von 1843 bis 1944 in dem von Johann Jakob Weber (1803–1860) in Leipzig begründeten Verlag. Die erste illustrierte Wochenzeitung Deutschlands orientierte sich an englischen und französischen Vorbildern.

sind. Hierher gehört eine der eigenartigsten und in ihrer praktischen Ausübung auch wirklich segensreichen Unternehmungen, die Thätigkeit der v. Schimmelmann innerhalb der pommerischen Fischereibevölkerung. Leider ist hiervon in Deutschland noch nicht viel bekannt, und doch verdienten gerade die Bestrebungen die größte Aufmerksamkeit und Unterstützung.

Wer Gelegenheit hatte, in dem vergangenen Sommer die Häfen der deutschen Ostseeküste zu besuchen, dem ist sicher auch einmal eine schöne, unter dänischer Flagge segelnde Schonerjacht aufgefallen, die an dem einen oder andern Ort längere Zeit verblieb, fern allem Jachtsportgetriebe. Es war dies die „Duen" (auf deutsch Taube) der Gräfin v. Schimmelmann. In Swinemünde, Stettin, Ahlbeck und Stralsund und wo sonst noch die „Duen" ankerte, hielt die Gräfin Versammlungen ab, in denen sie über Zweck und Ziel ihres Unternehmens sprach.[181] Mit Interesse verfolgte man ihren Vortrag. Die Gräfin, eine Dame von sehr sympathischem Aeußern und vornehmer Erscheinung, entstammt dem bekannten Geschlecht, das in Deutschland und Dänemark ansässig ist, und dessen dänische Linie verschiedene große Staatsmänner hervorgebracht hat. Die Gräfin verlebte ihre Jugend theils in Holstein, theils in Dänemark auf den Gütern ihrer Eltern; sie kam dann an den deutschen Kaiserhof und war längere Zeit Hofdame bei der Kaiserin Augusta. Von Hause aus vertraut mit dem Leben der Fischereibevölkerung, hat sie einen klaren Blick in deren Verhältnisse, und mit dem richtigen Verständniß hat sie da eingegriffen, wo Hülfe noththat, bei den Fischern an der pommerischen Küste.

---

[181] Zu Schimmelmanns Vorträgen und Reisen in Norddeutschland s. *Albrecht* u. a.: Schimmelmann, S. 201–219.

9. Dezember 1897

Die Küste ist wol eins der mühsamsten und entbehrungsreichsten Gewerbe, besonders die Fischerei, wie sie in der Ostsee betrieben wird. Mit kleinen offenen Booten gehen die Fischer auf den Fang, und da die Binnengewässer und Flußmündungen meist verpachtet sind, so müssen sie weit hinaus auf See gehen und tagelang fortbleiben. Die wenigsten Boote sind mit einer kleinen Kajüte versehen, in der sich die Leute nothdürftig ein warmes Gericht bereiten können; die meisten Fischer mußten entweder darauf verzichten, oder sie gingen an Land, wenn sie sich in der Nähe desselben befanden, natürlich meilenweit von der Heimat entfernt. Aber auch da haben sie oft nicht das Nothdürftige erhalten, und die wenigen Schenken, auf die sie dann angewiesen waren, mußten ihnen abends Erholung bieten für die Mühsal des Tages; der Alkohol machte sich bald unentbehrlich, und der karge Verdienst war rasch vertrunken, während zu Hause oft Armuth und Elend herrschten. Die Fischer standen daher eigentlich auch nirgends in gutem Ruf, und es ist öfter vorgekommen, daß man ihnen Nahrungsmittel verweigerte, sodaß sie schließlich aufs Betteln angewiesen waren. Als nun vollends noch die Badeorte sich mehr und mehr entwickelten und ein elegantes Hotel neben dem andern entstand, da wurden die Fischer, insbesondere auf Rügen, immer unbeliebtere Gäste.

Die Gräfin v. Schimmelmann trug sich nun schon längst mit Plänen, hierin Wandel zu schaffen, und in edler Uneigennützigkeit hat sie einen Theil ihres Vermögens geopfert und Einrichtungen getroffen, die den Fischern ausschließlich zugute kommen. Vor mehrern Jahren errichtete sie in Göhren auf der Insel Rügen ein sogen. Fischer- und Seemannsheim, wo die Fischer gern und häufig verkehren. Hier erhalten sie für wenige Pfennige warmes Essen und Trinken. Die Gräfin selbst leitet das Ganze, in der liebenswürdigsten Weise

verkehrt sie mit den Fischern, und zwar bedient sie
sich dabei der plattdeutschen Sprache, die sie ihrem
Publikum erfahrungsgemäß viel näher bringt. Das von
ihr gegründete Fischerheim besteht aus einem Schlafzimmer und einem etwa fünfzig Personen fassenden
Raum, wo gegessen wird und wo sich die kleine Bibliothek befindet. Wie schnell sich das segensreiche
Unternehmen entwickelte, und welch dringendes Bedürfniß hier vorlag, geht daraus hervor, daß in dem
Fischerheim an einem Tage einmal fünf Eimer Zitro-
nenwasser, ein Achtel Bier und gegen hundert Portionen Kaffee ausgegeben wurden; in drei und einem halben Monat verzehrten die Fischer insgesammt 5622
Portionen warmes Essen. Eine weitere Wohlthat bereitete ihnen die Gräfin noch dadurch, daß sie in Göhren einen Brunnen bauen ließ, der ihnen stets Frisch-
wasser liefert, das sie früher tagelang entbehrten,
wobei sie sich mit dem allerdings wenig salzhaltigen
Seewasser begnügen mußten. Auch im Winter, wenn
die Fischer ohne Arbeit und Verdienst sind, greift die
Gräfin helfend ein; da wird Holzschnitzerei und Flech-
terei getrieben, sodaß auch da ein Nothpfennig verdient
wird. Ihre schöne Jacht dient der Gräfin nun dazu, sie
nach den verschiedenen Fischerorten zu bringen. Die
Besatzung besteht unter der Leitung eines Kapitäns[182]
meist aus Jungen, die sich dem Seemannsberuf widmen wollen und an Bord der „Duen" jedenfalls eine
gute Schule durchmachen. Georg Martin[183]

---

182 Der aus Rostock stammende Carl Nolandt war der langjährige Kapitän
der Duen, s. *Albrecht* u. a.: Schimmelmann, S. 198–210; *Albrecht u. Rosenkranz*: Repräsentantin des Adels, S. 264–266.
183 Näheres zu seiner Person ist nicht bekannt.

La Croix, Paris, 4. November 1898, S. 1[184]

Ein abenteuerliches Schiff
Die Kopenhagener Zeitungen berichten, dass Gräfin Schimmelmann von Lindenborg und ihre drei Söhne mit einer kleinen Yacht, ein Geschenk des Prinzen Prinz Waldemar von Dänemark, den Ozean überquert haben. Außer der Reisenden und ihren drei Söhnen sind nur noch zwei Männer an Bord.[185] Die Überquerung von Kopenhagen nach Buffalo ist unter Schwierigkeiten vor sich gegangen. Die Duen (die Taube) wird ihren Kurs fortsetzen an der Atlantikküste entlang, bis zum Rio Grande del Norte[186] und wird von dort im nächsten Sommer mit den Mitreisenden nach Dänemark zurückkehren.[187]

Vom Fels zum Meer, Stuttgart, Oktober 1898 bis März 1899, 18. Jg., S. 39 f.[188]

Gräfin Schimmelmann
Selten wohl ist reine Menschenliebe so schnöd belohnt worden, wie dies bei der Gräfin Schimmelmann der

---

184 Die katholische Tageszeitung erscheint seit 1883, herausgegeben vom Orden der Assumptionisten. Die in Paris erscheinende Zeitung La Femme, 15.10.1898, S. 153–155, druckte ebenfalls einen Artikel über die Gräfin ab, der ausführlich auf ihre missionarische Tätigkeit eingeht.
185 Zur Besatzung der Duen gibt es verschiedene Angaben.
186 Der nördlichste Bundesstaat Brasiliens heißt Rio Grande do Norte. Pläne für die Fortsetzung ihrer Reisen an der Atlantikküste entlang bis nach Südamerika äußerte Schimmelmann auch an anderen Stellen, s. *Albrecht u. Rosenkranz*: Repräsentantin des Adels, S. 266.
187 Im April 1898 stach Schimmelmanns Segelboot in See Richtung Amerika, während sie im Sommer 1898 mit einem Dampfer folgte, nachdem die „Duen" angekommen war. Zu Beginn des Jahres 1900 kehrte die Gräfin nach Deutschland zurück und ließ sich zunächst in Berlin nieder, s. *Albrecht* u.a.: Schimmelmann, S. 242–252, 257–260; *Albrecht u. Rosenkranz*: Repräsentantin des Adels, S. 258–267.
188 Zunächst lautete der Untertitel der ab 1881 erscheinenden Zeitschrift:

Fall war, deren hochherzige, von echtchristlichem Geiste inspirierte Bestrebungen für eine Verbesserung des Loses ihrer leidenden Mitmenschen, namentlich des armen Fischervolkes, lange verkannt worden sind.
Wegen ihrer philanthropischen Neigungen mit ihren Angehörigen zerfallen, wurde die Gräfin wider ihren Willen dreizehn Wochen lang in einem dänischen Irrenhause zurückgehalten. Der dänische Justizminister gab ihr ihre Freiheit wieder, und ungebrochen kehrt die Gräfin zu dem selbstgewählten Samariterberufe zurück. Die Kunde von ihren Schicksalen drang in die weitesten Kreise und hat den Namen der edlen Märtyrerin allenthalben bekannt gemacht und ihren humanitären Bestrebungen, die sie sofort nach ihrer Befreiung aus der unwürdigen Haft mit voller Energie wieder aufnahm, das wärmste Interesse und die werkthätige Unterstützung aller Menschenfreunde erworben.

Einem berühmten, mit irdischen Gütern reich gesegneten holsteinischen Adelsgeschlecht entsprossen, war die Gräfin viele Jahre lang Hofdame bei der verstorbenen Kaiserin Augusta, aber das glänzende Hofleben konnte der ob ihres Geistes und ihrer Schönheit Gefeierten nicht genügen, ihr edles Herz dürstete nach einer anderen, höheren Befriedigung und sie fand diese zunächst in den Werken der Barmherzigkeit, die sie im Dienst der Berliner inneren Mission[189] übte. Als

---

Spemann's Illustrirte Zeitungschrift für das Deutsche Haus; sie erschien im Verlag von W. Spemann in Stuttgart. 1890 übernahm der Union-Verlag in Stuttgart die Publikation. 1912 ging diese Zeitschrift in der Gartenlaube auf, dem ersten deutschen illustrierten Massenblatt.

189 Die Berliner Stadtmission entstand 1877 als Verein und wurde zunächst stark von Adolf Stoecker geprägt. Allerdings gibt es keine Hinweise, dass Schimmelmann direkt mit den durch diese ausgesprochen aktive Organisation strukturierten Initiativen in Zusammenhang stand. Vermutlich ist der Ausdruck innere Mission so zu verstehen, dass die Gräfin sich mit ihren Aktivitäten in den gleichen Bahnen bewegte wie die anderen christlichen Bemühungen dieser Zeit. Zu dem breiten Spektrum

aber auch die hier gepflegte Methode nicht mehr ihren innersten Ueberzeugungen entsprach, da machte sie sich auf, sagte dem Hofdienst Valet und zog hinaus zu den pommerschen Fischern auf der Insel Rügen, um dort ihr Liebeswerk in großem Stil und nach eigener Eingebung fortzusetzen. Was sie hier unter einer armen, durch den schweren Kampf ums Dasein verwilderten Bevölkerung, verfolgt vom Haß und Neid aller derer, die aus dieser Verwilderung ihren Nutzen zogen, in sittlich erzieherischer Richtung Gutes gewirkt, wie sie, die einst glänzende Hofdame, belehrend, helfend und tröstend das Leben der Aermsten teilte, und ihren rauhen Instinkte in bessere Bahnen wies, das läßt sich im engen Rahmen dieser Zeilen nicht schildern, so wenig wie ihr mutvolles und aufopferndes Eingreifen in die Bewegung der Berliner Arbeitslosen im Winter 1891/92. Wen es interessiert, der möge es in ihren Broschüren „Aus meinem Missionsleben" und der Selbstbiographie „Gräfin Ad. Schimmelmann",[190] in welchen Arbeiten sie mit der ruhigen Klarheit eines in sich gefesteten, zielbewußten Geistes über die letzten Jahre ihres Lebens Bericht ablegt, selbst nachlesen. Gegenwärtig ist sie in Amerika bemüht, durch öffentliche Vorträge die Mittel zur Gründung von Seemannsheimen in den verschiedenen Hafenorten, die sie selbst mit ihrem Missionsschiff bereist, zusammen zubringen.[191]

---

der in Berlin tätigen Gruppen s. den Sammelband Seelsorge und Diakonie in Berlin.
190 Die Broschüre mit dem Titel Af mit Missionsliv erschien nur auf Dänisch; in ihren autobiographischen Aufzeichnungen überschrieb Schimmelmann ein Kapitel als „Meine Missions-Arbeit", Streiflichter, S. 92–100. Ihren Namen gab sie auf dem Titelblatt der Buchausgabe von 1898 mit „Gräfin Ad. Schimmelmann" an.
191 Dem Artikel ist ein Porträtphoto beigegeben, das von Fred. Rüse in Kopenhagen aufgenommen wurde. Es handelt sich um das gleiche Porträt, das auf dem Cover dieser Ausgabe abgebildet ist. Ein Photoatelier ist für Rüse in Kopenhagen nachweisbar, Amagertorv 6.

Het Nieuws van den Dag: Kleine Courant, Amsterdam, 16. Juli 1905, S. 3[192]

Eine wohltätige Dame

Eine der bemerkenswertesten wohltätigen Damen in Europa ist die dänische Gräfin Schimmelmann. Sie widmete ihr Leben der Missionsarbeit. Acht Jahre lang reiste sie durch heidnische Länder.[193] Sie verkaufte fast alles, was sie besaß und kaufte das Schiff Taube, mit dem sie 57 Städte in 15 Ländern besuchte, um Seeleuten und armen Menschen das Evangelium zu predigen. Sie gründete religiöse Zeitschriften in England und Amerika[194] und adoptierte drei arme Kinder, denen sie ihren Namen gab. Die Familie der Gräfin war alles andere als erfreut über die Art und Weise, wie sie ihr Geld ausgibt. Aber sie lässt sich davon nicht abhalten von dem, was sie als ihre Pflicht ansieht

Politiken, Kopenhagen, 23. November 1913, S. 8

Gräfin Adelaide Schimmelmann
Ihr Name wurde hierzulande vor einigen Jahren bekannt, als sie in ihrer Villa in Hellebæk lebte und ihr Bruder, Graf Schimmelmann, der dort ein Anwesen besitzt, ihr leicht exzentrisches Verhalten ausnutzte, um sie in die sechste Abteilung des Kommunehospitals einweisen zu lassen. Ältere Leser der „Politiken" wer-

---

192 Die Zeitung erschien von 1893 bis 1998.
193 Wie es zu dieser Meldung kam, ist unklar, denn Schimmelmann hielt sich nur in Europa und Amerika auf. Mission in sog. heidnischen Ländern lag nicht in ihrem Interessenhorizont.
194 Eine solche publizistische Tätigkeit Schimmelmanns in angelsächsischen Ländern lässt sich nicht belegen. Allerdings erschienen zahlreiche Zeitungsberichte über sie sowohl in England als auch in den USA. In Deutschland brachte die Gräfin von 1903 an ihre Zeitschrift Leuchtfeuer heraus, s. *Albrecht* u. a.: Schimmelmann, S. 270–278.

den sich an die heftige Kampagne erinnern, die aus
diesem Anlass hier in der Zeitung geführt wurde und
die zu einer Reform des Verfahrens für die Zwangseinweisung führte. Die Gräfin, die dank dieser Kampagne ihre Freiheit und ihr Vermögen wiedererlangte,
zeigte der „Politiken" gegenüber noch viele Jahre danach eine rührende Dankbarkeit. Sie kam selten in
die Stadt, ohne sich in der Redaktion blicken zu lassen,
und bot den Mitarbeitern der Zeitung die kostenlose
Nutzung ihrer großen Villa in Hellebæk an. In dieser
Villa, die an den beiden Türmen und den goldenen
Kronen auf dem Eisentor noch gut zu erkennen ist,
wohnte sie selbst, wenn sie gelegentlich in dieses Land
kam. Aber vor einem halben Dutzend Jahren hat sie
die Villa verkauft,[195] und seitdem haben wir keine Besuche mehr von ihr erhalten.[196]

Politiken, Kopenhagen, 17. Januar 1914, S. 6

Gräfin Schimmelmann

Am 18. November letzten Jahres starb Gräfin Adeline
Schimmelmann in Deutschland, wo sie wohnte. Nach
dem, was jetzt bekannt ist, starb sie unter unglücklichen Umständen. Nachdem ihr Pflegesohn verschiedene Forderungen in finanzieller Hinsicht an sie gestellt hatte, diese aber nicht erfüllt wurden, da ihre
Mittel bereits ausgeschöpft waren, ließ er sie im Stich.

---

195 Nach Angaben von *Wettstein*: Lebensbild, S. 184, ging der Verkauf 1907
vonstatten. Zum Erwerb eines Anwesens für sich und ihren Adoptivsohn
Paul s. *Albrecht u. Wüstefeld*: Jagdschloss Holzberghof.
196 Offenbar wusste die sonst gut informierte Politiken zu diesem Zeitpunkt
nichts vom Tod Schimmelmanns in Hamburg am 18. November 1913.
Die im amerikanischen Blair, NB erscheinende dänische Zeitung Danskeren, 7.1.1914, S. 2, druckte einen Rückblick auf die Wirksamkeit
Schimmelmanns nach, den der dänische methodistische Pastor Carl
Viggo Duckert (1859–1928) verfasst hatte.

Er erklärte sie sogar für unzurechnungsfähig, woraufhin die Gräfin vor ihrem Tod ein ärztliches Attest vorlegte, wonach sie in jeder Hinsicht bei klarem Verstand sei. Ihr Pflegesohn hat ihre missionarischen Tätigkeiten fortgesetzt, aber nicht in ihrem Sinne. Durch Marie von Welthenow,[197] eine der Krankenschwestern, die sie in ihren letzten Lebensjahren pflegte, wollte sie der Welt mitteilen, dass sie mit den missionarischen Bestrebungen ihres Sohnes nichts zu tun habe.[198]

---

[197] Zu dieser Person liegen bisher keine Informationen vor. Belegt ist, dass die Diakonisse Magdalene Hansen in den letzten Lebenswochen Schimmelmanns eine wichtige Rolle spielte, s. *Albrecht* u. a.: Schimmelmann, S. 378–380.

[198] Damit schließt sich der Bogen der Berichterstattung der Politiken, die Schimmelmanns Wirken, trotz einer gelegentlichen kritischen Distanz, mit großem Wohlwollen verfolgte.

Editorische Notiz

Der vorliegende Band bringt neben Texten, die aus der Feder von Adeline Gräfin Schimmelmann stammen, Aussagen von zeitgenössischen Autoren und Autorinnen zum Abdruck sowie eine Auswahl an Stimmen europäischer und amerikanischer Zeitungen.[1] Der chronologische Bogen der hier wiedergegebenen Quellen spannt sich von 1872 bis 1914, wobei zunächst literarische Zeugnisse aus der Zeit von 1892 bis 1909 vorgestellt werden, gefolgt von publizistischen Beiträgen, die den Zeitraum zwischen 1872 und 1914 abdecken.

Zum Abdruck kommen folgende Quellen:

1. Otto Funcke: Ein Daheim in der Fremde, in: Neue Christoterpe. Ein Jahrbuch 13, 1892, Bremen und Leipzig: C. Ed. Müller, S. 183–207
2. Adeline Schimmelmann: Aus dem Tagebuch der Gräfin Adeline Schimmelmann (Hofdame weiland I. M. der Kaiserin Augusta), Rostock: Hinstorff 1896, 74 S.
3. Adeline Schimmelmann: Gedichte, Rostock: Hinstorff 1896, 12 S.
4. Laura Marholm: Die Gräfin Schimmelmann, in: Die Zukunft 9, 1894, Berlin: Verlag der Zukunft, S. 419–423
5. Amalie Skram: Im Irrenhause (Professor Hieronymus). Roman, Leipzig: Albert Langen 1895, S. 146–148, 170–174, 291

---

[1] Dass auch australische Berichte aufgenommen wurden, hat damit zu tun, dass die dortige Presse durch die Zugehörigkeit zum Commonwealth sehr stark auf Großbritannien ausgerichtet war. Ein besonderes Interesse Schimmelmanns an diesem Kontinent oder Besuche dort sind nicht nachzuweisen.

6. Anna de Savornin Lohman: Herinneringen, Amsterdam: van Kampen 1909, S. 154–159
7. Berichte der zeitgenössischen Presse: aus Australien (Australian Town and Country Journal, Sydney; The Queensland Times, Ipswich; The Weekly Herald, Adelaide), Dänemark (Aalborg Amtstidende, Aalborg; Berlingske politske of Avertissements-Tidende, Kopenhagen; Frederiksborg Amts-Tidende og Adresseavis, Hillerød; Politiken, Kopenhagen; Social-Demokraten, Kopenhagen), Deutschland (Berliner Abendpost, Berlin; Illustrirte Zeitung, Leipzig; Teltower Kreisblatt, Teltow; Vom Fels zum Meer, Stuttgart), Frankreich (La Croix, Paris), den Niederlanden (Het Nieuws van den Dag: Kleine Courant, Amsterdam; Limburger Koerier. Provinciaal Dagblad, Heerlen; Nieuwe Tilburgsche Courant, Tilburg; Tilburgsche Courant, Tilburg; Nieuwsblad van het Noorden, Groningen), Österreich-Ungarn (Agramer Zeitung, Zagreb; Die Presse, Wien), Schweden (Aftonbladet, Stockholm; Arbetet, Malmö; Sydsvenska Dagbladet, Malmö), den USA (Der Deutsche Correspondent, Baltimore; Westliche Post, St. Louis) und dem Vereinigten Königreich (Daily News, London; The Times, London).

Die Übersetzungen aus dem Dänischen, Niederländischen und Französischen wurden von den Herausgebern erstellt, die Übersetzung der schwedischen Quellen stammt von Kai Woellert. Die englischen Texte wurden im Original belassen.

Am Schluss dieses Bandes stehen ein Werkverzeichnis der Schriften Adeline Schimmelmanns sowie eine Bibliographie der Literatur über sie. Ferner wird die mehrfach verwendete Sekundärliteratur aufgeführt. Die in den Fußnoten verwendeten Kurztitel sind im Literaturverzeichnis kursiv markiert. Wenn auf Schimmelmanns Veröffentlichung *Streiflichter* von 1898 verwiesen wird, so beziehen sich die Hinweise auf die erste deutschsprachige, inzwischen digital zugängliche Ausgabe[2] und nicht auf den vergriffenen Nachdruck von 2008. Regelmäßig wiederkehrende Namen von Personen und Orten wurden um der besseren Verständlichkeit willen vereinheitlicht. Dies betrifft Otto Funcke, Peter Munthe Brun sowie Oringe, eine psychiatrische Einrichtung auf Seeland. Nur die unterschiedliche Schreibweise des Namens Helwig bzw. Helweg wurde so belassen, da es darüber Kontroversen in den Zeitungsberichten gab.

Wir sind mehreren Personen und Institutionen zu großem Dank verpflichtet, ohne deren Unterstützung dieser Band nicht zustande gekommen wäre. An erster Stelle ist Dr. Kai Woellert aus Wismar zu nennen, der nicht nur völlig uneigennützig die schwedischen Quellen übersetzt hat, sondern dem wir auch Informationen über die schwedischen Diskurse zum Psychiatrieskandal verdanken. Zu danken haben wir ferner Mette Kjær Ovesen vom Arbejdermuseet in Kopenhagen, Dr. Frank Biederstaedt vom Stadtarchiv Sassnitz und Andreas Meyer vom Verlag Hinstorff in Rostock für hilfreiche Auskünfte und Hinweise. Unser Dank gilt auch Dr. Konstanze Grutschnigg von der EHZ-Bibliothek in Stuttgart. Wir hätten nicht so arbeiten können ohne den Service der Königlichen Bibliothek in Kopenhagen, die Digitalisate für ihre Nutzer innerhalb weniger Tage zur Verfügung stellt. Die Digitalisate der Ausgaben der dänischen Zeitung *Politiken* haben unsere Arbeit sehr erleichtert.

---

2   https://babel.hathitrust.org/cgi/pt?id=msu.31293027752272&seq=1 (1.3.2024).

Nachwort

Zur Rezeption Adeline Schimmelmanns

„War es denn überhaupt denkbar, daß jemand in meinem Alter und von meiner Erfahrung im neunzehnten Jahrhundert bei vollem Tageslicht gestohlen werden konnte und noch dazu in Kopenhagen, wo ich so bekannt war?"[3] Dieser Satz stammt aus der Autobiographie Schimmelmanns, in der sie 1896 bzw. 1898[4] eindrücklich über ihren Aufenthalt im Frühjahr 1894 in der geschlossenen psychiatrischen Station des Kopenhagener Kommunehospitals berichtet. Das Kapitel über diese Phase ihres Lebens trägt die Überschrift „Eine menschliche Hölle". Wegen der einschneidenden Bedeutung sowohl für ihre gesamte Lebensgeschichte als auch für die öffentliche Wahrnehmung ihrer Person steht das Jahr 1894 im Mittelpunkt des ausgewählten Quellenmaterials. Darüber hinaus geht es in diesem Band jedoch auch darum, den Blick erneut aus unterschiedlichen Perspektiven auf eine Psychiatrieepisode und deren Medienecho zu richten, in deren Kern die Frage nach dem Verhältnis von Religiosität und psychischer Gesundheit stand. Die Verquickung dieser Elemente, in deren Mittelpunkt eine eigenwillige Evangelistin stand, erregte an der Wende vom 19. zum 20. Jahrhundert in der internationalen Presse großes Aufsehen. Schimmelmann habe, so eine deutsche Zeitschrift, „das wärmste Interesse und die werkthätige Unterstützung aller Menschenfreunde erworben".[5]

---

3 *Schimmelmann*: Steiflichter, S. 75.
4 Bei *Schimmelmanns* Streiflichtern von 1898 handelt es sich um die Übersetzung der 1896 auf Englisch erschienenen Glimpses, s. unten S. 257–259.
5 Zum Kontext des Zitats s. oben S. 223–225.

In der kirchengeschichtlichen, historischen und regionalgeschichtlichen Forschung lässt sich seit Beginn der 2000er Jahre eine neue Phase der Zuwendung zu ihr als Evangelistin sowie als Organisatorin diakonischer und missionarischer Projekte beobachten. „Auch Deutschland konnte sich an verkündigende Frauen wie Adeline Gräfin Schimmelmann und Eva von Tiele-Winckler gewöhnen."[6] Diese Bemerkung Martin Friedrichs steht stellvertretend für die sich seit zwanzig Jahren abzeichnende erneute Aufmerksamkeit für die Person der Gräfin. Als Jörg Ohlemacher[7] 2008 in der Reihe *Kleine Texte des Pietismus* (KPT) die autobiographischen Aufzeichnungen *Streiflichter* von Adeline Schimmelmann herausbrachte, stand die Forschung zu den internationalen Verflechtungen der Erweckungsbewegungen noch am Anfang. Die *Streiflichter* lagen zwar in zahlreichen Bibliotheken in unterschiedlichen Auflagen von 1898 bis 1912 vor, es gab aber keine Edition und keine eingehenden Analysen zu diesem Werk. Inzwischen sind sowohl die *Streiflichter* als auch die englische Ausgabe, die *Glimpses*, digital zugänglich.[8] Die neuere wissenschaftliche Beschäftigung mit der Gräfin erfolgt, wie die Bibliographie zeigt, aus ausgesprochen verschiedenen Blickwinkeln – ein Umstand, der sich für andere Evangelisten und Evangelistinnen so nicht feststellen lässt. Damit setzt sich eine Spur fort, die bereits zu Lebzeiten Schimmelmanns begann. Doch in-

---

6   *Martin Friedrich*: Kirche im gesellschaftlichen Umbruch. Das 19. Jahrhundert, Göttingen 2006, S. 221. Allerdings benennt er hier nicht die Widerstände, denen Schimmelmann ausgesetzt war.
7   Vgl. *Ohlemacher*: Reich Gottes; *Jörg Ohlemacher*: Gemeinschaftschristentum in Deutschland im 19. und 20. Jahrhundert, in: Pietismus im 19. und 20. Jahrhundert, hg. von Ulrich Gäbler, Göttingen 2000 (Geschichte des Pietismus 3), S. 393–464.
8   *Schimmelmann*: Glimpses, s. www.digitale-sammlungen.de (1.4.2024), Münchener DigitalisierungsZentrum.

teressiert sich nicht nur die Wissenschaft für sie: Davon zeugen ein Roman und ein ausführlicher Beitrag in einer Segel-Fachzeitung.[9] Eine Kabinettausstellung im Schloss Ahrensburg zeigte im Frühjahr 2022 unter dem Titel „Außergewöhnliche Frauen. Schlossbewohnerinnen zwischen Kür und Pflicht – Ein Streifzug durch 400 Jahre" einen Hut, der nach einem Porträt Schimmelmanns gestaltet wurde.[10] Ein Jahr später war es eine Ausstellung zu Frauen auf Rügen, in deren Rahmen auch sie als eine von zehn Frauen wegen ihres Wirkens in Göhren vorkam.[11] Im September 2023 fand in der Eutiner Landesbibliothek eine wissenschaftliche Tagung über Schriftstellerinnen aus und in Schleswig-Holstein statt, in deren Rahmen Adeline Schimmelmann ebenfalls präsentiert wurde.[12] Das Stadtarchiv in Sassnitz erinnerte zum 18. November 2024 auf seinem Instagram-Portal an das 1891 dort von Schimmelmann gegründete Seemannsheim in der Seestraße. Dieses Datum wurde gewählt, um auf ihren Tod vor 111 Jahren und ihre Wirksamkeit in Crampas bzw. Sassnitz aufmerksam zu machen.[13]

---

9   Vgl. *Dziewas*: Gräfin; *Bielefeld u. Bodendieck*: Fromme Frau.
10 Vgl. www.schloss-ahrensburg.de, zum Jahr 2022. Der Hut ist abgebildet auf der Seite der Werkstatt, die den Auftrag zur Anfertigung des Modells vom Schloss erhielt: www.chapeau-stgeorg.de (1.7.2024).
11 „Im Gegenstrom. Frauen auf Rügen im Wandel der Zeit". Gezeigt wurde die Ausstellung vom 2.5.–30.6.2023, s. www.soroptimist-ruegen.de (1.7.2024). Auch auf der Website des Heimatmuseums Göhren wird auf Schimmelmann aufmerksam gemacht, s. www.ruegen-museen.de (1.2.2024).
12 Die Dokumentation der Tagung befindet sich in Vorbereitung.
13 https://www.instagram.com/stadtarchiv.sassnitz/p/DCgiC3pNkgB/ (19.11.2024). Auf dem abgebildeten Photo sind unter dem Schriftzug „Seemannsheim" mit dem Hinweis auf „Restaurant u. Logis" mehrere Personen zu erkennen, die vermutlich für den Betrieb des Hauses zuständig waren. Nach Veränderungen in der Trägerschaft 1906 wurde der Name Seemannsheim beibehalten, die Einrichtung aber als Restaurant und Logierhaus von anderen Besitzern weitergeführt.

Dass hier nun ein weiterer Band mit Quellen zur Biographie und der zeitgenössischen Rezeption des Wirkens der Gräfin herausgebracht wird, hängt nicht zuletzt damit zusammen, dass sich der Forschungsstand entscheidend weiterentwickelt hat. Insbesondere die Frauen- und Geschlechterforschung hat dazu beigetragen, das breite Feld weiblichen Engagements in den Erweckungsbewegungen auszuleuchten.[14] Auch wenn es – soweit heute bekannt – keine weitere Frau gab, die wie Schimmelmann als Schriftstellerin, Evangelistin, Eignerin einer Segelyacht, unverheiratete Adoptivmutter, Gründerin eines Verlags und zugleich Herausgeberin einer Zeitschrift auftrat, so lässt sich inzwischen eine Vielzahl von engagierten Frauen nennen, deren Profil Ähnlichkeiten mit dem Schimmelmanns aufweist.[15] Zum anderen liefern die neueren Veröffentlichungen zu den internationalen Verflechtungen der Frömmigkeitsbewegungen, die sich gegen Ende des 19. Jahrhunderts verstärkt in Europa bemerkbar machten, einen Rahmen für das Wirken der Gräfin.[16] Sie ist nur in diesem internationalen Kontext zu verstehen; wenn der Blick sich vornehmlich auf

---

14 Vgl. etwa *Sohn-Kronthaler u. Albrecht*: Fromme Lektüre; *Veronika Albrecht-Birkner*: Gender Studies zu den Erweckungsbewegungen des 19. Jahrhunderts, in: Zwischen Aufklärung und Moderne. Erweckungsbewegung als historiographische Herausforderung, hg. von Thomas K. Kuhn u. Veronika Albrecht-Birkner, Berlin 2017, S. 63–100; Frauenbewegungen des 19. Jahrhunderts, hg. von Irmtraud Fischer, Angela Berlis u. Christiana de Groot, Stuttgart 2021 (Die Bibel und die Frauen. Eine exegetisch-kulturgeschichtliche Enzyklopädie 8.1); Die Bibel war für sie ein politisches Buch. Bibelinterpretationen der Frauenemanzipationsbewegungen im langen 19. Jahrhundert, hg. von Irmtraud Fischer u. a., Münster 2020.
15 Vgl. *Holthaus*: Heil, S. 467–515; *Albrecht*: Deutsche Evangelistin.
16 Vgl. The Routledge Research Companion to the History of Evangelicalism, hg. von Andrew Atherstone u. David Ceri Jones, London u. New York 2019, bes. der Beitrag von *Linda Wilson*: Evangelicals and Gender, S. 217–231.

Deutschland richtet, dann erscheint sie als Sonderphänomen – was sie in einer transnationalen Perspektive nicht war. Und drittens hat sich gegenüber dem Jahr 2008 Entscheidendes durch die digitalen Möglichkeiten verändert. Große Portale zu historischen Zeitungs- und Zeitschriftenbeständen eröffnen einen vorher nicht möglichen Einblick in die weitweite mediale Aufmerksamkeit, die Adeline Schimmelmann fand.

Zu den Kontexten der abgedruckten Quellen

Die Textauswahl beginnt mit einem Bericht, der 1892 von einem damals bekannten Autor in einer renommierten theologischen Zeitschrift veröffentlicht wurde: Otto Funckes (1836–1910) Beschreibung seines Besuchs auf Rügen im Jahr 1890 unter dem Titel *Ein Daheim in der Fremde*. Zunächst schildert er in blumiger Sprache seine Reiserfahrungen, dann die Wiederbegegnung mit der kaiserlichen Hofdame, der er vor Jahren in Berlin begegnet war, um mit einer durchaus kritischen Einschätzung ihres Engagements zu enden. Das dritte Kapitel seines insgesamt aus sechs Abschnitten bestehenden Aufsatzes präsentiert Funcke als Beitrag der Gräfin. Der seit 1868 in Bremen tätige Pastor wurde geprägt durch die Tradition der Erweckungsbewegung im frühen 19. Jahrhundert, die in seiner Heimat, dem Bergischen Land, sehr präsent war.[17] Er war neueren Entwicklungen wie der Entstehung der Gemeinschaftsbewegung oder der Gründung der internationalen Evangelischen Allianz gegenüber offen, bewahrte sich jedoch als Theologe eine gewisse Unab-

---

17 Funcke wuchs in Wülfrath auf, s. *Pagel*: Funcke, S. 7–27.

hängigkeit gegenüber allzu strengen Auffassungen der neueren Frömmigkeitsbewegungen.[18] Funcke trat nicht als Evangelist in Erscheinung, sondern als christlich gebildeter Redner und Schriftsteller mit moderaten Ideen. So konnte er durchaus mehr Engagement von Frauen in den Gemeinden fordern, ohne ihnen wirkliche Selbständigkeit zuzubilligen. Dass er sich an dem Schicksal einer kaiserlichen Hofdame interessiert zeigte, passt zu seinen guten Verbindungen zum Berliner Hof. An der Zeitschrift, in der er sein Schimmelmann-Porträt veröffentlichte, war Funcke von Beginn an als Mitarbeiter beteiligt. Die *Neue Christoterpe*, seit 1880 von den drei Berliner Hofpredigern Rudolf Kögel (1829–1896), Wilhelm Baur (1826–1897) und Emil Frommel (1828–1896)[19] herausgegeben, knüpfte an eine erfolgreiche Veröffentlichung des württembergischen Pietismus an, die *Christoterpe*.[20] Während Schimmelmann in allen Nachdrucken der *Streiflichter* Funckes Bedeutung für den Beginn ihrer sozialen und erwecklichen

---

18 Bereits 1869 gelang es ihm, in Bremen eine neue Kirche zu errichten und die dazugehörige Friedenskirchengemeinde innerhalb kurzer Zeit aufzubauen, s. *Pagel*: Funcke, S. 52–61. Eine wissenschaftliche Studie zur Person Funckes und zu seinem umfangreichen Werk fehlt.
19 Funcke war mit den Hauptherausgebern freundschaftlich verbunden. In der Biographie Frommels wird die Gemeinsamkeit beider Männer hervorgehoben, gleichzeitig aber auf Unterschiede hingewiesen. „Aber sie wußten sich, und das mit Recht, mit dem Ziel, das sie verfolgten, einig, sie sprachen und sprechen noch zum Theil zu derselben Gemeinde der Suchenden, der Ringenden und aller derer, die sich gern zu einem fröhlichen Christenthum verhelfen lassen wollen." *Frommel*: Frommels Lebensbild, S. 392.
20 Das Programm der Christoterpe, das zu Beginn des 19. Jahrhunderts vom damaligen Herausgeber Albert Knapp (1798–1864) formuliert wurde, bestand darin, „nicht in frommer Klausur zu bleiben und sich auf Erbauliches zu beschränken, sondern einzugreifen in das Zeitgespräch, und dies mit hohem literarischem Anspruch", *Irmgard Scheitler*: Biedermeierlicher Pietismus in Württemberg. Albert Knapps Christoterpe, in: Interdisziplinäre Pietismusforschungen, S. 513. Die als Erbauungstaschenbuch konzipierte Christoterpe erschien von 1833 bis 1853, die Neue Christoterpe von 1880 bis 1928.

Arbeit in Erinnerung brachte, gibt es keine Hinweise darauf, dass der Theologe seinerseits sich später noch in irgendeiner Weise zu der Gräfin äußerte. Adeline Schimmelmann war zu Beginn der 1890er Jahre bereits gelegentlich Gegenstand öffentlicher Aufmerksamkeit geworden, Funckes Text jedoch dürfte das Fanal für eine breitere Wahrnehmung ihres ungewöhnlichen christlich motivierten sozialen Engagements gewesen sein.

Außerdem wiedergegeben werden zwei Texte Schimmelmanns von 1896, die gedruckt vorliegen, bisher jedoch kaum für die Rekonstruktion ihrer Biographie und ihres Lebenswerks herangezogen wurden. Das *Tagebuch* und die *Gedichte*, für die es keine dänischen Vorlagen gibt, erlebten nur diese eine Ausgabe.[21] Was Schimmelmann dazu bewog, zwei Jahre nach dem Psychiatrieskandal, der in Deutschland nur eine untergeordnete Rolle gespielt hatte, Quellen dazu zu publizieren, lässt sich nicht nachzeichnen. Die tagebuchartigen Aufzeichnungen beginnen mit Eintragungen vom 1. Januar 1894, die das alltägliche Leben der Gräfin mit mehreren Kindern und Hausangestellten auf ihrem Anwesen an der seeländischen Nordküste beleuchten.[22] Der 22. Februar 1894 markiert einen Einschnitt mit dem Tag, an dem sie unter Vortäuschung falscher Tatsachen von ihren Geschwistern in die geschlossene Station des Kopenhagener Kommunehospitals gebracht wurde.[23] Die Notizen enden mit dem 15. April 1894, dem Tag, an dem sie erfuhr, dass sie die psychia-

---

21 Allerdings wiederholte *Schimmelmann* große Teile der inhaltlichen Darstellung des Tagebuchs in abgewandelter Form in ihren Streiflichtern, S. 65–92. Eines der Gedichte wurde abgedruckt in Bernd Jaspert: Gebete der Christenheit, Nordhausen 2015, S. 417–419.
22 *Schimmelmann*: Tagebuch, oben S. 41.
23 *Schimmelmann*: Tagebuch, oben S. 47.

trische Einrichtung Oringe bei Vordingborg, in die sie von Kopenhagen aus verbracht worden war, als freie Person würde verlassen können.[24] Diese Aufzeichnungen erwecken u.a. durch ihre literarische Schlichtheit den Eindruck von Authentizität; sie sollen den Leidensweg dokumentieren, den die Verfasserin als Martyrium mit Verweisen auf die frühchristlichen Märtyrer beschreibt. Wie das *Tagebuch* beleuchten die *Gedichte* das Ringen der Verfasserin um eine Bewältigung ihrer leidvollen Situation. Simple Metren und ohne jede Ironie gebrochene Reimschemata zeichnen die stilistische Gestaltung aus. Während Exemplare des *Tagebuchs* immerhin in den Beständen von zwei Bibliotheken nachweisbar sind, scheinen die *Gedichte* nur noch in einem einzigen Exemplar vorhanden zu sein.[25]

Als auffallend kann bezeichnet werden, dass drei renommierte zeitgenössische Schriftstellerinnen, von denen zwei der Gräfin auch persönlich begegnet waren, unabhängig voneinander in unterschiedlichen Textgattungen über sie berichteten. Laura Marholm, Amalie Skram und Anna de Savornin Lohman gehören in

---

24 *Schimmelmann*: Tagebuch, oben S. 71. Anhand der bisher bekannten Quellen ist nicht rekonstruierbar, wann genau die Gräfin die Einrichtung in Oringe verließ, um sich nach Mecklenburg zu begeben.

25 Die Schleswig-Holsteinische Landesbibliothek in Kiel vermeldet dieses kleine Schriftchen momentan als nicht auffindbar, Mitteilung vom 15.8.2024 und 14.12.2024. Ferner ist der Bibliothekseintrag fehlerhaft: So wird als erschlossenes Erscheinungsjahr 1894 angegeben, der Verlag gilt als nicht ermittelbar. Die Angabe der Seitenzahlen fehlt ebenso. Die den Herausgebern dieser Edition vorliegende Papierkopie, die in Kiel erstellt wurde, weist hingegen genaue Angaben auf, die hier verwendet werden. Allerdings gibt es eine Lücke von zwei Druckseiten, wobei unklar ist, ob diese im Kieler Exemplar fehlten oder ob es sich um eine unvollständige Kopie handelt. Ebenfalls nur noch an einer Stelle nachweisbar ist das Liederheft, das Schimmelmann für ihre Evangelisationsveranstaltungen zusammenstellte. Die Evangelische Hochschul- und Zentralbibliothek (EHZ) Württemberg in Stuttgart verfügt über diese Ausgabe.

den Kontext der gegen Ende des 19. Jahrhunderts wachsenden Zahl von Frauen, die sich als Schriftstellerinnen und Journalistinnen betätigten. Allen dreien ist gemeinsam, dass sie Themen der Frauenbewegung aufgriffen und sich in ihren Werken für Frauenrechte einsetzten.

Die aus einer deutsch-dänischen Familie stammende Laura Marholm (1854–1928) veröffentlichte die meisten ihrer Werke auf Deutsch. *Die Gräfin Schimmelmann* erschien 1894 in der von Maximilan Harden (1861–1927) herausgegebenen Zeitschrift *Die Zukunft*, die von 1892 bis 1922 wöchentlich in Berlin herauskam. Harden avancierte zu einem scharfen Kritiker der politischen und gesellschaftlichen Verhältnisse des Kaiserreichs, er „war der profilierteste Publizist im Wilhelminischen Deutschland".[26] 1910/11 erreichte die Zeitung eine Auflage von 23.000 Exemplaren, die Einstellung erfolgte vor allem wegen des Rückgangs der Leserschaft aufgrund völlig veränderter politischer und gesellschaftlicher Verhältnisse.[27] Dass der Text über Schimmelmann in der *Zukunft* veröffentlicht wurde, dürfte auf zwei Gründen beruhen: Zum einen erschienen zwischen 1893 und 1902 zahlreiche Artikel von Marholm in diesem Periodikum;[28] zum anderen vertrat der Herausgeber eine ausgesprochen kritische Sicht auf die Eliten und trug zur Aufdeckung zahlreicher Skandale bei.[29] Religiöse Aspekte fanden dann

---

26 *Neumann u. Neumann*: Harden, S. 15.
27 Vgl. *Neumann u. Neumann*: Harden, S. 26–29, 91, 191.
28 Vgl. *Brantly*: Marholm, S. 189–191.
29 Die entscheidendste unter diesen Affären war die um die Person von Philipp Fürst zu Eulenburg-Hertefeld, der über sehr enge Kontakte zu Kaiser Wilhelm II. verfügte, s. *Norman Domeier*: Der Eulenburg-Skandal. Eine politische Kulturgeschichte des Kaiserreichs, Frankfurt a. M. 2010; *Weller*: Harden, S. 161–203. Vgl. ferner *Martin Kohlrausch*: Der Monarch im Skandal. Die Logik der Massenmedien und die Transformation der wilhelminischen Monarchie, Berlin 2005.

einen Platz in Hardens Publikationsorgan, wenn dabei gleichzeitig Konflikte thematisiert wurden.[30] Marholms Wirkung beruhte auch zu ihren Lebzeiten auf durchaus umstrittenen Positionen zur Frauenfrage.[31] Auf der einen Seite präsentierte sie sich als entschiedene Verfechterin von Freiheit und Gleichheit für Frauen, auf der anderen Seite vertrat sie die Auffassung, dass die Berufung jeder Frau darin bestehe, Kinder zu gebären; wenn das nicht gelinge, müsse das Leben einer nichtverheiraten Frau mit religiöser Hingabe gefüllt werden. Aus dieser Perspektive erschien die Gräfin als Vorzeigebeispiel. Marholm griff die Lebensgeschichte Schimmelmanns später erneut auf. In ihrem Buch *Zur Psychologie der Frau* präsentierte sie Schimmelmann als Typ der „Samariterin".[32] Marholm betrachtete die Frauenbewegung zu diesem Zeitpunkt mit großer Skepsis und sprach von „Frauenunruhe", die darauf beruhe, dass die Frauen sich nicht mehr mit ihrer eigentlichen Bestimmung zufrieden geben, Kinder zu gebären.[33] Erst zu einem späteren Zeitpunkt, als Marholm als Schriftstellerin kaum noch gefragt war und in eine tiefe Krise geriet, begab sie sich 1905 für einige Monate freiwillig in psychiatrische Behandlung in der Kreisirrenanstalt München. Anders als Schimmelmann benutzte sie diese Erfahrungen allerdings nicht als Material für Veröffentlichungen.

---

30 Vgl. *Weller*: Harden, S. 35.
31 Vgl. *Kliewer*: Geistesfrucht, S. 23–25. Marholm verfasste neben Zeitungsreportagen vor allem Dramen und Novellen, zu ihrem Werk s. *Brantly*: Marholm, S. 187–191.
32 *Marholm*: Psychologie der Frau, S. 177–203. Hier befasste sie sich mit dem Psychiatrieskandal nur ganz am Rande, vielmehr stellte sie Schimmelmanns Vorgehen als fehlgeleitetes und nutzloses Unterfangen dar.
33 *Marholm*: Psychologie der Frau, S. 203; ähnlich 130: die eigentliche Berufung der Frau bestehe darin, „den Boden zu bereiten, für ein neues und anderes Geschlecht der Männer".

Nachwort

Die Romane der norwegisch-dänischen Schriftstellerin Amalie Skram (1846–1905) erfuhren zu ihren Lebzeiten in Deutschland eine breite Rezeption. Während Laura Marholm und Adeline Schimmelmann sich vermutlich nicht persönlich begegneten,[34] sind die Biographien der Gräfin und die Amalie Skrams auf bezeichnende Weise miteinander verbunden. Beide Frauen verbrachten gemeinsam mehrere Wochen in der geschlossenen Abteilung des Kopenhagener Kommunehospitals. Beide beschrieben den Leiter dieser Station, den Mediziner und Psychiater Prof. Dr. Knut Pontoppidan (1853–1916), aus einer ähnlichen kritischen Perspektive. Während Schimmelmann sich direkt über ihn äußerte, verfremdete ihn Skram zu Prof. Hieronimus. Die aus Norwegen stammende Schriftstellerin, die seit 1884 in der dänischen Metropole lebte, verarbeitete ihren Aufenthalt in dänischen psychiatrischen Einrichtungen in dem 1895 in Kopenhagen erschienenen Roman, der im selben Jahr ins Deutsche übersetzt wurde: *Professor Hieronimus*.[35] Der renommierte Verlag von Albert Langen (1869–1909), in dem ab 1896 die Zeitschrift *Simplicissimus* erschien, brachte dieses Werk heraus.[36] Skram zeichnet in ihrem Psychiatrieroman die Frauen

---

34 Da Marholm teilweise mit ihrem Ehemann, dem schwedischen Schriftsteller Ola Hansson, in Skandinavien lebte, war ihr die dortige Literaturszene vertraut, sodass sie in ihrem Werk auch auf Amalie Skram einging, s. *Brantly*: Marholm, S. 103f., 106.

35 Genaugenommen handelt es sich um ein zweiteiliges Werk, das unter einem gemeinsamen Obertitel veröffentlicht wurde. Die deutsche Ausgabe erschien 1895 unter dem Gesamttitel „Im Irrenhause", um dann „Professor Hieronymus" als Bezeichnung des ersten Teils anzugeben. Der zweite Teil firmiert unter der Bezeichnung „In St. Jørgen". Schimmelmann – als „Comtesse" bezeichnet – kommt nur in Teil 1 vor. Übersetzt wurde der Roman von Mathilde Mann (1859–1925), die auch Werke von Henrik Pontoppidan ins Deutsche übertrug.

36 Die Werbung im Anhang von Skrams Werk, S. [294], weist u. a. auf ein Buch Marholms hin, das ebenfalls bei Langen erschien: Das Buch der Frauen. Zeitpsychologische Porträts, 2. Auflage.

der geschlossenen Station mit ihrer gebrochenen Lebensgeschichte, gleichzeitig prangert sie das System der psychiatrischen Kliniken an, die den Patientinnen jegliche Selbstbestimmung verwehren. Die „Comtesse", die sich als literarische Verarbeitung der Person der Gräfin interpretieren lässt, erscheint zum einen wegen ihrer adligen Herkunft als auffallende Gestalt in der geschlossenen Abteilung mit ihren rigiden Verboten; zum anderen zeichnet sie sich durch ihre Frömmigkeit aus. Wie die im Jahr 1894 in der Presse abgedruckten Stellungnahmen Skrams zeigen, setzte sie sich auch bei der öffentlichen Aufarbeitung der dänischen Psychiatrieskandale deutlich für die Rechte der Behandlungsopfer ein. Während alle Texte Schimmelmanns über die Erlebnisse in der geschlossenen Abteilung darum kreisen, die Reputation ihrer Person wiederherzustellen, verarbeitet die bereits als Schriftstellerin etablierte Skram die in den psychiatrischen Kliniken gesammelten Erfahrungen zu einem kritischen Bild des von Männern dominierten Gesundheitssystems ihrer Zeit.[37]

Anna de Savornin Lohman (1868–1930)[38] stammte aus einer niederländischen reformierten Familie und machte sich seit Mitte der 1890er Jahre einen Namen als Schriftstellerin und Journalistin. Ihr Buch *Herinneringen* von 1909 wurde bisher nicht ins Deutsche übersetzt; auch ihre übrigen Werke wurden in Deutschland kaum rezipiert. In ihren Memoiren erinnert sie

---

37 Eine neue Übersetzung der beiden Romanteile unterstreicht die aktuelle Bedeutung Skrams als Schriftstellerin, s. *Amalie Skram*: Professor Hieronimus, Berlin 2016.
38 Vgl. *Ernestine van der Wall*: Writer, Journalist, Critic. Anna de Savornin Lohman (1868–1930), in: Women's writing from the low countries 1880–2010. An Anthology, hg. von Jacqueline Bel und Thomas Vaessens, Amsterdam 2010, S. 35–39.

an ein kurios anmutendes Zusammentreffen mit Schimmelmann im Winter 1891/92 in Berlin. Da sie mit Vertretern der Erweckungsbewegungen bis dahin vermutlich jedoch kaum Berührung gehabt hatte, dürfte ihr das Milieu, in dem Schimmelmann sich bewegte, nicht vertraut gewesen sein. Die Gräfin kommt an weiteren Stellen der Erinnerungen nicht mehr vor. Nach der Reise mit ihrem Vater und der erfolglosen Suche nach einer Arbeitsmöglichkeit in Deutschland kehrte de Savornin Lohman in die Niederlande zurück und heiratete dort 1915 Hendrik Theodor Spoor (1858–1919). Ein früherer Artikel aus ihrer Feder vom Februar 1899 über Adeline Schimmelmann, der in einer niederländischen Zeitung veröffentlicht wurde, war durch die Lektüre eines Buches von Laura Marholm inspiriert worden.[39] Mit wenigen Sätzen erwähnt de Savornin Lohman Schimmelmanns Zwangseinweisung in das Kommunehospital, um dann die einige Jahre zurückliegende Begegnung mit der Gräfin in Berlin zu schildern. Ebenfalls nur am Rande wird in diesem Zeitungsbericht die Autobiographie Schimmelmanns genannt, ohne dabei deutlich zu machen, dass diese ebenfalls in einer niederländischen Fassung vorlag.[40] Die in den Niederlanden durchaus vorhandene Auf-

---

39 Zondagsblad van de Avondpost, 26.2.1899, S. 1 f. Dieses Blatt erschien in 's-Gravenhage bzw. Den Haag. Savornin Lohman bezieht sich auf Marholms Buch Zur Psychologie der Frau.
40 Der niederländische reformierte Theologe Johannes Hermanus Gunning (1858–1940), von 1894 bis 1913 in Utrecht tätig, hatte durch seine Kontakte zur internationalen Evangelisationsbewegung die englische Ausgabe, die *Glimpses*, kennengelernt und noch 1896 übersetzen lassen: Adeline Gravin Schimmelmann in het Licht gegeven door W. Smith Foggitt [...] Uit het Engelsch vertaald. Met een aanbevelend woord van Dr. J. H. Gunning JHz. [...], Utrecht 1896. Als Übersetzerin wird Elisabeth Freijstadt genannt. Vor Gunnings Vorwort sind drei Auszüge aus englischen Presseberichten in niederländischer Übersetzung über die Bedeutung der Glimpses abgedruckt.

merksamkeit für die Person Schimmelmanns scheint in ganz unterschiedlichen Bahnen verlaufen zu sein: Die oben unter den Pressedokumenten abgedruckten niederländischen Zeitungsnotizen von 1895 und 1905 dürften von internationalen Agenturen übernommen worden sein.

Die als Abschluss des Editionsteils abgedruckten Zeitungsartikel stellen nur eine exemplarische Auswahl der inzwischen zugänglichen Quellenbasis dar. Einen Überblick über die gesamte europäische und amerikanische Debatte zur Person Adeline Schimmelmanns und insbesondere den Psychiatrieskandal zu geben, ist im Rahmen dieser Edition nicht möglich. Um die Vielfalt der Debatten aufzuzeigen, wurden sowohl Artikel aus der internationalen Presse als auch aus nur regional bedeutenden Blättern aufgenommen. Die ersten Artikel aus den Jahren 1872/73 erwähnen Adeline Schimmelmann als ein relativ unbedeutendes junges Mitglied des Berliner kaiserlichen Hofstaates. Etwa zehn Jahre später taucht ihr Name im Zusammenhang eines Ehe-Skandals in höchsten deutschen Adelskreisen auf – wiedergegeben als Nachricht in einer amerikanischen Zeitung. Es scheint allerdings gelungen zu sein, den Skandal einzudämmen, denn es entstand in Deutschland keine breitere Medienkampagne, die Schimmelmann geschadet hätte.[41] Dieser Bericht beleuchtet gleichzeitig die gegen Ende des 19. Jahrhunderts wirksame internationale Verflechtung der Medien.[42] Die meisten der hier ausgewählten

---

41 Die Studie von *Fetting*: Normverletzungen, geht anhand beispielhafter Konflikte der Rolle der Medien bei Skandalen im deutschen Hochadel der Kaiserzeit nach und zeigt, welchen Einfluss die Zeitungsberichte jeweils auf das Verhalten der Herrscherfamilien hatten.
42 Die 1851 in London gegründete Nachrichtenagentur Reuters markiert den Beginn dieser Verflechtung, die den Austausch von Informationen enorm beschleunigte.

Artikel geben die dänische Debatte wieder und stammen aus dem Zeitraum von Oktober bis November 1894. Die größte Bedeutung kommt dabei der *Politiken* aus Kopenhagen zu, da sie zum Leitmedium in der Offenlegung des Psychiatrieskandals avancierte. Der Bogen spannt sich dann bis zum Januar 1914, um die Wahrnehmung Adeline Schimmelmanns nach dem Psychiatrie-Skandal zu illustrieren. Sie setzte ihren Weg scheinbar unbeirrt fort, weiter begleitet von der regionalen und überregionalen Presse. An letzter Stelle steht die Notiz der *Politiken*, die nachträglich ihren Tod vermeldete und kurz auf ihr Leben zurückschaut.

Zur Biographie Adeline Schimmelmanns

Geboren wurde Adelaide Luise Caroline, genannt Adeline, am 13. Juli 1854 in Ahrensburg, in dem Schloss, das ihr Ururgroßvater von der gräflichen Rantzau-Familie übernommen hatte, deren Bedeutung sich im Niedergang befand.[43] Heinrich Carl Schimmelmann (1724–1782),[44] geadelt vom dänischen König wegen seiner wirtschaftlichen und kulturellen Verdienste, hinterließ seinen Nachkommen ein umfangreiches Erbe, das mehreren Generationen einen luxuriösen Lebensstil ermöglichte. Allerdings beruhte dieser Reichtum auch auf Sklavenhandel, denn Schimmelmann hatte Menschen von Afrika in die Karibik transportieren lassen, um sie dort auf seinen Zuckerrohrplantagen als Sklaven ein-

---

43 Vgl. *Frauke Lühning und Tatjana Ceynowa*: Schloss Ahrensburg, Neumünster 2007; *Angela Behrens*: Das Adlige Gut Ahrensburg von 1715 bis 1867. Gutsherrschaft und Agrarreformen, Neumünster 2006 (Stormarner Hefte 23).
44 *Degn*: Dreieckshandel, S. 2–31.

zusetzen.⁴⁵ Adeline Schimmelmanns ältester Bruder Carl Graf Schimmelmann (1848–1922) war der letzte in der Reihe als Lehnsgraf im holsteinischen Ahrensburg und im jütländischen Lindenborg, der die Tradition eines wohlhabenden Adligen noch relativ ungebrochen fortsetzen konnte.⁴⁶ Mit dem Ausbruch des Ersten Weltkrieges, dem Ende der Monarchie und dem Beginn der Weimarer Republik veränderte sich alles so grundlegend, dass Schloss Ahrensburg als Familiensitz aufgegeben werden musste – wie vorher bereits die meisten Besitzungen in Norddeutschland und Dänemark.⁴⁷

Als Adeline Schimmelmann am 18. November 1913 unter armseligen Bedingungen in Hamburg verstarb, ging ein bewegtes Leben zu Ende. Die von ihr angestoßenen Projekte waren in der Regel schlecht geplant und geleitet, litten unter finanziellen Unklarheiten und endeten so gut wie alle mit dem Tod der Initiatorin. Die Familie bemühte sich kaum darum, ihr Andenken zu wahren.⁴⁸ Eine Institution, die an ihre Person und ihr Schaffen hätte erinnern können, gab es nicht. Insofern ist es nicht verwunderlich, dass sie bald nach ihrem Tod in Vergessenheit geriet.⁴⁹

Auch wenn sie selbst politische und juristische Forderungen der Frauenbewegung ihrer Zeit vehement ablehnte, so profitierte Schimmelmann durchaus von

---

45 Vgl. *Julian zur Lage*: Die Hochphase des deutschen Versklavungshandels. Akteure aus dem Hamburger Raum und ihre globalen Netzwerke um 1800, in: Zeitschrift für Historische Forschung 49, 2022, S. 665–694.
46 Vgl. *Reichardt*: Ahrensburger Schloß, S. 93–103.
47 Vgl. *Reichardt*: Ahrensburger Schloß, S. 109–112; *Degn*: Dreieckshandel, S. 504–512.
48 Vgl. *Albrecht* u.a.: Schimmelmann, S. 378–382.
49 Vgl. *Wettstein*: Lebensbild; *Witt*: Heimgang; *Witt*: Schimmelmann. In dem 1995 aus Anlass des 400jährigen Jubiläums von Schloss Ahrensburg herausgekommenen Buch wird Adeline Schimmelmann nicht erwähnt, *Reichardt, Herzfeld und Pioch*: Ahrensburg.

den Errungenschaften, die die ersten Frauenrechtlerinnen erstritten hatten. Ohne den Einsatz unzähliger Vorkämpferinnen seit der Mitte des 19. Jahrhunderts für mehr Freiheiten und Rechte zur Mitgestaltung der Gesellschaft hätte sie ihr Leben nicht so selbständig gestalten können. Besonderen Vorbildcharakter hatten literarisch tätige Frauen, die mit ihren Schriften den Aufbruch in die Moderne mitgestalteten.[50] In Großbritannien und den USA war es gleichwohl für sie einfacher als in Europa, als christlich motivierte selbständige Evangelistin zu agieren.[51]

Von ihrer Herkunft her gehörte Adeline Schimmelmann der lutherischen Kirche an, was sie auch gelegentlich hervorhob. Allerdings weist nichts darauf hin, dass sie sich besonders intensiv mit deren theologischen Traditionen befasste.[52] Bereits Heinrich Carl Schimmelmann hatte, sowohl durch seine Kontakte nach Sachsen als auch durch seinen Besitz in der Karibik, enge Verbindungen zu den Herrnhutern.[53] Eine gewisse Nähe zu Personen der Brüdergemeine setzte sich bis in die Kindheit Adeline Schimmelmanns fort. Für die Eltern Adelines lassen sich zwar Kontakte zu Vertretern und Vertreterinnen der Erweckungsbewegung vor

---

50 Vgl. *Barbara Beuys*: Die neuen Frauen – Revolution im Kaiserreich 1900–1914, München 2014; *Vivien Bianca Rüffieux*: Ehe, Familie und Emanzipation. Erfolgsromane von Frauen zwischen 1850 und 1900, Würzburg 2023; *Lucia Hacker*: Schreibende Frauen um 1900. Rollen, Bilder, Gesten, Berlin 2007.
51 Das unterstreichen etwa amerikanische Zeitungsartikel, in denen sie als herausragende Persönlichkeit gewürdigt wird, s. *Albrecht u. Rosenkranz*: Repräsentantin des Adels, S. 259–267.
52 Vgl. *Schimmelmann*: Streiflichter, S. 99. In dem von ihr herausgegebenen Spruch- und Geburtstagsbuch, Vorwort, unpag., begründet sie die Auswahl aus Luthers Werken folgendermaßen: „In Deutschland hat wohl nie jemand ein gesunderes Christentum gelehrt, als Dr. Martin Luther."
53 Vgl. *Degn*: Dreieckshandel, S. 43–58, 67–70. 1763 erwarb Schimmelmann vier Plantagen in der Karibik, auf denen Herrnhuter Missionare bereits aktiv waren.

allem in Hamburg aufzeigen, aber keine zu Personen aus dem Umkreis der Gemeinschafts- und Heiligungsbewegung.[54] Es ist anzunehmen, dass Adeline Schimmelmann während der fast zwanzig Jahre, die sie zeitweise in Berlin verbrachte, mit den Auswirkungen dieser Frömmigkeitsströmungen vertraut wurde. Genaueres lässt sich dazu nicht feststellen, da sie aus diesen Kreisen namentlich nur Otto Funcke[55] erwähnt und keine weiteren Personen, auf die sie durchaus in Berlin hätte stoßen können wie etwa Andreas Graf von Bernstorff (1844–1907), Hedwig von Redern (1866–1935), Margarete von Oertzen (1854–1934), Eduard Graf Pückler (1853–1924), Eberhard von Rothkirch (1852–1911) oder die amerikanischen Heiligungs- bzw. Erweckungsprediger Robert Pearsall Smith (1827–1898) und Friedrich von Schlümbach (1842–1901).[56] Vermutlich erlebte sie im Berliner Umfeld, wie die in diesem Milieu beheimateten Gruppen den von den Kirchen nicht erreichten Menschen gegenüber agierten: mit der Bereitstellung von Unterkunft und Verpflegung, um vor Alkoholmissbrauch, sexuellen Ausschweifungen und Gewalt zu schützen. Ferner gehörten dazu fast immer niedrigschwellige christliche Angebote wie Bibelstunden und gemeinsames Singen. In Berlin waren es neben der Stadtmission ungezählte weitere Initiativen, die sich den sozial Benachteiligten zuwandten.[57] In ihren eigenen Projekten griff Schimmelmann Ele-

---

54 Vgl. *Albrecht*: Schloss Ahrensburg.
55 Dieser erhält dadurch eine besondere Bedeutung, dass er im Titel der autobiographischen Aufzeichnungen Schimmelmanns genannt wird, s. *Schimmelmann*: Streiflichter und Glimpses.
56 Einen guten Überblick über diesen Personenkreis bietet nach wie vor *Holthaus*: Heil.
57 Zur Inneren Mission in Berlin vgl. den Band Seelsorge und Diakonie in Berlin; *Astrid Mignon Kirchhof*: Das Dienstfräulein auf dem Bahnhof. Frauen im öffentlichen Raum im Blick der Berliner Bahnhofsmission 1894–1939, Stuttgart 2011; *Bettina Hitzer*: Im Netz der Liebe. Die pro-

mente dieser Vorgehensweisen auf, gepaart mit theologischen Ideen, die sich auf die Heiligungsbewegung zurückführen lassen wie die Fokussierung der Verkündigung auf die erlösende Kraft des Blutes Christi.[58]

Wie zunächst ihre ältere Schwester Sophie (1850–1928)[59] wurde Adeline Schimmelmann 1872 an den im Aufbau befindlichen kaiserlichen Hof berufen.[60] Bis zum Tod Augustas (1811–1890) verbrachte sie stets einige Monate pro Jahr in deren Dienst.[61] In ihren Veröffentlichungen und mithilfe von Photos erinnerte Schimmelmann lebenslang an diese wohl glänzendste Phase ihrer Biographie. Obwohl – wie für alle Hofdamen – mit dem Tod der Monarchin der Dienst beendet war, legte Adeline Schimmelmann auch später großen Wert darauf, als ehemalige Hofdame bezeichnet zu werden.[62] Nach der Übernahme der Lehnsgrafschaft durch ihren Bruder verlagerte sich der private Wohnsitz der

---

testantische Kirche und ihre Zuwanderer in der Metropole Berlin (1849–1914), Köln 2006.
58 Vgl. *Albrecht*: Blut-Theologie.
59 Sophie Schimmelmann heiratete 1873 Eduard Prinz zu Salm-Horstmar (1841–1923) und lebte mit diesem in Potsdam. Der Prinz pflegte ein gutes Verhältnis zu Wilhelm II. und wurde General der Kavallerie. Allem Anschein nach war er es, der die Observation Adeline Schimmelmanns durch die Berliner Polizei anregte, nachdem sie sich ab 1901 in Berlin niedergelassen hatte, s. Landesarchiv Berlin, Apr.Br. Rep. 030, Nr. 13532, 1901–1913.
60 Vgl. hierzu das Datenportal Praktiken der Moderne, https://actaborussia.bbaw.de (1.3.2024).
61 Vgl. *Schimmelmann*: Streiflichter, S. 8, wo sie betont, dass für ihren Dienst spezielle Konditionen ausgehandelt wurden, sodass sie nicht dauernd in Berlin anwesend sein musste.
62 Im Titel ihres Tagebuchs greift sie selbst diese Bezeichnung auf, s. *Schimmelmann*: Tagebuch. *Wettstein* verwendet diese in seiner Biographie, Lebensbild; zur Abbildung Schimmelmanns als Hofdame s. S. 32f. Das Online-Portal www.deutsche-biographie.de (1.3.2024) fügt fälschlicherweise zu den Angaben Hofdame und Evangelistin das Stichwort Diakonisse hinzu. Diese Zuschreibung beruht auf einem Missverständnis, denn Schimmelmann kritisierte die Diakonissenmutterhäuser und deren Einschränkung weiblicher Tätigkeiten aufs Schärfste, s. *Schimmelmann*: Streiflichter, S. 58.

Gräfin nach Hellebæk in der Nähe von Helsingør an der Nordküste Seelands, wo sich eine der familiären Besitzungen befand.[63] Mit der Eröffnung des Fischerheims auf Göhren und einige Zeit später einer ähnlichen Einrichtung auf der Greifswalder Oie[64] begann der Abschnitt in der Lebensgeschichte Schimmelmanns, der sie als Evangelistin und unerschrockene Unterstützerin sozial Benachteiligter bekannt machte. Der Radius ihrer Aktivitäten lag schwerpunktmäßig auf der pommerschen Ostseeküste, mit ersten Ausweitungen nach England und Skandinavien.

Die Kennzeichnung Schimmelmanns als Gründerin der *ersten* Seemannsmission oder gar der ersten Fischermission *weltweit* wird in der neuen Literatur vielfach wiederholt[65] – obwohl sie in dieser Zuspitzung nachweislich falsch ist. In der ersten deutschen Ausgabe der *Streiflichter* von 1898 ist in der Tat vom „Seemannsheim" die Rede[66] – was aus der direkten Übernahme aus der englischen Vorlage resultieren dürfte, wo die Bezeichnung „sailor's home" verwendet wird.[67] Auch wenn in weiteren frühen Quellen von einem „Seemannsheim" in Göhren die Rede ist, so handelte es sich um eine Unterkunft für Ostseefischer.[68] Nach der

---

63 Vgl. *Degn*: Dreieckshandel, S. 104–107.
64 Zu einer weiteren ähnlichen Einrichtung in Sassnitz s. oben S. 234, Anm. 13.
65 Vgl. *Martin Holz*: Wie ein Leuchtfeuer für Seeleute: Adeline von Schimmelmann hat die weltweit erste Fischermission am Ostseestrand errichtet, in: Nordkurier 2011, S. 25; *Werner John*: Eine Gräfin als Mutter der Fischer und Seeleute, in: Ostsee-Zeitung 48, 2000, Nr. 05, S. 14. Auch die Deutsche Nationalbibliothek wiederholt diese Zuschreibung, wonach die Gräfin die „Gründerin des ersten Seemannsheimes" sei, s. https://d-nb.info/gnd/126705798 (1.5.2024).
66 *Schimmelmann*: Streiflichter, S. 26. Funcke spricht in dem oben abgedruckten Bericht hingegen von „Werkstatt", S. 26.
67 *Schimmelmann*: Glimpses, S. 56.
68 In einer Auflistung ihrer Arbeitsvorhaben, die den Stand etwa um 1910 widerspiegelt, ist vom „Fischerheim in Göhren für die Ostseefischer" die

Unterbrechung ihrer Tätigkeiten in der ersten Jahreshälfte 1894 setzte die Gräfin alle ihr zur Verfügung stehenden Mittel in Gang, um ihre Reputation wiederherzustellen und um ihren ungebrochenen Glauben an ihre Aufgabe unter Beweis zu stellen. Bereits im Herbst 1894 nahm sie ihre Vortragstätigkeit wieder auf. Für ihre Karriere als Evangelistin erwies sich das Narrativ der Bekennerin und Märtyrerin als ausgesprochen wirkmächtig. Obwohl das von ihr gegründete Fischerheim auf Rügen weiterhin bestand, kehrte sie nicht dauerhaft an diesen Ort zurück. Der von Otto Funcke angeregte Verein dürfte dazu in erheblichem Maße beigetragen haben; allerdings sind die Einzelheiten dazu bisher nicht ausreichend erforscht. Die Gräfin stellte von nun an ihre Vortragstätigkeit in den Vordergrund. Gleichzeitig begleitete sie ihre öffentlichen Auftritte durch eigene Veröffentlichungen. Im Jahr 1898 brach sie in Begleitung ihrer Pflegesöhne in die USA auf; ihre Segelyacht wurde zu einem Markenzeichen ihrer dortigen Missionstätigkeit.[69] Eventuell hoffte sie, in Amerika eine dauerhafte Existenz mit ihren Söhnen zu finden – ohne Vorbehalten ausgesetzt zu sein, die ihr in vor allem in Deutschland begegneten. Da die in den Amerika-Aufenthalt gesetzten Hoffnungen sich allem Anschein nach nicht erfüllten, kehrte Adeline Schimmelmann zu Beginn des Jahres 1900 zunächst nach England und dann nach Deutschland zurück.[70] In den folgenden knapp zehn Jahren entfaltete sie ein umfangreiches Evangelisationsprogramm in unterschiedlichen Regionen Deutsch-

---

Rede, *Schimmelmann*: Lieder, Anhang. Davon unterschieden werden die „Zweige", die sich an Seeleute richten.
69 Vgl. *Albrecht* u.a.: Schimmelmann, S. 242–252.
70 Vgl. *Albrecht u. Rosenkranz*: Repräsentantin des Adels.

lands,[71] unterbrochen durch Aktivitäten in Großbritannien und Skandinavien. In dieser Phase bildete eine Seemannsmission im eigentlichen Sinne des Namens einen der Schwerpunkte ihrer Arbeitsbereiche. Dazu ist auch das Kieler Matrosenheim zu zählen, das sie in den Jahren von 1904 bis 1908 unterhielt.[72] Die von ihr und ihrem Adoptivsohn Paul Schimmelmann in Berlin gegründete Organisation trug den Namen: „Adeline Schimmelmanns Internationale Mission".[73] Bei anderen vergleichbaren Projekten war es üblich, die Zielgruppe oder die Region, in der die missionarischen Aktivitäten stattfanden, zu benennen, wie etwa „China-Inland-Mission", „Sudan-Pionier-Mission" oder „Morgenländische Frauenmission".[74] Bei aller Ähnlichkeit zu zeitgenössischen Gruppen und Verbänden hielt die Gräfin stets eine gewisse Distanz oder grenzte sich vehement ab.

Seit 1909 machte sich eine Krebserkrankung bemerkbar, die Adeline Schimmelmann zu etlichen Krankenhausaufenthalten und Kuren zwang. Etwa zeitgleich drangen Informationen über Spannungen im Verhältnis zu Paul Schimmelmann an die Öffentlichkeit. Durch die Adoption war es ihr gelungen, für ihn den Nachnamen Schimmelmann rechtlich verbindlich zu sichern; den Grafentitel durfte er nicht führen.[75]

---

71 Baden-Württemberg gehörte zu ihren bevorzugten Reisezielen für Evangelisationskampagnen, s. *Albrecht*: Evangelisationen. Eine besondere Freundschaft verband sie mit der württembergischen Herzogin Vera (1854–1912), s. *Schimmelmann*: Herzogin Vera.
72 Vgl. Jahres-Bericht des Marineheims in Kiel, Berlin 1905; 100 Jahre Kieler Seemannsheim, hg. von Deutsche Seemannsmission Kiel e.V., Kiel 2004, S. 22; *Albrecht* u. a.: Schimmelmann, S. 291–298.
73 Vgl. *Albrecht* u. a.: Schimmelmann, S. 253–270. In *Schimmelmann*: Lieder, Anhang, werden neun Arbeitszweige aufgezählt.
74 Zu diesen Missionsgesellschaften vgl. *Holthaus*: Heil, S. 237–258.
75 Vgl. *Albrecht* u. a.: Schimmelmann, S. 143–150. Die Unklarheiten in Bezug auf die Herkunft Paul Schimmelmanns, die von den mit Standes-

Paul Schimmelmann trat als ihr Begleiter und Mitarbeiter auf, ihm gelang es aber nicht, in dem christlichen Milieu, in dem beide sich zeitweise bewegten, ein eigenes Profil auszubilden. Adeline Schimmelmann verstarb in einem kleinen Hamburger Pflegeheim, entzweit mit ihrem Adoptivsohn und dessen Familie genauso wie mit ihren Geschwistern.[76] Während ihr ebenfalls nicht verheirateter Bruder Christian Schimmelmann im Familiengrab neben der Ahrensburger Schlosskirche bestattet wurde, fand sie ihre letzte Ruhestätte auf einem neu eingerichteten Friedhof am Rande Ahrensburgs.[77]

Schimmelmanns literarisches Werk

Eine selbständige Veröffentlichungstätigkeit Adeline Schimmelmanns begann im Jahr 1894 in dänischer Sprache. Die Entstehungsgeschichte ihrer Texte ist nicht leicht zu rekonstruieren, da sie fast all ihre literarischen Produkte mehrfach verwendete. Ob der Textabschnitt mit dem Titel „Wie eine Gräfin Bären zähmt", der 1892 in Funckes Aufsatz *Ein Daheim in der Fremde* erstmals gedruckt und eindeutig von ihr verfasst wurde,[78] bereits vor dieser Veröffentlichung unter ihrem Namen zirkulierte, lässt sich bisher nicht nach-

---

    erhebungen befassten preußischen Behörden moniert wurden, erhalten eine weitere Dimension durch seine Heirat mit einer österreichischen Adligen. Spekulationen darüber, dass er eventuell ein illegitimer Nachkomme Wilhelms II. sei, erhielten dadurch neue Nahrung. Zum Vorgehen des kaiserlichen Hofes in ähnlichen Fällen s. *Elizza Erbstößer*: Kaiserin Auguste Victoria (1858–1921). Versuch einer Biographie, Diss. Frankfurt a. M. 2008, S. 143–150.
76 Vgl. *Albrecht* u. a.: Schimmelmann, S. 378–390.
77 Vgl. *Albrecht* u. a.: Schimmelmann, S. 380–382.
78 Vgl. *Funcke*: Ein Daheim in der Fremde, oben S. 7–38.

weisen. Mit dem gesamten Bericht Funckes verfuhr Schimmelmann in späteren Ausgaben und Übersetzungen eigenwillig und passte ihn, in einigen Passagen, ihren jeweiligen Aussageintentionen an. 1894 erschien zunächst in Kopenhagen Funckes Bericht aus der Zeitschrift *Neue Christoterpe* in dänischer Übersetzung: *Et hjem i fremmed Land*. So gut wie nichts weist zunächst auf die Gräfin als Herausgeberin und eventuell auch als Übersetzerin hin, nur in den zehn beigefügten Anmerkungen findet sich jeweils das Kürzel „A. S". In dieser Fassung sind alle Abschnitte, die 1892 abgedruckt wurden, wiedergegeben. Nicht bekannt ist, ob Funcke dieser Ausgabe seines Werkes zustimmte oder ob und wann er davon Kenntnis erhielt. Vermutlich muss Schimmelmann zu diesem Zeitpunkt angenommen haben, dass der unveränderte Funcke-Text ihrem Renommee keinen Schaden zufügen würde, sondern dass seine Bekanntheit ihr von Nutzen sein könne.[79]

Im selben Jahr 1894 veröffentlichte Schimmelmann Funckes Text sowie einen weiteren von ihr selbst verfassten Bericht unter dem Titel *Af mit Missionsliv*. In diesem Buch wird Funcke nicht eigens auf dem Titelblatt erwähnt, und damit nicht als Autor kenntlich gemacht; sein Name ist erst dem Anfang der auf ihn zurückgehenden Beschreibung seiner Reise nach Rügen von 1890 zu entnehmen. In ihrem Vorwort gibt Schimmelmann an, dass sie ihre Missionstätigkeit in Dänemark stärker bekannt machen wolle. Ihr Plan, umfassender über ihre Tätigkeitsfelder zu berichten, sei

---

[79] Funcke war zu diesem Zeitpunkt ein bereits in Dänemark und Norwegen bekannter Autor, s. *Otto Funcke*: Paa Reisefod, Kristiania 1892. Nur am Rande sei eine kleine Beobachtung erwähnt: Während Funcke seinen Nachnamen mit ck schrieb, verwendete Schimmelmann mal diese Variante, mal die Schreibweise Funke. Eine systematische Unterscheidung ist dabei nicht zu erkennen.

jedoch von der Psychiatrieeinweisung unterbrochen worden. Sie publiziere die Textzusammenstellung, die nur einen Teil des geplanten Buches ausmache, um falschen Darstellungen ihrer Person und ihrer Arbeit entgegenzutreten. Die in diesem Band zum Abdruck gebrachte dänische Version *Et hjem i fremmed Land*[80] weist mehrere Eingriffe in den Textbestand auf, z. B. werden Abschnitte aus dem letzten Kapitel, in dem Funcke die – aus seiner Sicht erfolgreichen – Maßnahmen, die Gräfin zu unterstützen, beschreibt, verkürzt dargestellt. Die beigefügten Kommentare, unterzeichnet mit „A. S.", unterscheiden sich teilweise von denen im ersten dänischen Nachdruck von Funckes Bericht. An den Funcke-Bericht schließen sich unter der Überschrift *Min Virksommhed paa Rygen*[81] Schimmelmanns Ausführungen über ihren Versuch an, auf der Greifswalder Oie mit einem Heim für Fischer Fuß zu fassen.[82] In ihren *Streiflichtern* druckte die Autorin die meisten Teile dieses Berichtes nach, mit nur kleinen Veränderungen gegenüber der ersten Fassung von 1894.[83]

Ferner trat Schimmelmann 1894 mit einer zweiten kleinen Schrift als Autorin an die Öffentlichkeit, ebenfalls auf Dänisch: *Smaating*. In dieser vereinigte die Gräfin, wie der Titel zutreffend angibt, eine Sammlung von mehreren kleinen Teilen.[84] Drei kurze in sich abgeschlossene Texte mit eigenen Überschriften beleuch-

---

80 *Schimmelmann*: Af mit Missionsliv, S. 9–35.
81 *Schimmelmann*: Af mit Missionsliv, S. 39–64.
82 Da Funcke sich unmittelbar nach seinem Besuch auf Rügen im Sommer 1890 um eine aus seiner Sicht geeignete Unterstützung für die Gräfin bemühte, ist anzunehmen, dass Adeline Schimmelmann ein Jahr später die pommersche Küste verließ, um den sich dort abzeichnenden Konflikten zu entgehen. Eventuell hoffte sie, in Berlin Beistand für ihre Form der Missionsarbeit zu finden.
83 *Schimmelmann*: Streiflichter, S. 34–56.
84 *Schimmelmann*: Smaating, S. 11–18, 21–30, 33–38.

ten den theologischen Horizont Schimmelmanns, der sich in einfachen Bibelauslegungen und anspruchslosen erzählerischen Sentenzen entfaltet.[85] Daran schließen sich fünf Gedichte an, die sich auf ihre Erfahrungen in der Psychiatrie beziehen;[86] diese sind nicht identisch mit den auf Deutsch abgefassten Versen, die sie zwei Jahre später separat zum Druck brachte. In der Einleitung betont Schimmelmann, dass sie diese einzelnen Stücke habe separat veröffentlichen wollen „als Quelle des Trostes und der Ermunterung" für die Leser.[87] Da sie davon ausgehe, dass die dänische Öffentlichkeit an ihrem Wirken interessiert sei, habe sie sich zur Herausgabe des Bändchens entschlossen. Eine deutsche Übersetzung von *Smaating* ist nicht nachweisbar. 1895 erschien ein Druck von nur fünf Seiten als selbständige Publikation, die eher wie ein Zeitschriftenheft wirkt, in dem der Fortgang ihrer missionarischen Unternehmungen beschrieben wird: *Grevinde Schimmelmanns Mission*. Mit der Datierung vom September 1895 berichtet Schimmelmann von den Fahrten mit ihrem Schiff an der pommerschen Küste und Vorträgen u. a. in Rostock und Warnemünde. Ferner kam im selben Jahr in Kopenhagen eine zweite Ausgabe von *Af mit Missionsliv* heraus.

Das meistgelesene Werk Adeline Schimmelmanns, das bis in die Gegenwart die wichtigste Rolle bei der Wahrnehmung ihrer Person spielt, sind ihre autobiographischen Aufzeichnungen *Glimpses of my life*. Diese

---

85 Den ersten dieser Texte unter der Überschrift „Skarnbøtten", Smaating, S. 11–18, veröffentliche die Gräfin allem Anschein nach später als separaten Traktat unter dem Titel „Der Kehrichtkasten". Allerdings lässt sich kein Exemplar nachweisen, der Titel taucht lediglich in Listen von Publikationen des von Schimmelmann in Berlin gegründeten Verlags auf.
86 *Schimmelmann*: Smaating, S. 39–56.
87 *Schimmelmann*: Smaating, S. [7].

kamen im Frühjahr 1896 in eleganter Aufmachung im renommierten Londoner Verlag Hodder and Stoughton heraus.[88] Auch dieses Buch erweist sich als Zusammenstellung bereits vorhandener Texte, wobei Funcke als Autor im Titel mit ausgewiesen wird. Auf diese Vorlage beziehen sich alle deutschen Ausgaben und Nachdrucke unter dem Titel *Streiflichter aus meinem Leben*. Entscheidende Veränderungen wurden in der englischen Version an Funckes Text vorgenommen: Die Sprache der *Glimpses* wirkt eher schlicht und unterscheidet sich von Funckes eleganter Diktion. Zudem fügte Schimmelmann an etlichen Stellen kommentierende Fußnoten in Funckes Text ein, in denen sie seiner Sichtweise teilweise deutlich widerspricht. Während Funckes Aufsatz in der *Neuen Christoterpe* mit einem reflektierenden Kapitel abschließt, in dem er zur Unterstützung der Projekte der Gräfin aufruft, ihr in gewisser Weise aber auch die Fähigkeit abspricht, der übernommenen Aufgabe gewachsen zu sein, kommen diese Passagen in den *Glimpses* nicht vor.[89] Der in dieser Weise überarbeitete Funcke-Text wurde für die deutschen *Streiflichter* aus dem Englischen übersetzt und nicht aus der *Neuen Christoterpe* übernommen.[90] In weiteren Kapiteln der *Glimpses* verwendete Schimmelmann überarbeitete Passagen ihres Tagebuchs[91] sowie die kaum veränderten Teile aus *Af mit Missionsliv*. Mit der Publikation der *Glimpses* bereitete Schimmel-

---

[88] Der 1868 gegründete Verlag besteht bis heute. Von Anfang an zeichnete sich das Verlagsprogramm sowohl durch religiöse Werke als auch moderne Literaturformate aus.

[89] In den Glimpses sind es vier Fußnoten, die Schimmelmanns Sicht auf die von Funcke beschriebenen Ereignisse darbieten.

[90] Dieser Sachverhalt wirkt sich u. a. auf die Präsentation des Funcke-Textes aus, der ohne das sechste Kapitel abgedruckt wird.

[91] Der Charakter der tagebuchartigen Eintragungen wird nicht übernommen und die Interpretation zugespitzt.

mann, wie vor allem die letzten Seiten mit der direkten Anrede an die englische Leserschaft und insbesondere ihre „English sisters"[92] zeigen, eine Ausweitung oder eventuell auch Verlagerung ihrer Missionsaktivitäten nach Großbritannien vor.[93] Ein Aufenthalt in den USA, wie er von 1898 bis 1900 erfolgte, war zu diesem Zeitpunkt allem Anschein nach noch nicht geplant. Die erste deutsche Ausgabe der *Streiflichter* erfolgte 1898 und erweist sich als direkte Übernahme der englischen Vorlage, wie etwa Angaben zu Maßeinheiten oder Preise in englischer Währung zeigen.[94] Die beiden weiteren Bände von 1896, die *Gedichte* und das *Tagebuch*, sind in dem vorliegenden Band abgedruckt und oben kommentiert.[95] In dänischer Sprache erschien nur noch 1903 der Band *Erfaringer fra min Pilgrimsfaerd*,[96] der zu großen Teilen mit dem 1901 publizierten Band *Sechs Vorträge* übereinstimmt.[97] Nach der Gründung eines eigenen Verlags in Berlin gab die Gräfin ihre weiteren Bücher, die größtenteils die evangelistischen

---

92 *Schimmelmann*: Glimpses, S. 201.
93 Am 27.2.1896 berichtete die englische Zeitung The Woman's Signal, S. 1, dass Schimmelmann aus Anlass ihres Aufenthaltes in England mit Ansprachen in Birmingham und London sowie Besuchen bei Seeleuten mit einem Empfang durch die Prinzessin von Wales geehrt worden sei. 1896 führte die dänische Prinzessin Alexandra (1844–1925) diesen Titel; sie hatte 1863 Prinz Edward (1841–1910) geheiratet, der 1901 als Edward VII. englischer König wurde.
94 Zugleich jedoch aktualisierte Schimmelmann ihre Kommentierung in den Fußnoten, indem sie etwa dem Funcke-Text teilweise andere, insgesamt neun Anmerkungen, beifügte.
95 Vgl. S. 39–88.
96 Die dänischsprachige Zeitung Danskeren, die in den USA in Blair in Nebraska erschien, wies 1904 in mehreren Ausgaben auf dieses Buch hin, jedes Mal unter Hinweis darauf, dass die Gräfin bekannt sei wegen ihrer Missionsaktivitäten in Chicago, 5.1.1904, S. 4; 19.1.1904, S. 4; 26.1.1902, S. 2; 2.2.1904, S. 1.
97 Diese Veröffentlichung beruht auf Vorträgen, die sie in Stuttgart hielt und in denen sie vor allem von ihren in den USA gemachten Erfahrungen als Evangelistin berichtete. Etliche der Geschichten wirken etwas skurril.

Reisen und Vorträge dokumentieren, selbst heraus.[98] Zwischen 1903 und 1915 erschien gleichfalls in Berlin die Zeitschrift *Leuchtfeuer*, die zu ihrem Sprachrohr wurde und ihre Kampagnen begleitete.[99]

Psychiatrieopfer und Medienstar – Facetten einer Lebensgeschichte

Die Ausbreitung der psychiatrischen Einrichtungen und die zunehmende Akzeptanz der Psychiatrie als Wissenschaft im Laufe des 19. Jahrhunderts[100] führte zum einen zu einer Abkehr von der Behandlung mit Zwangsmaßnahmen, zum anderen aber auch zu einer großflächigen Medikalisierung. Die ohnehin vorhandenen Hierarchien des Gesundheitssystems gaben Medizinern und Psychiatern neue Deutungsmacht.[101] Adeline Schimmelmann erlebte im Kommunehospital gewalttätige Isolation und Herabwürdigung. In der Abteilung unter der Leitung Pontoppidans sollte Ruhe für die Patientinnen in Einzelzimmern das oberste Gebot sein – was sich aber angesichts der Belegung durch sehr unterschiedliche Patientengruppen als illusorisch erwies. Um die Ruhigstellung der Patienten und ihre Heilung zu erreichen, wurden vor allem Schlafmittel und morphinartige Medikamente eingesetzt. Als Kehrseite zog der Erfolg der Psychiatrie als Wissenschaft eine Instrumentalisierung nach sich, die

---

98 Vgl. das unten abgedruckte Verzeichnis der Werke Schimmelmanns.
99 Vgl. *Albrecht* u.a.: Schimmelmann, S. 270–278.
100 Zu Zahlen der deutschen Einrichtungen s. *Brink*: Grenzen der Anstalt, S. 109f.
101 Vgl. *Holthaus*: Heil, S. 333–394. Ob die gegen Ende des 19. Jahrhunderts sich ausbreitenden christlichen Gebetsheilstätten als Gegenbewegung gegen den Anspruch der Medizin, für Geisteskrankheiten zuständig zu sein, gesehen werden können, würde eine Untersuchung lohnen.

u. a. dazu eingesetzt wurde, missliebige Personen als unzurechnungsfähig abzustempeln. Auch in Deutschland spielten sich ähnliche Vorgänge ab wie bei den dänischen Psychiatrieskandalen der 1890er Jahre, bei denen der Öffentlichkeit eine entscheidende Rolle zukam.[102] Die deutschen Konflikte wurden allerdings nicht von der internationalen Presse rezipiert. Frauen hatten insbesondere unter der missbräuchlichen Indienstnahme der Psychiatrie zu leiden, wenn ihnen Abweichungen von den anerkannten Mustern des jeweiligen weiblichen Standes unterstellt wurden. Dieses Vorgehen wurde etwa in Kreisen des Adels angewandt, wenn außereheliche Affären öffentliche Skandale hervorriefen. Großherzogin Elisabeth von Oldenburg und die sächsische Kronprinzessin Luise (1870–1947) wurden für geistig nicht zurechnungsfähig erklärt, Elisabeth auch in psychiatrischen Kliniken untergebracht.[103] Aufgrund dieses Zusammenhangs beteiligten sich Frauen in auffallendem Maß an der kritischen Betrachtung der Psychiatrie.[104]

---

102 Vgl. *Brink*: Grenzen der Anstalt, S. 152–158. Auch in Deutschland gab es bis zum Beginn des 20. Jahrhunderts keine geregelten rechtlichen Grundlagen für eine Zwangseinweisung und Entmündigung.
103 Vgl. *Fetting*: Normverletzungen, S. 243–303, 304–363; *Kasten*: Schwarze Schafe, S. 50–66. Der renommierte Psychiater Adolf Friedländer (1870–1949) erstellte auf Bitten der einflussreichen Verwandten das Gutachten über Großherzogin Elisabeth, das eine Entmündigung für notwendig erklärte.
104 1887 veröffentlichte die amerikanische Journalistin Nellie Bly (1864–1922) einen aufsehenerregenden Bericht über ihre Recherchen in einer psychiatrischen Klinik, s. *Nellie Bly*: Zehn Tage im Irrenhaus. Undercover in der Psychiatrie, Berlin 2012. Adine Gemberg (1858–1902), die durch mehrere Werke mit einem sozialkritischen Fokus auf die eingeschränkten Lebensmöglichkeiten von Frauen bekannt geworden war, kritisierte in einer Novelle von 1898 ebenfalls die Erniedrigung von Patientinnen in Psychiatrien, s. *Adine Gemberg*: Der dritte Bruder. Schlaf – Tod – Wahnsinn, Berlin 1898, darin die Erzählung: Kranke Liebe. Vgl. *Ruth Cornelie Hildebrandt*: „Ich stand neben dem Leben". Grenzgänge zwischen Auflehnung und Anpassung. Untersuchung zum Werk Adeline Gembergs

Dank des Interesses vor allem der dänischen Medien für das Phänomen der Zwangsunterbringung von Frauen und Männern in psychiatrischen Anstalten gelang es Gräfin Schimmelmann, Aufmerksamkeit für ihren Fall zu erhalten. In der neueren wissenschaftlichen Aufarbeitung der dänischen Psychiatriegeschichte spielen die Konflikte der 1890er Jahre zwar weiterhin eine Rolle, allerdings stehen dabei Amalie Skram und Knut Pontoppidan im Vordergrund. Diese beiden Personen markieren wichtige Positionen der dänischen Kulturgeschichte – Schimmelmann hingegen scheint vor allem mit der Frömmigkeitsgeschichte des 19. Jahrhunderts verwoben, sodass sie in diesem Zusammenhang nur am Rande erinnert wird.[105] Ohne den im Laufe des 19. Jahrhunderts fast überall erfolgten Durchbruch der Massenmedien zu einem entscheidenden öffentlichen Machtfaktor wäre die Karriere Schimmelmanns vermutlich nicht möglich gewesen. Sie nutzte zeitlebens alle sich ihr bietenden Möglichkeiten zur Vermarktung ihrer Biographie. Christliche Zeitschriften und Blätter nahmen die Gräfin zur Kenntnis und zollten ihr wegen ihres Schicksals einen gewissen Respekt, aber zugleich galt sie in den konservativen christlichen Milieus u. a. wegen ihrer medialen Präsenz als zu exzentrisch.[106]

(1858–1902), Norderstedt 2005.Vgl. ferner *Adalgisa Conti*: Im Irrenhaus. Sehr geehrter Herr Doktor. Dies ist mein Leben, Frankfurt a. M. 1979.
105 Vgl. The Department of Psychiatry. Kommunehospitalet Copenhagen 1875–1975, hg. von Fini Schulsinger u. a., Kopenhagen 1975; *Mogens Gradenwitz*: Knud Pontoppidan og patienterne: Etatsraaden, Sypigen, Amalie Skram, Grevinden, Kopenhagen 1985; Jette Møllerhøj: On unsafe ground: the practices and institutionalization of Danish psychiatry, 1850–1920, in: History of Psychiatry 19, 2008, S. 321–337.
106 Während zu wichtigen theologischen Fachzeitschriften inzwischen Veröffentlichungen vorliegen, gilt dies nicht für die christliche populäre Sparte. Zu einer ersten Sichtung s. Werbung für das Reich Gottes. Medien

Adeline Schimmelmann vereinte in ihrem Leben scheinbar Unvereinbares: Sie zeigte sich gerne als Mitglied einer bedeutenden Adelsfamilie – gleichzeitig unterstrich sie ihre Unabhängigkeit von allen Regeln adligen Lebens, zumal solchen für deren weibliche Angehörige. Sie erlitt mit der Zwangseinweisung in psychiatrische Einrichtungen ein Schicksal, das sie mit zahlreichen Zeitgenossen und Zeitgenossinnen teilte. Ihre durchaus bedeutende Herkunft und ihr Netzwerk trugen dazu bei, dass ihr Fall Teil eines größeren Skandals vor allem in der dänischen Öffentlichkeit wurde. Das Thema einer möglichen psychischen Erkrankung begleitete sie trotz ihrer Rehabilitation lebenslang. Noch wenige Monate vor ihrem Tod konsultierte sie Wilhelm Weygandt (1870–1939), Professor für Psychiatrie und seit 1908 Leiter der Hamburger „Irrenanstalt" Friedrichsberg, der am 19. Juni 1913 folgende Einschätzung abgab: „Es handelt sich meines Erachtens bei Gräfin A. Schimmelmann um eine eigenartige und in seelischer Hinsicht bedeutsame Persönlichkeit, die allerdings nicht mit dem Maß eines Durchschnittsmenschen zu messen ist."[107] Die Biographie Schimmelmanns, geprägt von den Einflüssen der angloamerikanischen Erweckungsbewegungen, erwies sich für die Medien, für Zeitungen und die Literatur, als von hohem Interesse wegen der Verquickung mit dem Psychiatriediskurs der Zeit um 1900. Die Schnittmengen ihrer Lebensgeschichte mit Psychiatrie und Erweckung lassen Spannungsfelder des 19. Jahrhunderts sichtbar werden, die nur selten in solcher Schärfe hervortreten.

---

in den Erweckungsbewegungen des 19. Jahrhunderts, hg. von Veronika Albrecht-Birkner u. a., Göttingen 2025 (AGP 70).
107 Abgedruckt in *Albrecht* u. a.: Fromm oder verrückt, S. 18.

Literatur

Werke Adeline Schimmelmanns

Af mit Missionsliv, Kopenhagen 1894, 64 S.; 2. Aufl. 1895, 47 S.
Smaating, Kopenhagen 1894, 46 S.
Grevinde Schimmelmanns Mission, Kopenhagen 1895, 5 S.
Gedichte, Rostock 1896, 12 S.
Aus dem *Tagebuch* der Gräfin Adeline Schimmelmann (Hofdame weiland I. M. der Kaiserin Augusta), Rostock 1896, 74 S.
Glimpses of my life at the German Court, among Baltic Fischermen and Berlin Socialists and in Prison including 'A home abroad', by Pastor Otto Funcke. With Portraits and Illustrations, edited by W. Smith Foggit, London 1896, 210 S.; 2. Ausgabe 1896, 210 S.; New York 1896, 210 S.
Streiflichter aus meinem Leben am deutschen Hofe, unter baltischen Fischern und Berliner Socialisten und im Gefängnis, einschließlich „Ein Daheim in der Fremde" von Otto Funke. Mit Illustrationen, Barmen 1898, 100 S.; kommentierte Edition hg. v. Jörg Ohlemacher, Leipzig 2008 (KPT 12), 146 S.
Sechs Vorträge, Barmen 1901, 108 S.
Leuchtfeuer, Berlin 1903 bis 1915.
Aus dem Leben I.K.H. der *Herzogin Vera* von Württemberg. Ihrem Andenken und unseren Freunden gewidmet, Berlin 1912, 27 S.
Lieder für Evangelisationsversammlungen der Gräfin Adeline Schimmelmann, Berlin [1912], 31 S.
Spruch- und Geburtstagsbuch für alle Tage im Jahr nach Dr. Martin Luther, Berlin o.J., 379 S.
Unsere Erfahrungen in der Waleser Erweckung, Berlin o.J., 78 S.
Vogelfrei, Berlin o.J., 70 S.
[Traktate] Der Kehrichtkasten; Kanonen ohne Pulver; Schlicht, Berlin o.J.

[Herausgegeben von Adeline Schimmelmann] Otto *Funcke, Et Hjem im fremmed Land*, Kopenhagen 1894, 22 S.

Literatur über Adeline Schimmelmann[108]

[*Witt*, Johannes]: *Kurzer Bericht* über Leben, Zeugnis und Heimgang der Gräfin Adeline Schimmelmann, Kiel [1913].
Witt, Johannes: Adeline Gräfin *Schimmelmann* †, in: ER kommt, 16, 15.12.1913, Nr. 24, S. 369–378.
Wettstein, Emil Richard: *Lebensbild* der Gräfin Adeline Schimmelmann weil. Hofdame I. M. der Kaiserin Augusta, Berlin 1914.
Albrecht, Ruth: „Daß wir andere zu Jesus rufen". Frauen in der Erweckungsbewegung Norddeutschlands, in: PuN 30, 2004, S. 116–139.
Ohlemacher, Jörg: Die Seemannsheime in Göhren und auf der Oie. Das Werk der Gräfin Schimmelmann. In: 750 Jahre Mönchsgut 1252–2002. Ausgewählte Vorträge aus dem Jubiläumsjahr, hg. von der Evangelischen Kirchengemeinde Groß Zicker, Groß Zicker 2004, S. 109–114.
Albrecht, Ruth: *Schloss Ahrensburg* als Ausgangspunkt diakonischer Aktivitäten, in: Perspektiven der (nord)deutschen Kirchengeschichte. FS Inge Mager, hg. von Rainer Hering u. a., Hannover 2005, S. 295–343.
Albrecht, Ruth: Adeline Gräfin von Schimmelmann. *Deutsche Evangelistin* nach amerikanischem Vorbild?, in: Transatlantische Religionsgeschichte. 18. bis 20. Jahrhundert, hg. von Hartmut Lehmann, Göttingen 2006, S. 72–108.
Ohlemacher, Jörg: Adeline Gräfin von Schimmelmann (1854–1913), in: Frauen gestalten Diakonie. Bd. 2: Vom 18. bis zum 20. Jahrhundert, hg. von Adelheid von Hauff, Stuttgart 2006, S. 392–406.
Albrecht, Ruth u. Martina *Wüstefeld*: Vom Forsthaus zum

---

108 Diese Bibliographie ist chronologisch angeordnet. Keine Berücksichtigung finden Erwähnungen in umfangreicheren Publikationen oder Beiträge in Lokal- und Regionalzeitungen.

Jagdschloss Holzberghof, in: Chronik von Bischofsheim an der Rhön mit Haselbach und dem Kreuzberg, hg. von Reinhold Albert, Bischofsheim a. d. Rhön 2010, S. 529–535.

Wedel, Gudrun: Autobiographien von Frauen. Ein Lexikon, Köln 2010, S. 747 f.

Albrecht, Ruth, Martin Rosenkranz, Kristina Rousseau, Regina Wetjen und Martina Wüstefeld: Adeline Gräfin von *Schimmelmann*. Adlig – Fromm – Exzentrisch, Neumünster 2011.

Albrecht, Ruth: Art. Schimmelmann, Adeline Gräfin von, in: BBKL 32, 2011, Sp. 1222–1230.

Albrecht, Ruth, Martin Rosenkranz und Regina Wetjen: *Die Gräfin und die Fischer*. Adeline Gräfin von Schimmelmann und die Gründung des Fischerheims in Göhren, Göhren 2011.

Albrecht, Ruth, Martin Rosenkranz und Regina Wetjen: *Fromm oder verrückt?* Streit in Wandsbek um Gräfin Schimmelmann, Hamburg 2011.

Grewolls, Grete: Adeline von Schimmelmann. In: Wer war wer in Mecklenburg und Vorpommern. Rostock 2011 (CD, o. P.).

Albrecht, Ruth: Adeline Gräfin von Schimmelmann und ihre *Evangelisationen* in Württemberg zu Beginn des 20. Jahrhunderts, in: BWKG 112, 2012, S. 185–219.

Ruth Albrecht u. Regina Wetjen: „Eine imposante, gewinnende Erscheinung". Die Evangelistin Adeline Gräfin von Schimmelmann (1854–1913), in: Das 19. Jahrhundert. Hamburgische Kirchengeschichte in Aufsätzen. Teil 4, hg. von Inge Mager, Hamburg 2013, S. 377–417.

Dziewas, Dorothee: Die *Gräfin* und das Haus am Meer, Gießen 2013; De gravin en het huis aan zee. Gebaseerd op een waargebeurd verhaal, Heerenveen 2016.

Gerds, Peter: Gräfin Schimmelmann und ihre Fischerheime auf Rügen und Oie, in: Köhlers Flottenkalender. Internationales Jahrbuch der Seefahrt 102, 2013, 150–153.

Albrecht, Ruth: Das Weib schweige? Protestantische Kontroversen über Predigerinnen und Evangelistinnen, in: Fromme Lektüre und kritische Exegese im langen 19. Jahrhundert, hg. von Michaela Sohn-Kronthaler und Ruth Albrecht, Stuttgart 2014 (Die Bibel und die Frauen. Eine exegetisch-kulturgeschichtliche Enzyklopädie 8.2), S. 210–232.

Albrecht, Ruth, *Blut-Theologie* und Blut-Mystik bei Charles Haddon Spurgeon, Elias Schrenk und Adeline Gräfin Schimmelmann, in: Medizin- und kulturgeschichtliche Konnexe des Pietismus. Heilkunst und Ethik, arkane Traditionen, Musik, Literatur und Sprache, hg. von Irmtraut Sahmland und Hans-Jürgen Schrader, Göttingen 2016 (AGP 61), S. 341–371.

Köhler, Walter: Adeline Gräfin von Schimmelmann, in: Gesichter und Geschichten der Reformation. 366 Lebensbilder aller Epochen, hg. von Roland Werner und Johannes Nehlsen, Basel 2016, S. 368f.

Manske, Maike: Adeline Gräfin von Schimmelmann 1854–1913, in: „… von gar nicht abschätzbarer Bedeutung". Frauen schreiben Reformationsgeschichte, hg. vom Frauenwerk der Nordkirche und der Schleswig-Holsteinischen Landesbibliothek, Kiel 2016, S. 103–107.

Bielefeld, Marc und Hinnerk *Bodendieck*: Die *fromme Frau* und das Meer, in: Yacht Special Classic 2, 2017, S. 94–102.

Ohlemacher, Jörg: Von der Ausbreitung des Christentums in Pommern und anderswo. Das Werk der Gräfin Schimmelmann, in: Theologische Beiträge 48, 2017, S. 180–194.

Treusch, Ulrike: Mitarbeiter und Mitarbeiterinnen Gottes. Geschlechterverhältnisse in der Erweckungs- und Missionsgeschichte des 19. Jahrhunderts, in: Das Leben der Geschlechter. Zwischen Gottesgabe und menschlicher Gestaltung, hg. von Christoph Raedel, Berlin 2017, S. 87–118.

Naumann, Dieter: Gräfin Schimmelmanns Mission, in: Das Blättchen 22, 23.12.2019, Nr. 26.

Albrecht, Ruth und Martin *Rosenkranz*: *Repräsentantin des Adels* und extravagante Evangelistin – Adeline Gräfin von Schimmelmann im Spiegel der internationalen Presse nach 1900, in: PuN 43, 2019, S. 249–287.

Rosenkranz, Martin u. Regina Wetjen: Von und mit Schimmelmann, in: „Erinnern, was vergessen ist". Beiträge zur

Kirchen-, Frömmigkeits- und Gendergeschichte. FS Ruth Albrecht, hg. von Rainer Hering und Manfred Jakubowski-Tiessen, Husum 2020 (SVSHKG 64), S. 279–283.

Weitere Literatur

Berlin und seine Bauten, Teil III, hg. vom Architekten-Verein zu Berlin und der Vereinigung Berliner Architekten, Berlin 1896.
Brantly, Susan: The Life and Writings of *Laura Marholm*, Basel u. Frankfurt a. M. 1991.
Brink, Cornelia: *Grenzen der Anstalt*. Psychiatrie und Gesellschaft in Deutschland 1860–1980, Göttingen 2010.
Bunsen, Marie von: *Kaiserin Augu*sta, Berlin 1940.
Degn, Christian: Die Schimmelmanns im atlantischen *Dreieckshandel*. Gewinn und Gewissen, Neumünster ²1984.
Dorn, Käthe: Wie ich *Schriftstellerin* wurde. Basel 1949.
Fetting, Martina: Zum Selbstverständnis der letzten deutschen Monarchen. *Normverletzungen* und Legitimationsstrategien der Bundesfürsten zwischen Gottesgnadentum und Medienrevolution, Frankfurt a. M. 2013.
Feuerstein-Praßer, Karin: *Augusta*. Kaiserin und Preußin, München 2011.
Fromme Lektüre und kritische Exegese im langen 19. Jahrhundert, hg. von Michaela Sohn-Kronthaler und Ruth Albrecht, Stuttgart 2014 (Die Bibel und die Frauen. Eine exegetisch-kulturgeschichtliche Enzyklopädie 8.2).
Frommel, Otto: *Frommels Lebensbild*. Bd. 2: Vom Wupperthal zur Kaiserstadt, Berlin 1901.
Funcke, Otto: Die *Fußspuren* des lebendigen Gottes in meinem Lebenswege, Bd. 2, Altenburg ¹⁰o. J.
Hasselbacher, Karl: Otto *Funcke*, ein fröhlicher Wanderer, Stuttgart 1953.
Haefs, Gabriele: Amalie *Skram* – die norwegische Zolaïde, in: Amalie Skram. Professor Hieronimus, Berlin 2016, S. 445–458.
Holthaus, Stephan: *Heil* – Heilung – Heiligung. Die Geschichte

der deutschen Heiligungs- und Evangelisationsbewegung (1874–1909), Gießen 2005.

Interdisziplinäre Pietismusforschungen. Beiträge zum Ersten Internationalen Kongress für Pietismusforschung 2001, hg. von Udo Sträter u. a., Tübingen 2005, Bd. 1 (HaFo 17/1).

Jung, Georg: Meerumschlungen und Kreidegrün. *Rügen* von A–Z, Hamburg 2009

Kasten, Bernd: Prinz Schnaps. *Schwarze Schafe* im mecklenburgischen Fürstenhaus, Rostock 2009.

Kliewer, Annette: *Geistesfrucht* und Leibesfrucht. Mütterlichkeit und „weibliches Schreiben" im Kontext der ersten bürgerlichen Frauenbewegung, Pfaffenweiler 1993.

Krusenstjerna, Ada von: Im Kreuz hoffe und siege ich. *Lebenserinnerungen*, Gießen 1949.

Marholm, Laura, Zur *Psychologie der Frau*, Teil 1, Berlin 1897.

Neumann, Helga und Manfred *Neumann*: Maximilian *Harden* (1861–1927). Ein unerschrockener deutsch-jüdischer Kritiker und Publizist, Würzburg 2003.

Ohlemacher, Jörg: Das *Reich Gottes* in Deutschland bauen. Ein Beitrag zur Vorgeschichte und Theologie der deutschen Gemeinschaftsbewegung, Göttingen 1986 (AGP 23).

Pagel, Arno: Otto *Funcke*. Ein echter Mensch – ein ganzer Christ, Bad Liebenzell ⁴1982.

Reichardt, Christa: Das *Ahrensburger Schloß*. Geschichte und Geschichten, in: Reichardt, Herzfeld und Pioch, Ahrensburg, S. 7–141.

Reichardt, Christa, Wolfgang *Herzfeld* und Wilfried *Pioch*: 400 Jahre Schloß und Kirche *Ahrensburg*. Grafen. Lehrer und Pastoren, Husum 1995.

Roth, Alfred: Otto *Stockmayer*. Ein Zeuge und Nachfolger Jesu Christi. Sein Leben und seine Lehre, Geisweid 1925.

Seelsorge und Diakonie in Berlin. Beiträge zum Verhältnis von Kirche und Großstadt im 19. und beginnenden 20. Jahrhundert, hg. von Kaspar Elm u. Hans-Dietrich Loock, Berlin 1990.

Schrenk, Elias, Seelsorgerliche *Briefe* für allerlei Leute, Kassel 1909.

Tiele-Winckler, Eva von: *Denksteine* des lebendigen Gottes. Aufzeichnungen selbsterlebter Führungen und Begebenheiten, Dresden o. J.

Weller, B. Uwe: Maximilian *Harden* und die „Zukunft", Bremen 1970.

Wiese, René: *Friedrich Franz II*. Herrschen im Zeichen von Revolution und Nation, in: Die Großherzöge von Mecklenburg-Schwerin, hg. von Bernd Kasten u. Matthias Manke u. René Wiese, Rostock 2015, S. 69–101.

Zschauer, Christiane: Binz. Sellin. Göhren. Die Entstehung der bürgerlichen *Seebäder* auf der Insel Rügen, Weimar u. Rostock 2004.

Abkürzungen

AGP	Arbeiten zur Geschichte des Pietismus
BBKL	Biographisch-Bibliographisches Kirchenlexikon
BWKG	Blätter für württembergische Kirchengeschichte
DBL	Dansk Biografisk Leksikon
EG	Evangelisches Gesangbuch
EPT	Edition Pietismus Texte
HaFo	Hallesche Forschungen
KPT	Kleine Pietismus Texte
NDB	Neue Deutsche Biographie
SVSHKG	Schriften des Vereins für Schleswig-Holsteinische Kirchengeschichte
PuN	Pietismus und Neuzeit. Ein Jahrbuch zur Geschichte des neueren Protestantismus

Register

Orte

Aalborg 39, 91, 123, 205–207, 211
Aarhus 104, 193
Adelaide 217
Ahlbeck 220
Ahrensburg 14, 18, 42f., 120, 122f., 234, 246f., 254
Altenkirchen 30
Altona 47
Amsterdam 7, 226

Bælum 124, 150
Baltimore 119
Berlin 7, 12, 15, 36, 38, 42, 90, 94f., 101, 108, 110, 116–119, 124, 126, 132, 137, 189, 203f., 213–215, 217, 224f., 236f., 240, 244, 249f., 259f.
Bethel 100
Birmingham 259
Blair NB 227, 259
Bremen 236f.
Brüssel 116
Buffalo 223

Chicago 259

Dessau 118
Devonport 218
Dover 115

Ebberodgaard 194
Eutin 234

Florenz 69
Fredensborg 136, 157

Gedser 137
Genua 7
Göhren 7, 10, 12, 16, 18, 20f., 23, 25, 27, 32, 95–97, 111, 119f., 125f., 204, 234, 251
Greifswald 10, 21
Greifswalder Oie 18, 21, 23, 25, 32, 36, 51, 95f., 251, 256
Groningen 215

Hamburg 219, 227, 247, 249, 254, 263
Hannover 122
Harboøre 125
Hauptwil 65
Heerlen 214
Heiligendamm 9, 74
Hellebæk 14, 24, 41f., 44–46, 48, 52, 58, 60, 69, 120–122, 126, 135–139, 141, 144f., 148f., 156f., 159, 164, 199, 207, 217, 238, 251
Helsingør 45, 139, 148, 164, 199, 217, 251

Herrnhut 108
Hillerød 120

Ipswich 217

Kiel 91, 134, 171, 198, 239, 253
Kopenhagen 14, 40–42, 46f., 55, 72, 77, 89–91, 108, 120–122, 127, 132f., 136f., 139, 143, 147f., 155f., 159, 179–181, 187, 191, 194, 196, 199, 204f., 207f., 210, 212–215, 223, 225–227, 232, 238f., 242, 254, 257, 260
Kronborg 120, 157

Laeken 115
Leipzig 219
Lindenborg 14, 39, 123, 139, 150, 205f., 223, 247
London 115f., 131, 218f., 245, 258f.

Malmö 130, 138
Middelfart 193
Myhlenborg 123
München 241

Neapel 7
Niesky 108

Paris 191, 223
Pentonville 124
Potsdam 250

Raben Steinfeld 74, 134, 164

Ribnitz-Damgarten 22
Rold 123
Roskilde 54, 108
Rostock 39, 135, 147, 159, 222, 257

Sachsenberg 134f., 146
Sassnitz 7, 9, 10f., 15, 30, 35, 94, 234
Schleswig 198
Schwerin 74, 134
Sejlflod 205–207
Semlow 22
Solna 131
St. Louis 117
Stege 102
Stettin 22, 220
Stockholm 131f.
Stralsund 25, 220
Stuttgart 223f.
Svendborg 190
Swinemünde 220
Sydney 219

Tangstedt 43
Teltow 119
Thiessow 11, 16, 124
Tilborg 203f.

Utrecht 244

Vallø 24, 122
Viborg 193
Vitt 30
Vordingborg 58, 61f., 133, 138, 147, 149, 159, 189, 239

Wandsbek 14, 36
Warnemünde 137, 257

Wien 116f.
Wülfrath 236

Zagreb 215

Personen

Anhalt-Dessau, Maria Anna von 117f.
Anhalt-Dessau, Leopold Herzog von 118
Antonius 34
Arnim, Carl von 23
Arnim, Sybille von 113
Arnim-Kröchlendorff, Oskar von 113
Augusta, Kaiserin 13, 22, 24f., 39, 94, 109, 112, 115–119, 122–124, 126, 133, 139, 141, 163, 203–205, 213f., 220, 250
Auguste Viktoria, Kaiserin 9f.

Barker, Rev. Canon 219
Baur, Wilhelm 15, 237
Beck, Vilhelm 177f.
Behr-Negendank, Ulrich von 22
Benzon, Eggert Christoffer 39
Bernstorff, Albrecht Graf von 115
Bernstorff, Andreas Graf von 37, 249
Bismarck, Malwine von 113
Bismarck, Otto Fürst von 57, 113

Bismarck-Bohlen, Friedrich Carl von 113
Bismarck-Schönhausen, Wilhelm Graf von 113
Blücher, Emily Alice 149
Blücher, Leila Gräfin 46, 59f., 66, 147–149, 159, 164
Blücher-Altona, Conrad Leberecht Fergus Carl Graf 46f.
Blücher-Altona, Conrad Daniel Graf 47
Blücher-Altona, Fanny Sophie Gräfin 14
Blumhardt, Johann Christoph 68
Bly, Nellie 261
Bøcher, L. C. 42, 156f., 179f.
Borgbjærk, Jeppesen 212
Bortnjanski, Dimitri S. 35
Borup, Ludvig Christian 174, 187, 198, 200–203, 208
Brandis, Johannes 115–117
Brun, Peter Munthe 51, 71f., 105, 131, 146, 151, 172, 174, 231
Buhl, NN. 202f.
Bunzen, Fräulein 149f.
Byng, George Stanley 116

Carstenn-Lichterfelde, Johann Anton Wilhelm von 36, 38
Cavling, Henrik 90, 121, 138, 155, 159, 168
Christian IV., König von Dänemark 160
Christian IX., König von Dänemark 39

Darius, C. K. 37
Dänemark, Alexandra Prinzessin von 259
Dänemark, Waldemar, Prinz von 39, 216, 223
Duckert, Carl Viggo 227
d'Este Gonzaga, Elisabeth Prinzessin, s. Schøyen, Elisabeth
Dönhoff, Josephine, s. Seydewitz, Josephine
Dönhoff, Karl Graf von 118
Dorn, Käthe 65, 69
Dumont, Auguste 90

Edward VII., König von England 259
Eggers, Karl Dr. 135, 138
Emma, Königin der Niederlande 112
Erichsen, NN. 148
Estrup, Jacob Brønnum Scavenius 123, 142f.
Eulenburg-Hertefeld, Philipp Fürst zu 240

Falkenstjerne, Frederik Ferdinand 168

Falkmann, Adolf 195
Flower Adams, Sarah 64
Freijstadt, Elisabeth 244
Friedländer, Adolf 261
Frommel, Emil 13, 15, 237
Fürstenstein, Adolf Graf von 115f.
Funcke, Otto 7–10, 15f., 18, 28, 75, 94f., 98–100, 119, 126, 203, 232, 236–238, 249, 252, 254–256, 258

Gad, Dr. G. A. 193
Gemberg, Adine 261
Gerhardt, Paul 70
Greenham, Mrs. 217
Grøn, George C. 196
Grundtvig, Nikolai F. S. 178
Gunning, Johannes Hermanus 244

Hansen, Magdalene 228
Hansson, Ola 242
Harden, Maximilian 240f.
Hauptmann, Gerhart 101
Hebbel, Friedrich 117
Helweg, Kristian, Dr. 65–68, 73, 77, 91, 128f., 133f., 138, 140f., 146, 150, 168, 170f., 187f., 190, 192f., 200f., 231
Hinstorff, Carl 39
Høgsbro, Dr. 46, 157
Hohe, Frau von 117
Horneburg, John 12

Ingemann, Bernhard Severin 189

Jacobsen, Dr. 128
Jellinghaus, Theodor 48
Jensen, Henning 179
Jensen, Jens 61, 74f., 187, 194, 207
Jessen, Peter Willers 91, 198
Jessen, W. Dr. 157, 179f.
Johansen, Oscar 153, 155, 167
Johansson, A. P. 131

Karl 44f., 66
Keller, Mathilde Gräfin von 9
Kierkegaard, Sören 178
Kirk, Hans 125
Kögel, Rudolf 7, 15, 237
Könneritz, Anna von 115
Kosegarten, Ludwig 30
Knapp, Albert 237
Krusenstjerna, Ada von 22

Langen, Albert 242
Lassen, Vilhelm Herman 196, 206
Leopold II., König von Belgien 115
Løvenborg, Herman Frederik Løvenskiold von 142
Løvenborg, Herman Severin Løvenskiold von 142

Mann, Mathilde 242
Mannheimer, NN. 196

Marholm, Laura 89, 92f., 96, 102, 239–242, 244
Martin, Georg 222
Mecklenburg-Schwerin, Alexandrine Großherzogin von 9
Mecklenburg-Schwerin, Elisabeth Großherzogin von 134, 139, 164, 261
Mecklenburg-Schwerin, Friedrich Franz II. Großherzog von 74
Mecklenburg-Schwerin, Marie Großherzogin von 39, 74, 134, 138
Meier, Diederich 9
Meier, Gebecka 9
Meyer, Axel 196
Meyer, Fräulein 148
Moe, Carl Julius 125
Moldenhawer, Wilhelm 60
Münster, Olga Gräfin zu 117
Munck, NN. 196

Nellemann, Johannes Magnus Valdemar 78, 168, 224
Nesselrode-Ehreshofen, Maximilian Bertram Graf von 117
Nissen, Andreas Christian 47
Nolandt, Carl 222
Noorgard, Kr. 206

Oldenburg, Elisabeth Großherzogin von, s. Mecklenburg-Schwerin, Elisabeth Großherzogin von
Oldenburg, Friedrich August II. Großherzog von 134
Oertzen, Margarete von 249
Olsen, NN. 136
Österreich, Marie Henriette Prinzessin von 115
Ørum, Dr. 197

Pattberg, Auguste 35
Payne, Mrs. 217
Pompe, Adolf 8
Pontoppidan, Henrik 48, 242
Pontoppidan, Knut, Prof. Dr. 48f., 51, 53, 55f., 59–61, 63f., 68, 71, 73, 76–78, 89–91, 93, 96, 104, 127f., 136, 140, 142, 146f., 150–152, 157–159, 161–163, 166–168, 170–175, 188, 197–203, 207, 209f., 242, 260
Preußen, Adalbert Prinz von 10
Preußen, August Wilhelm Prinz von 10
Preußen, Carl Prinz von 117f.,
Preußen, Eitel Friedrich Prinz 10
Preußen, Friederike Prinzessin von 118
Preußen, Friedrich Karl Prinz von 117f.
Preußen, Joachim Prinz von 10
Preußen, Oskar Prinz von 10
Preußen, Viktoria Luise Prinzessin von 10, 60
Preußen, Wilhelm Prinz von 10
Pückler, Eduard Graf 249
Pulitzer, Joseph 117

Redern, Hedwig von 249
Reichardt, Johann Friedrich 35
Reindorff, Fräulein von 117
Reitzel, Carl Andreas 196
Reuter, Fritz 18, 39
Rigmor 44
Rothkirch, Eberhard von 101, 249
Russland, Olga Alexandrovna Großfürstin von 47
Rüse, Fred. 225

Sachsen, Luise Kronprinzessin von 261
Sachsen-Weimar-Eisenach, Marie Prinzessin von 118
Salm-Horstmar, Eduard Prinz zu 250
Salamon, NN. 196
Sankey, Ira 98
Savornin Lohman, Anna de 108, 142, 239, 243f.

Savornin Lohman, Maurits Adriaan de 108f., 244
Schimmelmann, Adelaide Gräfin 42, 202, 220
Schimmelmann, Augusta Gräfin 123
Schimmelmann, Carl Graf 42, 123, 193, 247
Schimmelmann, Carl Gustav Christian Graf 43, 50, 68, 120, 134, 156f., 171
Schimmelmann, Christian Graf 26, 42, 254
Schimmelmann, Elisa Gräfin 42f., 46f., 57, 123, 127, 136f., 148f., 238
Schimmelmann, Ernst Graf 14, 16, 18, 24, 36, 42, 120–123, 132, 139, 205f., 220
Schimmelmann, Fanny Gräfin 123
Schimmelmann, Heinrich Carl Graf 121, 246, 248
Schimmelmann, Isa s. Schimmelmann, Elisa
Schimmelmann, Joseph Friedrich Cal Graf 14
Schimmelmann, Otto 17, 26, 43f., 56, 66, 109f., 226
Schimmelmann, Paul 43–46, 48, 50, 56, 66, 135, 149, 162, 199, 226, 253f.
Schimmelmann, Sophie Gräfin 123, 250
Schimmelmann, Werner Graf 41f., 46f., 48, 50f., 56f., 63f., 66, 68, 75, 91, 123, 127–129, 136f., 139f., 142, 148f., 156, 161, 163–165, 171–173, 187, 204, 227, 238
Schimmelmann, Willy 17, 26, 43f., 46, 48, 50, 56, 66, 109f., 163, 226
Schleswig-Holstein, Eleonore Kristine Gräfin von 160
Schlümbach, Friedrich von 249
Schoenaich-Carolath, Friedrich Prinz von 42
Schøyen, Elisabeth 131
Schuchardt, Fedor 134f., 146
Schulenburg-Burgscheidungen, Luise von 115–117
Schulin, Anna 164
Schrenk, Elias 65, 69
Seydewitz, Josephine Gräfin von 118
Skeel, Elisabeth Catharina 43
Skram, Amalie 53, 102, 105, 108, 131, 153, 155, 208, 210, 239, 242f., 262
Smith, Robert Pearsall 249
Smith Foggit, William 219
Spoor, Hendrik Theodor 244
Starke-Promnitz, Elise von 43
Stockmayer, Otto 65, 69
Stoecker, Adolf 224

Svendsen, Nicolai Thomsen 213

Taylor, Bridges 46
Taylor, Cecil 47
Taylor, Leila s. Blücher, Leila
Tersteegen, Gerhard 35
Tertullian 62
Tiele-Winckler, Eva von 22, 100, 113, 233
Tiele-Winckler, Hans Werner von 101
Tiele-Winckler, Helene von 113

Vahl, Familie 37
Valdemar d. Gr., König von Dänemark 189
Victoria, Königin von England 218

Waldeck und Pyrmont, Emma zu, s. Emma, Königin der Niederlande

Weber, Johann Jakob 219
Welthenow, Marie von 228
Weston, Agnes 218
Weygandt, Wilhelm 263
Wilhelm I., Kaiser 13, 24f., 109, 117, 126, 129, 132, 141, 203
Wilhelm II., Kaiser 9, 240, 250, 254
Wilhelm III., König der Niederlande 112
Wilhelmina, Königin der Niederlande 112
Willard, Frances 217, 219
Württemberg, Vera Herzogin von 253
Wunderlich, Erhard Friedrich 65

Zedlitz-Trützschler, Elisabeth Ulrike Gräfin von 100
Zedlitz-Trützschler, Robert Graf von 100

Anna Catharina Scharschmidt

»Mitgenoßin des selbständigen Wesens Christi«

Texte und Briefe
aus Quedlinburg

Herausgegeben von
Ruth Albrecht und
Katja Lißmann

Edition Pietismustexte (EPT) | 17

246 Seiten | Paperback
12 x 19 cm
ISBN 978-3-374-07454-9
EUR 24,00 [D]

An der pietistischen Bewegung um 1700 beteiligten sich auffallend viele Frauen, unter ihnen auch die bisher wenig beachtete theologische Schriftstellerin Anna Catharina Scharschmidt aus Quedlinburg (1646–1730). Sie gehörte zum Kern der pietistischen Gruppierung der Stadt, die um die Jahrhundertwende in überregionalen Netzwerken präsent war. Ihre drei in den Jahren 1702 bis 1704 herausgegebenen Bücher sind in diesem Kontext entstanden. Im Mittelpunkt der vorliegenden Edition steht ihr Werk »Einfältiges Zeugniß Von dem Wahren Dienste des Geistes im Neuen Bunde« von 1703. Darin entfaltet die Autorin eine eigenständige, am Neuen Testament orientierte Auffassung des christlichen Glaubens als einer von Liebe geprägten Geisteshaltung.

EVANGELISCHE VERLAGSANSTALT
Leipzig www.eva-leipzig.de

Tel +49 (0) 341/ 7 11 41 -44   shop@eva-leipzig.de

Georg Conrad Rieger
Die württembergische Tabea
Lebensbeschreibung der
exemplarischen Pietistin
Beata Sturm (1682–1730)

Herausgegeben von
Martin H. Jung

*Edition Pietismustexte
(EPT) | 14*

280 Seiten | Paperback
12 x 19 cm
ISBN 978-3-374-06677-3
EUR 30,00 [D]

Eine sehbehinderte Frau, die ihre Hände zum Beten faltet – so präsentiert der Hofmaler Isaak Lieffkopf die zum württembergischen Pietismus zählende Stuttgarter Juristentochter Beata Sturm (1682–1730). Und ihr Biograph Georg Conrad Rieger (1687–1743) gibt mit seiner Titelformulierung, in der er die Frau mit der aus dem Neuen Testament bekannten Tabea oder Tabita (Apg 9) vergleicht, zu erkennen, wer sie eigentlich war: eine Jüngerin Jesu, die viele gute Werke tat und an der die Krankheit und Tod besiegende Macht Gottes sichtbar wurde. Riegers Buch ist ein Beispiel evangelischer Hagio-graphie, gibt aber auch authentische Einblicke in die Frömmigkeits- und Lebenspraxis des frühen 18. Jahrhunderts.

EVANGELISCHE VERLAGSANSTALT
Leipzig   www.eva-leipzig.de

Tel +49 (0) 341/ 7 11 41 -44   shop@eva-leipzig.de

Johann Jacob Schütz

»Zu Dienst Einer Gottbegierigen Seelen«

Theologisch-Erbauliche Schriften aus den Anfängen des Pietismus

Herausgegeben von Andreas Deppermann

Edition Pietismustexte (EPT) | 15

400 Seiten | Paperback
12 x 19 cm
ISBN 978-3-374-06372-7
EUR 24,00 [D]

Diese Edition macht erstmalig wieder zugänglich, was der Initiator des lutherischen Pietismus, der Jurist Johann Jacob Schütz (1640–1690), an Schriften theologischen Inhalts publiziert hat. Schütz war von 1670 bis 1690 der Anführer und Motor der kirchlichen Erneuerungsbewegung in Frankfurt am Main, die er u. a. mit dem Anstoß zu religiösen Privatversammlungen außerhalb des Gottesdienstes und mit seiner Neuentdeckung der Bibel prägte. Seine überragende Kenntnis der Heiligen Schrift findet ihren Niederschlag auch in seinen Druckwerken. In vielfältiger und sprachgewandter Form geben sie Zeugnis von dem intensiven Bemühen um eine konsequente Orientierung christlicher Existenz an biblischen Lebensregeln.

EVANGELISCHE VERLAGSANSTALT
Leipzig   www.eva-leipzig.de

Tel +49 (0) 341/ 7 11 41 -44   shop@eva-leipzig.de